2017 年度教育部人文社会科学研究规划基金项目

图书馆视角下的近代日本
对华文化侵略

王一心　著

国家图书馆出版社

图书在版编目(CIP)数据

　　图书馆视角下的近代日本对华文化侵略/王一心著. —北京:国家图书馆出
版社,2020.5
　　(图书馆史书系)
　　ISBN 978 - 7 - 5013 - 6699 - 6

　　Ⅰ.①图… Ⅱ.①王… Ⅲ.①侵华—文化侵略—研究—日本　②图书馆
史—研究—中国—民国 Ⅳ.①K265.607　②G259.296

　　中国版本图书馆 CIP 数据核字(2019)第 041004 号

书　　　名	图书馆视角下的近代日本对华文化侵略
著　　　者	王一心　著
丛 书 名	图书馆史书系
责任编辑	王炳乾　邓咏秋
封面设计	得铭文化 + 邢毅

出版发行 国家图书馆出版社(北京市西城区文津街 7 号　100034)
　　　　　　(原书目文献出版社　北京图书馆出版社)
　　　　　　010 - 66114536　63802249　nlcpress@ nlc. cn(邮购)

网　　　址	http://www. nlcpress. com
印　　　装	北京鲁汇荣彩印刷有限公司
版次印次	2020 年 5 月第 1 版　2020 年 5 月第 1 次印刷

开　　　本	710×1000(毫米)　1/16
印　　　张	16.5
字　　　数	260 千字
书　　　号	ISBN 978 - 7 - 5013 - 6699 - 6
定　　　价	75.00 元

总　　序

　　晚清至民国,是我国藏书楼逐步向图书馆过渡时期。一些公共图书馆逐步建立起来,一些学校图书馆,在晚清时还称藏书楼,到民国时,为适应时代潮流,也改称图书馆。如 1898 年京师大学堂藏书楼建立,在辛亥革命后,京师大学堂藏书楼改名为北京大学图书馆。这一时期的图书馆发展史,在近 20 年间受到了研究者的重视。2017 年出版的《中国图书馆史》,分古代、近代与现代三部分,其中近代部分,即晚清与民国的图书馆史。一些相关著作、学位论文,以及科研项目立项,涉及晚清与民国图书馆史的逐渐增多。国家图书馆出版社自 2004 年以来,陆续影印出版了一大批清末民国图书馆史料。包括:

　　《近代著名图书馆馆刊荟萃》(全 20 册,2004 年 1 月);

　　《近代著名图书馆馆刊荟萃续编》(全 20 册,2005 年 4 月);

　　《近代著名图书馆馆刊荟萃三编》(全 24 册,2006 年 7 月);

　　《近代著名图书馆馆刊荟萃四编》(全 16 册,2013 年 5 月);

　　《近代著名图书馆馆刊荟萃五编》(全 24 册,2015 年 10 月);

　　《中华图书馆协会会报》(全 6 册,2009 年 6 月);

　　《文华图书馆学专科学校季刊》(全 8 册,2009 年 11 月);

　　《图书馆学季刊》(全 11 册,2009 年 11 月);

　　《清末民国图书馆史料汇编》(全 22 册,2014 年 5 月);

　　《清末民国图书馆史料续编》(全 20 册,2016 年 7 月);

　　《民国时期图书馆学报刊资料分类汇编·儿童图书馆卷》(全 3 册,2014 年 9 月);

　　《民国时期图书馆学报刊资料分类汇编·法律法规卷》(全 3 册,2016 年 7 月)等。

这些史料的出版,也为晚清与民国的图书馆史研究奠定了基础。

国家图书馆出版社图书馆学编辑室主任邓咏秋博士,长期关注清末民国图书馆史料的搜集、整理与出版,并取得了十分丰富的成果。为了促进晚清与民国的图书馆史研究著作的出版,今年,她提议出版一套《图书馆史书系》,重点放在晚清与民国时期,陆续出版。目前已准备出版的著作有下列数种:

任家乐著《民国时期图书馆学教育研究》;

李凡著《国家图书馆参考工作史研究》;

苏健著《国家图书馆同人著述研究(1909—1949)》;

王一心著《图书馆视角下的近代日本对华文化侵略》。

这些著作的出版,将会推动晚清与民国图书馆史研究的深化与发展。

王余光

2018 年 10 月 10 日

自 序

　　战争多表现为单纯的军事行为,以武力克敌、行区域性占领等为目的,而日本 20 世纪上半叶发动的侵华战争的动机,显然要庞杂得多,野心也更大——它以全中国作为侵占的对象,将整个中华民族设为征服的目标。尽管它船坚炮利,在军事实力上做了充足的准备,毕竟这个蛇吞象的计划过于巨大与贪婪,非赖政治、外交、经济以及文化等诸方面的协同之力,难以实现。换言之,若能不战而屈人之兵,不攻而拔人之城,岂非事半功倍? 因日本对中国所图乃为永久占领,对中华文化意欲同化与换血,作为辅助长枪大炮的"软刃兵器",文化的作用无可替代。也因此,日本的老谋深算者,早就提出"文装武备"的理论,将文化的作用与军事的作用等同视之。故而早在"九一八事变"之前,作为日本军事行动的先声与准备,文化侵略的迹象已如惊蛰节气后的蠢蠢百虫;至于战争期间,文化侵略更与军事行动密切配合一如狼狈。

　　图书馆乃一民族文化的载体、集成、象征及代表,日军在发动侵华战争之前、之中对图书馆的态度以及作为,集中地反映其觊觎、损毁中华文化的用心,此亦本课题选择图书馆视角进行研究的目的。本书意在通过考察中国图书馆的现代发展历史、在外强之力干扰下脱离正常轨道与失速的状况,对其进程所受阻碍的程度进行分析、估量、评价。

　　1914 年,"满铁"首任总裁兼关东都督府顾问后藤新平在日幸俱乐部的演讲中,提出"文装武备论",即"以文事之设施以备他人之侵略,一旦有缓急之事,便能帮助武力之行动"。其追随者对此所做的进一步阐述为:"新殖民地政策之要谛……在于文化统治,这是更为迫切的任务。"后藤新平不仅为文化侵略提供思想理论,他还是收集情报并提供给关东厅与关东军的"满铁"调查部的创始人。而"满铁"调查部显然具有图书馆的部分功能。事实上,"满铁"成立的次年即建立了资料室,隶属调查部。到"九一八事变"前,"满铁"在东北建立的图书馆多达 24 个。"满铁"图书馆切实贯彻后藤新平的思想,"九一八事变"一发生,其战时作用马上显现——向日本军队赠送相关图书；馆内还专为关东厅、关东军及"满铁"要员开设了特别阅览室。其建馆的目的，即如日本人所著《满洲教育史·满铁图书馆》中所云："图书馆的主要任务就是用所藏图书，配合当时的形势发挥其作用。"可见日本对中国的文化侵略是有战略规划的。事实上，文化侵略是日本侵华战争中的重要组成部分，文化侵略论是日本侵略理论中的重要一章，抗日战争研究自应对此予以足够重视。同时，日本对中国的文化侵略又具有不同于其军事侵略的特点，比如，在十四年的抗日战争期间，日本的军事行动有间歇期，而文化侵略及针对图书馆的各种动作则无时或已，呈现出连续性。对这一特点的研究也可为"十四年抗日战争观"提供论据。

总之，本书希望通过对十四年抗日战争中图书馆史实的耕掘与梳理、纠讹与补漏、分析与判断，为民国时期图书馆史的再书写，提供一些具有理论价值的依据。

王一心

2018 年 6 月 7 日

目　　录

图目录

表目录

文化侵略:历史的产物

一、"文化侵略"定义的阐释

于大众惯常思维中,侵略,即武力征服他国领土从而进行破坏和强制占领。在这样的认识里,"武力"是构成侵略的决定性因素。事实上,关于侵略的定义,最早源于 1933 年 7 月 3 日苏联与波兰、阿富汗、土耳其、罗马尼亚等国订立的《关于侵略定义的公约》,的确规定未经宣战武装进入他国即为侵略。尽管早在 1928 年巴黎《非战公约》缔结后,国际社会一致认定侵略是非法的,但对侵略概念质的界定始终无法统一,因此,《关于侵略定义的公约》并未得到大多数国家的支持。二战结束后,不仅在德国纽伦堡和日本东京两地分别对战犯进行军事审判而生成的《欧洲国际军事法庭宪章》和《远东国际军事法庭宪章》中没有对侵略做出法律上的定义,甚至 1945 年 10 月 24 日生效的《联合国宪章》也有意识地回避了这个问题,其理由是"联合国担心,随着现代战争技术手段的进步,可能会使所有情形下的侵略定义变得毫无意义,并且就其本身而言,列举出的侵略行为会是不完整的,这就会允许侵略者为了自身的利益去寻找定义上的漏洞和曲解定义"①。

无论从国际政治的角度,还是仅就完善国际法来说,显然都不宜长期模糊侵略的本质含义。对于这个问题,国际社会一直没有停止论证,直到 1974 年 12 月 14 日,第 29 届联合国大会才终于通过了关于侵略定义的决议,将"一个国家使用武力侵犯另一个国家的主权、领土完整或政治独立"确定为侵略。很明显,"使用武力"仍然是侵略得以成立的先决条件。不过,一味强调"武力",必然意味着侵略定义的不完备和不全面,它将领土兼并和扩张、政治干涉和颠覆、经济压迫和掠夺、文化灌输和控制排除在外。中国早在明朝时便将以非法手段夺取他国财物作为侵略的一种方式,明孔贞运(1574—1644)《明资政大夫正治上卿兵部尚书

---

① 王世洲. 现代国际刑法学原理[M]. 北京:中国人民公安大学出版社,2009:531.

节寰袁公墓志铭》这样记载:"迨秋奴复至,南卫收获,大肆侵略。公(袁可立)命将设伏,乘风纵火刍茭,糗粮尽归一炬。"现实中,武力侵略的目的往往涉及领土、经济和文化,这就需要对"侵略"做狭义和广义的理解。

图 1　德国纽伦堡审判旧址

二战结束后,国际军事法庭曾在德国纽伦堡市高等法院审判纳粹战犯,其主导思想即美国大法官杰克逊宣称的"人类文明无法容忍侵略的罪恶"(王一心摄)。

图 2　纽伦堡高等法院 600 室

国际军事法庭在纽伦堡高等法院 600 室判处包括纳粹二号人物戈林在内的 12 名纳粹战犯绞刑(王一心摄)。

如果狭义上将侵略限定为"使用武力",那么作为非物质的、精神思想层面的文化便很难作为武力而成为侵略主体,它无法占领他国国土、掠夺财物、杀人放火。但从广义上说,侵略不仅是对物体的掌控,对财产的攫取,对肉体的消灭,也包括用占领国的文化有目的地反对与侵蚀被占领国的文化,以实现对被占领国人的奴役和控制的目标。这就需要以文化的思想与价值观念作为武器麻痹其精神、束缚其思想、扭转其信仰,从而使其甘心臣服和屈从。另一方面,在谋划军事侵略之前,以及军事侵略过程中,文化不可避免地充当了谋士的角色,也承担了宣传的责任。换句话说,研究论证、情报资料、策划计议等可以为军事侵略的可能性提供技术和思想指导的帮助,而媒体、舆论等则可以为军事侵略辅助造势、宣传,甚至为侵略行径进行掩饰和辩白。从这两个角度出发可以发现,文化侵略一般来说总是伴随着军事侵略而形成和确立的——美国学者史莱辛格曾经指出文化侵略必须在政治、经济及军事压力同时存在的前提下才能实现①。

然而事实上,很多时候,在没有武力侵略的情况下,他国别有用心的文化输入往往被本国文化自卑者或民族主义者视为文化侵略。中国近代史上,最早引起文化侵略意识的是西方宗教文化的大肆进入,大批传教士将基督教引进中国,教堂遍地开花。与此同时,他们大量创办医院、学校、图书馆等公共设施,试图用西方先进文明"拯救"贫弱中国,他们赞美上帝,宣扬平等自由博爱的基督精神,这显然有别于中国传统宗法君臣父子的儒家文化。当西方教会文化事业越来越兴盛尤其在教育领域逐渐呈现强势从而严重冲击中国传统教育观念后,有识之士的文化危机感与日俱增。

针对各地不断涌现的反对基督教的活动,陈独秀(1879—1942)在1920年撰文《基督教与中国人》将原因归结于传教实则是西方国家用来侵略的"一种武器"②。虽然他并没有祭起反对"文化侵略"大旗,但他的确最先将文化输入与"侵略"联系在了一起。由此发端,在随后轰轰烈烈的非基运动③中,"侵略"一词频繁出现:1922年5月,田汉转述日本学者对中国非基运动的评论,认为一国"对

---

① 陶飞亚."文化侵略"源流考[C]//华中师范大学中国近代史研究所.中国近代史论集.武汉:华中师范大学出版社,2005:568.

② 陈独秀.基督教与中国人[J].新青年,1920,7(3):20.

③ 非基运动全称是非基督教运动,顾名思义,乃反对、排斥基督教的运动,发端于1922年春世界基督教学生同盟宣布将其第十一届世界大会放在中国(清华大学)召开,并宣称基督教传教事业由此进入新纪元云云,此举被视为一种挑衅,随即遭到学界大规模的抵制。

他国宣传宗教，……其本能的动机，全然是侵略的"①；1923 年 2 月，少年中国学会的余家菊指出"教会教育是侵略的"②；蔡和森（1895—1931）以"振宇"之名发表评论文章，直接引用美国人在华所办周报《密勒氏评论》的原话——"以后一切对华侵略皆将以教育的形式出之"——作为标题，突显了文化与侵略的关系。

1923 年 7 月 1 日，瞿秋白（1899—1935）署名"屈维它"在中共中央理论刊物《前锋》创刊号上发表文章《帝国主义侵略中国之各种方式》，第一次使用了"文化侵略"这个词。文章分三个部分论述帝国主义对中国的侵略，第一部分概述了帝国主义对殖民地进行侵略的四个一般性步骤，即①强辟商场；②垄断原料；③移植资本；④文化侵略。对于文化侵略，他说："在进行这种经济、政治、军事侵略的同时，他们还玩弄殖民地的民族感情，利用、蒙蔽人民，制造种种学说否认阶级斗争，进行文化侵略。"在他看来，美国是对中国文化侵略最用力的国家，具体表现在中国境内包括广办学校、图书馆在内的文化教育事业。他用一句话"改制中国人的心肺"③概括了文化侵略的本质。1926 年 6 月 30 日，恽代英（1895—1931）撰文《反对帝国主义的文化侵略》，进一步对"文化侵略"进行解释："指帝国主义一种软化驯服弱小民族的文化政策"，其目的是"软化弱小民族"，从而使他们"忘记反抗复仇的心理"④。

由此可见，文化侵略的最早提法主要针对的是西方（主要是美国）教会在华所创办的教育文化事业。这与广泛的反对英美帝国主义思潮相一致。因此，尽管包括恽代英在内的许多知识分子并不一概抹杀基督教，更肯定教会人士扶助弱小积善行德之美德，甚至认为教会教育事业一定程度上改变了中国传统教育腐朽落后的面貌，对提升中国人受教育程度、剔除国民劣根性有一定的帮助，但在群情激昂的反帝斗争中，这样的冷静和客观无法掀起浪花。

从蔡和森、瞿秋白、恽代英都是早期无产阶级革命家的身份来看，他们的"文

---

① 田汉. 日本学者对非基督教运动批评[J]. 少年中国,1922,3(10):11.

② 余家菊. 教会教育问题[G]//张钦士. 国内近十年来之宗教思潮. 北京:燕京华文学校,1928:338.

③ 瞿秋白. 帝国主义侵略中国之各种方式[M]//乔明甫,翟泰丰. 中国共产党建设大辞典. 成都:四川人民出版社,1991:1333.

④ 恽代英. 反对帝国主义的文化侵略[M]//恽代英. 恽代英文集. 北京:人民出版社,1984:826.

化侵略"观不可避免地含有政治因素,符合当时走俄国式道路的革命需要——瞿秋白在抨击英美文化侵略时,明确提议"与苏维埃俄国联盟,实行经济协作"①。"文化侵略"虽然由中共人士率先提出,却也得到一部分致力于国民革命的国民党人的支持。国民党元老戴季陶1924年在广东的一次关于党务工作的讲话中将圣心和圣三一两所教会学校的学潮定性为"反抗帝国主义文化侵略的运动",他在表示他对学生"十分佩服"的同时,谴责"外国人到中国来做养成奴隶的事业,已经要近百年"②。

二、文化侵略的主体从欧美到日本

在思想家们的指引下,反帝运动将文化侵略的矛头指向英美帝国主义,而低估了日本的野心及能量。瞿秋白就认为"英美帝国主义强盛的趋势,较之日本帝国主义可怕万倍",而且"日本的能力还远不足以为'文化侵略'",他甚至呼吁不能"只反对日本"③。殊不知,日本早已妒忌西方国家抢先一步在中国传教办学,开展文化事业,深知文化奴役比武力征服更隐蔽、更有效,正急欲效仿而四下活动。1907年,日俄战争结束后,日本夺得中国东北南部铁路的全部权益,因此成立南满洲铁道株式会社(简称"满铁")。自此数十年,他们利用"满铁"在中国东北地区广设学校开报馆,到处办图书馆,快马加鞭实行殖民教育,希图在最短的时间内以东洋文化完全取代中华文化。

就在关内大力声讨谴责西方国家文化侵略时,日本在中国东北的文化设施急速扩张——"九一八事变"之前,日本人在中国东北设立的学校达899所,此外还建立了两所博物馆、27间图书馆④。以图书馆为例,"南起大连北至哈尔滨,共势力所达之区,都有图书馆的设立,而且都具有系统的组织,与一贯的精神"⑤。

① 瞿秋白.帝国主义侵略中国之各种方式[G]//瞿秋白.瞿秋白论文集.重庆:重庆出版社,1995:300.
② 陈独秀.外国的文化侵略与国民革命[M]//三联书店.陈独秀文章选编.北京:生活·读书·新知三联书店,1984:533.
③ 瞿秋白.帝国主义侵略中国之各种方式[G]//瞿秋白.瞿秋白论文集.重庆:重庆出版社,1995:298-299,303.
④ 日本在东三省的文化侵略[J].教育论坛,1931(2):102.
⑤ 在东三省的日本文化侵略[J].世界与中国(上海),1931,2(1):6.

尽管如此,大概是受限于地域和范围的影响,瞿秋白这样说:"满洲侵略遂成日本最近的目的,……他已由全体的侵略缩小至于地方的侵略。"①似乎少有人将此与"文化侵略"联系在一起。直到"满铁"经营了近 20 年的 1925 年,日本人在中国东三省的教育文化事业几乎占据主流的非正常情势之下,方才有"文化侵略"的微弱声音出现:署名"缪钟彝"的作者撰文《日人文化侵略之用意与抵制法》,率先将日本人在中国东北的教育文化事业纳入"文化侵略"的范畴。他认为日本实行文化侵略的真实用意在于"遏绝青年之国家观、造成亲日之奴隶、缓和中日之恶感"②。应该说,这个说法部分揭示了日本对华文化侵略的本质。

真正引起中国知识分子群体对日本文化侵略警觉的是 1923 年 3 月日本内阁会议通过的"对华文化事业特别会计法案"。简言之,日本政府欲利用庚子赔款等在中国推行"对华文化事业"(又称"东方文化事业")。具体地说,在北京设立图书馆和人文科学研究所,在上海设立自然科学研究所等。但是,他们以庚子赔款在中国开展文化事业,却不愿与中国人就此进行商议共同实施而试图单独进行并牢牢把持绝对控制权;口称"文化事业",他们却在一开始时并不将作为人文渊薮的图书馆列入项目,其真实用意不可避免地引发中国文教界人士的强烈不满和高度怀疑。随着"对华文化事业"的逐步推进,该项计划越来越符合文化侵略的特征。

比如,美俄两国也是以庚子赔款在中国举办文化事业,具体做法是以中美、中俄各组委员会"以任保管收支之责"而美俄两国政府置之不问,然而,日本的做法并不相同,是由外务省"对华文化事务局"专任保管支配之责;美俄两国政府除声明以庚款用作教育文化事业外,具体实施办法皆由中美、中俄庚款委员会制定,而日本则由其政府亲自出面详列计划,而且每年的预决算、开支都必须经由国会列案议决和审查。仅此便可以看出,日本实则"伸张其国家行政权于中国领土,以肆其文化侵略,而怀柔中国人"③。既然使用的是庚子赔款,那么,该款理应退还给中国由中国人掌控,但日本外务省事务官朝冈健却发布声明,明确说"该

① 瞿秋白. 帝国主义侵略中国之各种方式[J]//瞿秋白. 瞿秋白论文集. 重庆:重庆出版社,1995:298.
② 缪钟彝. 日人文化侵略之用意与抑制法[J]. 桃坞,1925,8(1):7-8.
③ 教育界反对日本文化侵略之宣言[J]. 中华教育界,1925,15(2):3-4.

款并非退还,日本政府当然有权"①支配。如此说来,这应算是日本本国的事务,却打着为中国发展"文化事业"的幌子,要在中国土地上加以实施,其真实用心到底为何,委实令人难以不起疑心。

1925 年,一批指称、揭露日本政府借"对华文化事业"之名行对华文化侵略之实的文章涌现。《教育杂志》连续刊文详述日本政府在"对华文化事业"进行过程中所暴露出来的叵测居心,甚至直接将该文化事业政策定性为对华文化侵略政策②。署名"润章"的作者便直言:这"完全是日本一种文化侵略的政策"③。在日本政府自行修改"对华文化事业"章程和宗旨并制定新的实施办法后,中国教育界人士群情激愤,倡议各教育学术团体联合起来,除一致反对日本对华文化事业办法外,共同抵制日本以庚子赔款办理文化事业之一切事务,"以杜绝其文化侵略之野心,俾保国权而后已"④。也有人将日本在中国东北地区的殖民教育与日本的"对华文化事业"结合起来分析比较后得出这样的结论:"从前日本对华文化侵略是紧随政治侵略而来的。现在的政策却又变了,要以文化侵略做政治侵略的先驱。"⑤在这样的情况下,1925 年 6 月 3 日,中国教育学术团体联席会、北京师范大学、全国教联会庚款事宜委员会、中华教育改进社、京兆劝学联合会、中国大学、朝阳大学等 19 个教育团体在北京联合发布《反对日本文化侵略宣言》:"希望政府当局从速取消对华文化协定,勿给土地、勿援引日本行政权伸入于中国,勿为日本政府所欺侮,以自取灭亡。"⑥

自此之后,指责日本文化侵略的呼声愈发强烈,对于日本文化侵略的探讨研究更加广泛深入,越来越多的人也将日本在中国东北已经持续了二十多年的所谓文化事业看作文化侵略。1931 年"九一八事变"之前,较有影响的文章有润章的《日本对于中国的文化侵略》、执无的《日本的文化侵略》、章勃的《日本对华文化侵略的状况》、叔永的《日本的文化侵略》、天任的《邻国对我文化侵略》等。"九一八事变"后,日本全面侵华意图愈发彰显,文化侵略与军事侵略、经济侵略

---

①③　润章.日本对于中国的文化侵略[N].猛进,1925 - 04 - 10(2).

②　日本对华文化侵略政策之行动与反抗[J].教育杂志,1925,17(5):1.

④　日本对华文化侵略政策之胜利[J].教育杂志,1925,17(6):6.

⑤　陈启天.日本对华文化侵略与收回教育权问题[N].醒狮,1925 - 05 - 09(2).

⑥　教育界反对日本文化侵略之宣言[J].中华教育界,1925,15(2):3 - 4.

齐头并进,成为日本企图吞并中国的三驾马车之一。

也就是说,在 20 世纪 20 年代中后期,对华文化侵略的主体由日本取代了英美,指责批判针对的对象随之由西方的基督教转向日本的在华文化事业。之所以出现这样的变化,一方面,日本的侵华野心昭然若揭,为配合经济和军事侵略的步伐,其在中国东北的殖民教育、思想控制、精神渗透逐渐深入;另一方面,中国与西方国家的政治关系发生了改变。1927 年"四一二"反革命政变后,国共两党分裂,国民党努力修复与英美的关系,之前的一些对外政策(包括"反对文化侵略")相应进行了调整,不但不那么激烈地视基督教如洪水猛兽,而且降低了斥责西方文化侵略的声调,甚至政府一反常态地批准了基督教协会总干事余日章"请求明令保护宗教团体"的提案。除了原先便不那么支持取缔基督教的人进而主张取消"打倒宗教"的口号——如基督教上海青年协会干事张仕章提议:"忠实的国民党党员别再提倡'打倒基督教'的口号,以分散国民革命的势力了。"①——之外,本来积极参与反对西方文化侵略的一些国民党员也顺应新的形势而转变了态度,如担任过《中央日报》总编辑的袁业裕说:"假如现在对于基督教问题,只有赞成打倒和取消打倒的绝对两方面,在现在的国际情势之下,我却可以主张暂时取消打倒基督教的口号。"②

三、日本文化侵略的图书馆视角

显然,1931 年"九一八事变"后,特别是 1937 年"七七事变"爆发,日本毫无疑问成为中国最大的敌人。出于抗日统一战线的实际需要,1941 年 5 月 1 日发表的《陕甘宁边区施政纲领》第二十一条规定:"在尊重中国主权与遵守政府法令的原则下,允许任何外国人到边区游历,参加抗日工作,或在边区进行实业、文化与宗教的活动。"③也就是说,在长达 14 年的抗战期间,西方在华基督教文化事业不但不再被视为对华文化侵略的手段,相反,"已成为中国联络

① 张仕章. 我也来谈谈"取消打倒宗教口号"问题[N]. 民国日报,1928 - 02 - 18(觉悟版).
② 袁业裕. 论取消打倒宗教口号[N]. 民国日报,1928 - 02 - 05(觉悟版).
③ 陕甘宁边区施政纲领[G]//中国社会科学院近代史研究所近代史资料编译室. 陕甘宁边区参议会文献汇辑. 北京:知识产权出版社,2013:111.

西方、展示中国社会对西方国家人民善意的一条重要信道"①。不仅如此,相当多的教会团体、学校、组织,特别是大批正义善良的传教士纷纷站在中国人一边或参与保护中国贫民或间接投身抗战,"成为加强中国与英美等国国际关系的桥梁"②。

日本在对华军事侵略和经济掠夺的同时,也成为文化侵略的罪魁祸首,对其进行揭露批判的文章俯拾即是,《日本在东三省的文化侵略》《日本在满蒙的文化侵略》《在东三省的日本文化侵略》等文章也将日本文化侵略追溯到 20 世纪初期的"满铁"时代,抵抗日本文化侵略的呼声一浪高过一浪。从此,中国反对外来文化侵略进入了一个新的历史阶段。

相对于明火执仗的经济和军事侵略,日本对华的文化侵略在形式上显然要缓和得多,它往往以办学(大中小学、职业学校)、建馆(博物馆、图书馆)、设所(人文、自然等科学研究所)、开报馆并出版通俗读物、举行各种文化交流(诸如中日文化协会、中国东北与蒙古研究会)等一系列看似和善的文化事业的面目出现。之所以说文化侵略更厉害,在于直接的经济和军事侵略的结果容易引起人们的警觉与抵抗,而文化侵略则常使人于不知不觉中深受其诱惑和思想文化的影响,以至"俯首贴耳,任其支配,甘为奴隶,至死不悟"③,甚至"神昏颠倒,知觉全无,像是吃过麻药一般,甚而至于亡国灭种而不悟"④。

在揭露日本对华文化侵略行为同时,不可避免地涉及什么是文化侵略的概念解释。任叔永(1886—1961)认为单用一国的文化来代替另一国的文化——"譬如日本人在高丽,禁止用高丽的语言,而用日本语言来替代"——并不一定能达到文化侵略的目的,原因是"一国的文化有独立存在的价值",而最可怕的是既容易实施又不容易为人所察觉的行为,即"拿文化的名目来做侵略的手段"。所谓"文化的名目",他举了两个例子,一个是日本人在大连设立的两个所:地质调查所、中央试验所;另一个是日本人以在北京设立图书馆和人文科学研究所、在

① 陶飞亚."文化侵略"源流考[G]//华中师范大学中国近代史研究所.中国近代史论集.武汉:华中师范大学出版社,2005:580.
② 在信教自由的旗帜之下[N].解放日报,1942-01-30(1).
③ 金嵘轩.日本对华的文化侵略政策[J].浙江教育行政周刊,1931,3(9):1.
④ 章勃.日本对华文化侵略的状况[J].济案特刊,1928(3):58.

上海设立自然科学研究所的方式推行的"对华文化事业"。他认为,地质调查所其实就是一个为了探明中国地质和物产的情报机构;中央试验所则是一个对中国的地质和物产进行研究,并将研究结果提供给日本政府用以制定侵华政策的参谋机构,所以,它们虽然表面上是一种文化机构,实际上是"日本人侵略满洲的参谋部、先锋队"①。同理,"对华文化事业"也不过是披着"文化"外衣的间接侵略机构。

作为具有广泛社会性的文化教育机构,图书馆在文化侵略中所起的作用从来没有被忽视过。早期西方国家向中国输入基督教文化时,创办教会藏书楼或图书馆是其在华文化事业中很重要的一个部分。1847年,上海天主教耶稣会在徐家汇创设了"上海徐家汇天主堂藏书楼";1871年,英国传教士伟烈亚历创立"亚洲文化北中国支会",其中特别附设"亚洲文化北中国支会图书馆";更多的教会大学(如上海圣约翰大学、沪江大学等)也都非常重视图书馆建设。一方面,教会图书馆将西方文明、近代图书馆先进的理念和方法引入中国,一改中国藏书楼重收藏、轻利用的传统模式,很大程度上促进了封闭的传统藏书楼向开放的近代图书馆的转型和跨越。因为如此,有人甚至将其作为帝国主义文化侵略的例外:"中国之有近代式图书馆,是在西洋文化传入之后。鸦片战前,西洋文化是零零碎碎的输入;及待战后,帝国主义挟着胜利的余威与杀人的武器,始大批的输华。这种文化,含有侵略性固多;有利于中国文化事业的,也不可胜算,譬如近代式图书馆之传入,就是最大赐惠之一。"②另一方面,西方的文化输入本质上未必是单纯出于对落后中国的扶助和提携,而之间夹杂了施以诱导与影响的动机。也就是说,西方国家客观上对中国近代图书馆发展的推动,并不能完全撇清其文化侵略的企图。

同样地,日本早年在中国东北广泛开办图书馆(即"满铁"图书馆),其"从订购、采购、分类、整理到阅览与外借等各项服务的系统管理"③不能不说都很值得

---

① 叔永.日本的文化侵略[J].现代评论,1928,7(164):5.

② 启俊.记三十年前一个国人自办的私立图书馆——国学保存会藏书楼[J].图书展望,1936,2(1):130.

③ 陈希亮.日本对华文化侵略的图书馆视角——评《"满铁"图书馆》[J].新世纪图书馆,2013(11):91.

刚刚起步的中国近代图书馆借鉴。尽管如此,它仍然无法摆脱文化侵略一分子的身份。从率先提及文化侵略的瞿秋白,到对文化侵略做进一步解释的恽代英,以及后来许多阐释文化侵略的学者,对于文化侵略内容的构成,有一个逐步变化的过程。仅就日本文化侵略而言,不同时期也有不同的理解,但归根结底,乃"为武力侵略服务"。这"包括事先制造侵略他国的思想舆论,对将来武力侵略他国的可能性和必要性进行种种学术意味的设想、研究和论证;或在战争中为侵略进行宣传、辩护;或在占领他国的条件下,以奴役被侵略国的人民为目的,蓄意歧视、污蔑、毁投、破坏、掠夺对象国的文化,并将自国的思想观念、宗教信仰、文化设施、自国的语言文学等强加于对象国"①。以此观照日本在华图书馆事业,足以发现它的不单纯和间接侵略属性。

首先,无论是最初的"满铁"图书馆(共24间图书馆、7间分馆)、天津日本图书馆,还是其后的上海东亚考究会图书馆、北京的东方文化图书馆、北京近代科学图书馆、上海近代科学图书馆等,无不是在日本政府觊觎中国而推行"大陆政策"的背景下建立。其中,"满铁"图书馆更是"满铁"总裁后藤新平(1857—1929)"文装的武备"论殖民侵略政策的直接产物。其次,配合政治形势,用图书馆所藏图书资料发挥情报参考作用是日本在华广建图书馆的主要任务。早期,它表现在大量购藏汉籍、典籍和地方文献,为日本政府了解中国形态地貌、物产资源提供文献支持。后期,随着军事侵略的进一步扩张,图书馆一来以其占据大量图书资料的优势自然成为情报中心;二来图书馆的工作重心也转向对侵略者提供信息情报服务。第三,日本图书馆除了收藏中国文献外,也大量引进旨在宣传日本文化、展示其先进文明发展成果的日文图书资料。另外,图书馆配合日本政府的殖民统治,积极开办日语短期培训班,从而使其又变身为宣传教育基地。第四,全面抗战爆发后,图书馆举办"阵中文库"活动,送书上前线以满足侵略军的所谓精神需求从而达到"慰藉"目的。在日军对中国本土图书馆进行疯狂轰炸、破坏,对中国图书馆馆藏肆意损毁、劫掠的时候,日本图书馆以"接收"的方式参与分赃。

---

① 王向远.日本对中国的文化侵略——学者、文化人的侵华战争[M].北京:昆仑出版社,2015:4.

　　因此,以图书馆视角论述日本对华文化侵略,可以从两个方面加以认识:一是日本在中国境内建立图书馆(除此之外,日本也在中国东北、上海等地创办的建国大学、东亚同文书院大学等大学内附设图书馆),以此作为宣传阵地、情报中心和奴化教育基地;二是日本在中国境内破坏中国图书馆,企图斩断中国传统文脉,以满足与其武力征服同步的彻底的文化统治的险恶用心。当然,在毁损同时,他们也大量劫掠中国传统典籍。文化侵略所追求的目标是"于渐移默化当中,改变他国国民的观念,破坏他国国家的组织,有以收拾被侵略国的民心,并吞被侵略国的领土,而施行其政治和经济的压迫"①,而承载着文化传播责任的图书馆在此过程中被侵略者非用即毁,总之劫难难逃。以图书馆为视角回望日本对华文化侵略,既可丰富图书馆学研究领域,又可拓展抗日战争史研究的广度。

---

　　① 　金嵊轩.日本对华的文化侵略政策[J].浙江教育行政周刊,1931,3(9):1.

上篇：在中国境内建立图书馆

第一章 历史背景决定日本在华所建
图书馆的文化侵略性

近代日本在中国境内广建图书馆,并非出于单纯的无国界文化建设、提升中国人国民素质,以及中日文化交流的目的,而是别有用心、另存他意。文化作为与经济、军事具有同等重要地位侵略方式之一,成为日本政府觊觎中国而推行"大陆政策"的一个手段。无论是最初的"满铁"图书馆、天津日本图书馆,还是其后的上海东亚研究会图书馆、北京的东方文化图书馆、北平近代科学图书馆、上海近代科学图书馆等,无不在此背景下建立。其中,"满铁"图书馆更是"满铁"总裁后藤新平"文装的武备"殖民侵略政策的产物;北京近代图书馆、上海近代图书馆又是日本"对华文化事业"在日本侵华步伐加速后,为配合军事侵略而转变经营方针施行"新规事业"的结果。

第一节 "大陆政策"是日本侵华的根源

说到底,起始于 1931 年"九一八事变"且持续了 14 年的侵华战争是日本政府贯彻大陆政策的必然结果。所谓"大陆政策",又称"大陆经略政策",即日本谋划的自朝鲜、中国台湾到中国东北、蒙古、中国华北、中国全境的分步骤侵略,进而吞并整个亚洲,继而称霸世界的侵略政策。作为 19 世纪中后期的日本基本国策,"大陆政策"的出笼,既与日本"以忠信、勇武为主要内容的封建主义伦理道德观念的'武士道'"[①]历史传统有关,更是日本明治维新后迅速走上近代化资本主义道路、军国主义急剧膨胀而迫切要求对外扩张、企图雄踞亚洲之首乃至立于世界之巅的产物。实际上,仅从日本国小民众、资本主义发展过程中又急需大量

---

① 军事科学院军事历史研究部. 中国抗日战争史:上[M]. 北京:解放军出版社,2015:23.

资源和广阔市场来说,日本也势必走上扩张之路。所以,"海外发展,移民政策,是他们国家谋存立的唯一政策"①。

最快捷、最有效的扩张当然非军事手段莫属。1868年4月6日,日本政府以明治天皇睦仁(1852—1912)名义发布施政纲领《五条誓文》和《宸翰》(即御笔信),宣布要"继承列祖列宗之伟业,不问一身艰难辛苦,经营天下,安抚汝等亿兆,欲开拓万里波涛,布国威于四方"②。显然,"经营天下""开拓万里波涛""布国威于四方"便是主张大力对外侵略扩张。这是"大陆政策"的肇始。为此,日本政府改革军制,推行"国民皆兵主义"。1872年12月28日,政府发布《全国募兵诏书》,规定"国民都要负担兵役,交纳'血税',以'生命报效国家'"③,强行要求国民以武士道精神为国捐躯。

以日军参谋本部长山县有朋(1838—1922)为首的军国主义者直白宣扬"强兵为富国之本"的军国主义理论,而这个理论的出台,源于从中国刺探来的情报所撰写的《邻邦兵备略》——1879年,日本参谋部派出12名军官以"武官""留学生"名义进入中国华北地区,调查中国的军备和地形;1880年,又派人再进中国收集包括洋务运动在内的各方面情报,最终撰文《邻邦兵备略》6册。山县有朋以此上奏天皇,强调"兵强,国民志气始可旺,国民自由始可言,国民权利始可论,交际平行始可保,互市始可制,国民劳力始可积,然后国民之富贵始可守"④,简言之,强兵乃富国之本。日本由此确立了"强兵—扩张—富国"的战略目标。

山县有朋一方面将兵部"将来之目标"定位为对外侵略扩张,另一方面,在1882年朝鲜"壬午兵变"后,他将中国确定为最大假想敌。1890年12月,已升为内阁首相的山县有朋又抛出"利益线论",即"国家独立之道有二:一曰防守主权线,不容他人之侵害;二曰保卫利益线,经常立足于形胜之地位。所谓主权线乃国家之疆域。所谓利益线,则势与邻国接触而同我主权线之安危紧密攸关之地域。……欲维持一国之独立,唯独守主权线,决非充分,亦必然保护其利益线"⑤。

① 金嵘轩.日本对华的文化侵略政策[J].浙江教育行政周刊,1931,3(9):3.
② 伊文成,马家骏.明治维新史[M].沈阳:辽宁教育出版社,1987:356.
③ 吴格言.文化国防战略研究[M].北京:中国宇航出版社,2010:223.
④ 王如绘.近代中日关系与朝鲜问题[M].北京:人民出版社,1999:273.
⑤ 参见:沈予.日本大陆政策史1868—1945[M].北京:社会科学文献出版社,2005.

图 3　高调宣扬"强兵为富国之本"
军国主义理论的山县有朋

图片来源:1947 年 5 月号《中国抗战画史》。

意即除了维护本国主权外,也要将目光盯向邻国领土并视其为本国利益线。在他眼里,朝鲜、中国都是日本"利益线"的目标,特别是中国。早在 1875 年,便有人提出日本对外扩张的主要对象"不是英国,不是法国,亦不是俄国,而是邻邦清国"①。天皇在山县有朋的奏本中看到了中国的地大物博和庞大人口群:"地泽财丰,兵数不下百万,其幅员人口与全欧洲比齐。"②可以说,山县有朋的"二线"说,是日本大陆政策最终形成并确立且被确定为日本基本国策的重要标志③。自此,日本开始了向朝鲜、中国台湾、中国东北、中国关内地区的一步步扩张。

　　1895 年,中日爆发甲午战争。这其实是日本实施"大陆政策"的一个重要步骤。之所以说这场战争"对远东战略格局产生了深远的影响,完全打破了亚洲的军事平衡,使中国进一步陷入遭列强瓜分的危机中"④,很重要的原因是日本从中获利丰厚:逼迫清政府签订了《马关条约》。根据条约,朝鲜名义上独立,即不再

---

① 山县有朋.陆军省沿革史[M].东京:日本评论社,1942:68.
② 大山梓.山县有朋意见书[M].东京:原书房,1966:92.
③ 黄定天.论日本大陆政策与俄国远东政策[J].东北亚论坛,2005(4):86.
④ 胡绳.从鸦片战争到五四运动[M].北京:红旗出版社,1982:325.

与中国有宗藩关系,但实则被纳入日本殖民统治区域。这实现了日本以朝鲜为跳板侵占中国东北继而深入中国关内的"大陆政策"蓝图中的一个重要目标。与此同时,清政府割让中国辽东半岛(后经列强干预退还)、台湾及澎湖列岛给日本。日本不但取得新的通商特权等权益,还获得战争赔款白银 23150 万两(包括退还辽东半岛多得的 3000 万两白银)。这相当于清政府 3 年的国民收入、日政府 4 年的国民收入①。除了经济上、领土上收获颇丰外,在国际地位上,日本也一跃而起,一改远东地区英俄两国称霸的状况,为日后的英日联盟和进行日俄战争打下了基础,可谓一举三得。数额巨大的赔款又使日本能够进一步扩大军备,从而有助于将侵略继续进行下去。

在对中国东北虎视眈眈方面,俄国毫不逊色于日本,甚至早已走在日本前面,更有雄霸远东地区的野心。甲午战争之前,俄国占领了中国东北的大片土地,夺得库页岛,兴建了西伯利亚铁路。这自然令日本不满。反过来,《马关条约》的签订,又使俄国担心利益受损,便联合法、德两国施加压力于日本,最终迫使日本退还了辽东半岛。与此同时,俄国乘人之危,威逼利诱清政府相继与之签订《中俄四厘借款合同》《中俄密约》(即《中俄御敌互相援助条约》),从而取得在中国东北修筑西伯利亚铁路干线(中东铁路)、战时使用中国一切港湾的权益。利用中东铁路,俄国牢牢控制了中国东北北部。随后,俄国先在 1896 年时借口德国侵占中国胶州湾,派军舰占领了中国旅顺和大连,后在 1898 年 3 月、5 月先后与清政府签订了《旅大租地条约》《续订旅大租地条约》《东省铁路公司续订合同》,又在 1900 年"义和团运动"爆发时借口保护铁路而大举派兵进入中国东北。如此一来,俄国基本控制了整个中国东北地区和渤海湾。

虽然日本因退还辽东半岛又从清政府手中多拿了 3000 万白银,但眼见俄国独享中国东北和渤海湾的饕餮大餐,十分眼馋与妒忌。很明显,俄国的行为实则斩断了日本"大陆政策"的计划,打破了他们先取中国东北再进关内占领中国的美梦。因此,日本对俄国的蛮横和霸道怀恨在心。一方面,他们更加努力备战,国内舆论也一边倒地呼吁将俄国赶出中国东北;另一方面,日本政府于 1902 年 1

---

① 何天义,曹朝阳,何晓.华北抗日战争史(第一部):第五卷[M].石家庄:河北人民出版社,2012:5.

月与英国缔结《日英同盟条约》。同时,在反俄问题上,日本又获得美国的支持。多重因素聚力,日本觉得有必要使用武力强行驱俄。1904 年 2 月,为争夺中国东北,也为继续"大陆政策"的有效推进,日本向俄国开战。

持续了一年半的日俄战争,以中国东北为战场必然使东北人民遭受巨大灾难。而与甲午战争相仿,日俄战争"改变了东北亚的地缘政治格局"①。日本将俄国拖入战争泥潭的目的是为了也在中国东北这块大蛋糕上分得一块,从而将"大陆政策"进行下去。因此,在双方终不堪忍受战争所造成的巨大资源和人员消耗后,不得不坐在了谈判桌前。日本将谈判的重点放在了如何对待朝鲜问题和瓜分中国东北方面。经过近一个月你来我往的交锋与谈判,1905 年 9 月 5 日,日俄在美国的朴次茅斯最终达成协议,签订了《朴次茅斯和约》。依据和约,"俄国承认日本在朝鲜'指导、保护、监理'之权","俄国将旅顺口大连湾及其附近领土领海之租借权转让给日本","俄国将宽城子至旅顺口间之铁路转让给日本"。

按照《朴次茅斯和约》,俄国吐出了在中国东北和渤海湾的部分权益让与日本,而日本若想将此权益合法化就得迫使清政府承认该和约。于是,日本又与清政府于 1905 年 11 月 17 至 22 日签订了《中日会议东三省事宜正约》及附件。也就是说,该正约是对《朴次茅斯和约》进行承认和认可的法律文书。不仅如此,它又以附件的形式扩展了和约的内容。双方谈判时,山县有朋起草了《战后经营意见书》,主张"在恢复和平后,当然首先要实现满洲的开放",又建议"在哈尔滨以南的要地驻扎若干军队……要把南满铁路作为军用铁路"②。因此,附件规定:"东三省开埠 16 处;日本有权在铁路沿线配备守备军;日本得在营口、安东、奉天划定租界。"③

日本攫取了中国东北南部的租借权,与控制着中国东北北部的俄国平分中国东北。之后,为了巩固在中国东北的势力范围,以便日后将爪牙伸向关内,日本相继在中国东北南部设立关东都督府、南满洲铁道株式会社等殖民侵略机构,开始了对中国东北民众奴化教育、思想渗透的文化侵略。

---

① 吴旅燕,张闯,王坤.伪满洲国法制研究[M].北京:中国政法大学出版社,2013:3.
② 大山梓.山县有朋意见书[M].东京:原书房,1966:68.
③ 日本外务省.日本外交年表及主要文书(上卷)[G].东京:原书房,1969:254.

第二节 "满铁"图书馆是"文装的武备"论的基地之一

一、殖民统治机构——"满铁"的成立

从俄国手中抢来中国东北南部包括铁路、煤矿等一切权利后,日本面临的是如何在此地站稳脚跟及巩固势力范围,即如何经营的问题。他们知道,如欲扎根中国东北又不激发中国人的反抗殖民情绪,必须拿出一个切实可行的统治方案,也就是,取武治的办法还是文治的方式,是武力强制征服还是文化软化降服?

在日俄于美国新罕布什尔州朴次茅斯海军基地进行谈判时,时任日本陆军参谋次长的儿玉源太郎(1852—1906)便已经着手对战后的中国东北南部经营问题进行考虑和谋划。参谋本部的上田恭辅受儿玉源太郎之命,深入调查英国东印度公司的性质、组织及其运营等资料。英国东印度公司是17—19世纪英国政府特许设立的贸易公司,它不仅有贸易独立权,还有代表政府订立通商条约或和约的权力,有权发动战争、建立堡垒、筹建军队、审判公司官员等,总之拥有政治和军事权力。英国政府曾依靠该公司在印度的财产和武装,对缅甸、阿富汗及其他亚洲国家发动掠夺战争,该公司于1858年撤销①。儿玉源太郎之所以在这个时候对英国东印度公司进行研究,显然有意效仿而以日本政府的名义在中国东北设立一个类似于东印度公司的殖民统治机关,表面上从事贸易事业(主要是铁路),实则代行作用于殖民地的政府职权。这样的打算其实来自于任日据时期台湾民政长官、"满铁"总裁的后藤新平的创见。在后藤新平应儿玉源太郎之请特别撰写的经营中国东北南部的具体草案(即《满洲经营策梗概》)中,他提议:"战后经营的要诀在于阳为经营铁路,阴为实行各种政治发展措施。依据这个秘诀,应将租借地内的统治机关与铁路经营机关截然分开,而铁路经营机关应妥为掩饰除铁路外与政治军事毫无关系。"②儿玉源太郎不反对后藤新平经营中国东北南部的"阴阳"理论,并不意味着他这个出身行伍的人倾向"文治"。

---

① 长孙博.2016年全国硕士研究生入学统一考试历史学基础名词解释[M].济南:山东人民出版社,2015:257.

② 鹤见祐辅.后藤新平:第二卷[M].东京:中央公论社,1975:651.

初获中国东北南部经营权,日本以设置关东总督府的方式实行军政统治,不但遭到清政府的抗议,中国东北人民更十分愤怒,"收回租借权"的呼声异常高涨,而且英、美等国也从自身利益出发纷纷表示不满。英国驻日本大使 C. M. 麦克唐纳给时任日本驻朝鲜统监的伊藤博文(1841—1909)写信,告知"目前英美等国的贸易圈人士一致埋怨驻扎满洲的日本军队以军事行动对外国贸易加以种种限制"①。但以儿玉源太郎、桂太朗(1848—1913)为首的武治派正洋洋自得于军人在日俄战争中发挥的作用,自然不甘心军人退居二线。

图4　致力于使日本成为亚洲军事
强国的首相桂太郎

图片来源:1947 年 5 月号《中国抗战画史》。

1906 年 2 月,日本政界首脑及元老在大矶召开"七巨头"会议,争论不休,难以定论;4 月 14 日,西园寺公望(1849—1940)首相以非正式身份率代表团亲赴中国东北考察,又与东三省总督赵尔巽(1844—1927)进行会谈;5 月 22 日,由伊藤博文(侯爵)出面召集元老阁僚——西园寺公望(侯爵)、山县有朋(侯爵)、儿玉源太郎(子爵)、大山严(侯爵)、井上馨(1836—1915,伯爵)、阪谷芳郎(1863—

---

① 　鹤见祐辅.后藤新平:第二卷[M].东京:中央公论社,1975;656.

1941,大藏大臣)、桂太郎(伯爵,陆军上将)、山本权兵卫(1852—1933,男爵,海军上将)等——在日本首相官邸召开"满洲问题协议会",重点研讨"是否应当从中国东北尽早撤兵和废止军政署等问题"①。这个关于中国东北问题的日本最高层次决策会议最终确立了中国东北经营方针,那就是:改军政为民政。论及理由,按伊藤博文的说法,只有取"开放主义"政策方能继续将同情日本之西方国家聚拢在身边,在俄国企图报复时不至于孤立无援。同时,只有柔和的民政才能平息中国人的怒火怨气,而更便于统治。为了顾及大局,武治派选择了退让,答应废除设在中国东北各地的军政署②。也就是说,文治派占了上风。

既然取消了军政署,那么,该由哪一个机构负责经营"南满铁路"?是与他人合作还是由日本独立承担?起初,日本并没有放弃与他人合作开发经营"南满铁路"的打算。这里的"他人"指的是美国。在日俄签订《朴次茅斯和约》取得"南满铁路"经营权后,美国也想利益均沾,于1905年7月派美国铁路界垄断资本家、美国经济界最有权势的人物之一、有"铁路大王"之称的哈里曼前往日本寻求合作。哈里曼抵达日本时,他心目中的美国控制下的环球运输线的宏大蓝图也已绘制完成,即"把他参与的纽约中央铁路、太平洋联合铁路、太平洋轮船航线延长到大连,与'南满铁路'和中东铁路相连接,并通过西伯利亚铁路在波罗的海沿岸的里沃夫同美国轮船联络,建立起环行世界一周的交通线"③。要实现这个计划,首要一步便是控制中国的"南满铁路",这就需要说服日本同意参与合作。

对于此时财力匮乏的日本来说,美资进入、共同开发、利益同享,具有很大的诱惑力,但不乏反对之声。截然相反的两种观点随即形成,前者以首相桂太郎、日本政界元老伊藤博文和井上馨为代表,主张日本与美国联手——来可以解决眼前财政吃紧的困局,二来可以共同抵御俄国日后可能的报复;后者以外务大臣、《朴次茅斯和约》签订代表小村寿太郎(1855—1911)为首,认为日美合作"将不利于日本自身势力的发展,扼杀了日俄媾和条约的实质,违反日本政府关于媾和

---

① 沈洁.“文装武备论”的实质是侵略[J].探索与争鸣,1995(12):22.
② 鹤见祐辅.后藤新平:第二卷[M].东京:中央公论社,1975:658.
③ 苏崇民.满铁史[M].北京:中华书局,1990:7.

条约的初衷"①。最终,反对派胜出,已经签署的"桂—哈里曼备忘录"被取消,日本决定独立经营"南满铁路"。

儿玉源太郎接受了的后藤新平提议的效仿英国东印度公司由日本官方开办铁路公司,然后以铁路为中心从事各种经营,同时代行政府职权,即官办铁路的经营方案并没有得到普遍认可。大多数决策人物认为"还是由私立会社经营比较合适",理由是"既然满洲是中国的领土,关东州是租借地,由日本政府经营铁路、煤矿不太合适"②。由伊藤博文主持的"满洲问题协议会"除了决议废止军政署外,也确立了设立南满洲铁道株式会社(简称"满铁")以负责经营"南满洲铁路"及其一切附属权益的中国东北南部经营方针。

但"满铁"乃私立会社的说法只是名义上的,实际上,它与日本政府的关系密不可分。首先,它是由官方为经营中国东北南部进而殖民统治中国东北而特别设立的代行政府之责的非民间机构。《日俄条约》签订后,为如何经营中国东北南部事宜,日本政府各部门抽调专人组成了一个"满洲经营调查委员会",由儿玉源太郎任委员长。在成立"满铁"议案通过后,便是由这个调查委员会于1906年3月4日决定了"关于设立南满洲铁道株式会社的敕令案"和给会社设立委员会的"命令书案",由此可见"满铁"的官方背景。

其次,"敕令"不但以天皇名义公开发布,而且内容"对会社做了框架性规定,其根本点在于确定了政府与会社的关系,对诸如干部任命权、业务监督权、股票发行权、财务管理权、财产处理权等都做了原则性规定",显示了"满铁"其实是隶属政府的一个机构;而在没有公开的由递信、大藏、外务三大臣签署的"命令书"里更藏着"不能公之于世的秘密事项",它对"满铁"所从事的各种经营活动如铁路、土木、矿业、水运、电气、教育、卫生、文化等,做了详细安排,特别规定政府对会社有强制干涉权,包括会社的收缴股款、发行社债、制定会计及营业规定、预算、决算等都须经政府认可。也就是说,这"才是满铁一切经营活动所必须遵循的根本大法"③,更加说明"满铁"的非私立属性。在中国的土地上经营中国的

---

① 李娜.满铁对中国东北的文化侵略[M].北京:社会科学文献出版社,2015:23.
② 鹤见祐辅.后藤新平:第二卷[M].东京:中央公论社,1975:678.
③ 苏崇民.满铁史[M].北京:中华书局,1990:17.

铁路,却拒中国人于门外,"满铁"完全由日本政府全权掌控,它"是在国家的强有力的统治下举办的事业"之说并非虚言。不仅如此,它还被授予"对国家的行动(特别是指军事行动)进行全面协助"①的权利。在后来的实际运营过程中,"满铁"的确承担了辅助政府殖民统治的责任,成为日本政府殖民统治中国东北的据点。

如果"满铁"属于普通私立的民间一般商业公司,那么,它必须受日本商法的制约,其他各部门和相关人员有权依据商法对其一切商业经营活动进行掣肘;如果所有行为都不得不在商法的规范下实施,那么,"满铁"将难以充分发挥除正常商业行为以外的代行政府殖民统治的职权。为此,"满铁"首任总裁后藤新平认为有必要对"满铁"的性质做一个法理上无可辩驳地厘清。

应后藤新平的邀请,"满铁"理事冈松参太郎以东京帝国大学法学博士的专业身份撰写了一篇题为《论南满洲铁道株式会社的性质》的文章,从"满铁"的由来、创立、组织、事业、资产、与国家的关系等几个方面论证了"满铁"的性质非企业那么单纯,而具有殖民属性。他直言不讳地说:"采取株式会社是掩人耳目的策略,它的实质是政府欲假会社之名而行机关之实,欲使南满洲铁道株式会社代替政府经营南满洲。满铁在营利之外,必须经常注意'国运'之发展和'国权'之扩张,还要经营日本政府指定的属于国家行政事务范围的各种公共事业。"②也就是说,"满铁"实质上是国家机关、政府的代行机构,是法学意义上的殖民会社。这算是给"满铁"定下了调子。

1908年,日本内阁通过一项《对外政策》的议案,其中规定:"扶持我国(日本)在该国(中国)的势力,以便当该国(中国)发生不测事变时,能够确保我国(日本)的优势地位;同时必须采取措施,使满洲的现状持续下去。"③意即,日本政府将"满铁"确认为具有国策性质的"国策会社"。这个说法在1945年日本投降后,"满铁"十余万社员为争取获得与政府官员同等待遇而撰写的《请愿书》里得到了进一步证实,"满铁在形式上是半官半民的株式会社,但其实质是代替政

① 苏崇民.满铁史[M].北京:中华书局,1990:21.
② 张福全.辽宁近代经济史[M].北京:中国财政经济出版社,1989:63.
③ 李娜.满铁对中国东北的文化侵略[M].北京:社会科学文献出版社,2015:31.

府在满洲推行国防及国策而设立的国家机关"，"南满洲铁道株式会社乃是根据明治39年6月敕令第142号设立的国策会社，是国家为推行在满蒙的对外政策而设立的国家代行机关"①。国策，即国家政策。在"满铁"时期，日本最大国策便是逐步扩张和侵略的"大陆政策"。这样说来，"满铁"就是为了执行"大陆政策"而特别设立的代行政府对中国东北进行殖民统治的机构。

二、"满铁"首任总裁后藤新平的"文装的武备"论

既然"满铁"被日本政府赋予殖民中国东北的特殊任务，那么，"满铁"经营成功与否直接关系到"大陆政策"的成败。因此，由谁来负责"满铁"的经营，即哪一个人能够胜任"满铁"总裁的问题变得十分重要。从日本政府最终同意效仿英国东印度公司在中国东北南部成立一方面以一般会社的形式从事经营而另一方面代行政府殖民政策的"满铁"，以及选择废止军政署而以"文装"方式经营中国东北便不难发现，该方案的总设计师、"文装的武备"论倡议者、日本明治末期和大正时期的政治家后藤新平被推上总裁宝座具有必然性。

后藤新平是日本岩手县水泽市人，从政之前的专业身份是一名医生，接受过良好教育。多年的医学研究和行医生涯使他养成了"凡事都以科学的方法加以处理"②的习惯。他笃信政治必须与科学相结合，他认为政治家也得要具有科学素养，他相信政治的基础建立在科学之上。他曾批评当时大多数的政治家只具有新闻知识而缺乏世界远见，他称他们为"新闻的政治家"；还有一些政治家，他将"杂志的政治家"的帽子戴在他们头上；他也并不觉得他自己是凤毛麟角的真正的"科学的世界性的政治家"，他说那只是他毕生追求的目标。执着的科学观使他在生活工作中特别强调计划性，他着迷于拟定计划，这虽然让他频遭诟病，但他乐此不疲，他甚至自得地宣称他能看得清楚自己15年以后的事情。因此，有人评价他"思想不仅具有先见性，其计划规模也比一般庞大"③。他不仅是个理想主义者，也精于将理想化作实践。

———————————

① 苏崇民.满铁史[M].北京:中华书局,1990:36.
② 黄福庆.论后藤新平的满洲殖民政策[J].(台湾)近代史研究所集刊,1986:372.
③ 鹤见祐辅.后藤新平:第二卷[M].东京:中央公论社,1975:768.

　　后藤新平在科学与政治相结合方面最成功的实践便是以日本驻台湾总督府民政长官的身份殖民统治台湾。事实上,他一生中的两次参与推行殖民政策的经历——1898—1906年"治理"台湾;1906—1908年经营"满铁"——最为日本人所称道,也是他人生最辉煌的时期,因此被视为"日本在开拓和治理殖民地历史上的关键人物"①。无论是在中国台湾,还是在中国东北,后藤新平的殖民统治实践都是以"文装的武备"论作为思想基础的。更准确地说,"文装的武备"论生根、酝酿于后藤新平任日本驻台湾总督府民政长官时期,而发芽、结果并全面推行,则是在他任"满铁"总裁时期。

　　后藤新平在任日本驻台湾总督府民政长官时期初显其卓越的政治才能,伯乐是儿玉源太郎。当时,儿玉是第四任日本驻台湾总督。儿玉源太郎就任之初,聘任后藤新平为台湾总督府卫生顾问,后任命其出任总督府民政局长(又改为民政长官)。后藤新平在担任总督府民政长官期间,大力推行土地改革,又着力于"三大事业"——建造铁路、修筑港口、土地调查;他还大胆引进近代机械化的制糖技术,创设了台湾制糖会社,"奠定了台湾制糖业发达的基础"②。这一切,都有力促进了台湾的近代化进程;他的"三大专卖法"——鸦片、樟脑、食盐专卖,使台湾迅速聚集起大量财富,成为日本的后方宝库之一。

　　而后藤新平强调"文装"的思想根源除了对"物质是基础是决定意识"观念的认同外,更认为"殖民的最终目的是使当地人民皈依日本,要达到这个目的就要抓住他们的弱点及能满足他们的需要"③。他用"律师"和"医生"的职业对此进行解释,即律师和医生之所以受人尊重与景仰是因为他们深谙人的心理并能解决问题而满足人的需要。他认为一个政治家,尤其是执行殖民政策的统治者也应该具有这样的科学素质。简单地说,他企图借助有形的建设成果满足当地人民的物质需要,使他们在不知不觉中归顺,以达到殖民目的。

　　有了一定的物质基础,以稳固殖民基础并稳定局势、杜绝民心桀骜不驯的反抗意识、确保民众的精神统一为目的的"文化渗透"方能进行。日本在殖民中国

①　李娜.满铁对中国东北的文化侵略[M].北京:社会科学文献出版社,2015:39.
②　黄福庆.论后藤新平的满洲殖民政策[J].(台湾)近代史研究所集刊,1986(2):372.
③　鹤见祐辅.后藤新平:第二卷[M].东京:中央公论社,1975:816.

台湾时期的文化渗透策略包括：在台湾大量修建日本式神社；以各种诱惑鼓励台湾人姓氏日本化；强行推行日本节日而废除中国传统节日；日式饮食大举进入台湾的餐饮界而成为主流；强迫家家户户悬挂日本国旗。其中，教育尤其被重视。日本近代教育家伊泽修二（1851—1917）在后藤新平之前便提出过以国家主义教育的方式征服台湾人精神的建议。他认为：

　　驻军镇压叛乱，只是在表面上使民心屈服，对于维护新领土的秩序十分必要。但只是威压而不采取怀柔之道是不行的。所以既要以威力征服表面，同时还必须征服其精神，使其抹去旧国之梦而发挥新国民之精神，这就必须要求他们日本化，必须改造他们思想，与日本人的思想同化，成为和日本人完全一样的国民。而征服他们的精神就是普通教育的任务①。

　　因此，无论学校教育，还是社会教育，特别注重"皇民化人"的培养，不仅以"教育敕语""国民精神敕语"等天皇敕语作为台湾教育的指导思想，学校教科书也改由日本文部省审定。另外，他们创办报刊、设立博物馆和图书馆，大力宣扬所谓日本精神。自然地，日语取代汉语而成为"国语"。无论哪届台湾总督，"对于台湾人所施的教育，是以日本语为手段，且以日本语做主要的内容"②。为此，大量国语（日语）学校应运而生。到1939年时，"539万本岛人中，有249万，也就是说，约四成半的人懂日语"；1945年日本战败时，日语在台湾的普及率高达"全部人口的一半"③。

　　如果说后藤新平在中国台湾取文装之策进行殖民统治是为了同化中国人使其甘心臣服的话，那么，他在中国东北以"文装"经营"满铁"则还多了一层"以文事的措施，以备他日侵略之用"④的内涵。也就是说，相对于台湾的文装，后藤新

　　① 王向远.日本对中国的文化侵略——学者、文化人的侵华战争[M].北京：昆仑出版社,2015：328.
　　② 洪炎秋.日本帝国主义下的台湾教育[J].教育杂志,1931,23(9)：107.
　　③ 王向远.日本对中国的文化侵略——学者、文化人的侵华战争[M].北京：昆仑出版社,2015：331.
　　④ 张素玢.台湾的日本农业移民（1905—1945）：以官营移民为中心[M].台北："国史馆",2001：409.

平在"满铁"的经营,文装也是为了武备,即"揭王道之名以行霸道之实"①。这与
"满铁"是从俄国手中抢来、日本担心俄国不甘心失败而报复有关。当时,日本以
军部为中心的扩张主义者认为《朴次茅斯和约》是"暂时的休战条约",是俄国
"借此恢复国力伺机再行报复的一种手段而已"②。儿玉源太郎、后藤新平都属于
对俄国保持高度警惕的一派,后藤新平甚至悲观地认为中国东北之争一定不会
是日俄两国的最后一场冲突。这是他的"武备"的思想根源。

那么,文装何以武备?后藤新平在"满铁"的文装,有两层含义:一是延续中
国台湾用文事手段进行殖民的统治方式,以期达到奴化、同化中国东北人民而在
精神层面上先行征服的目的;二是在交通事业是一个国家的经济命脉的思想前
提下,以经营"南满铁路"为中心,扩大其他产业和贸易以发展殖民地经济,以便
从中攫取最大限度的经济利益。

在就职"满铁"总裁所撰写的《就任情由书》里,后藤新平坦言在他的设想
里,"铁路经营""矿产开采""畜牧农工业发展""移民满洲"是四大中国东北经营
方法,而"移民"被他视为"第一要务"。论及原因,首先,将大量日本人引入中国
东北生活工作,可以加强对俄国报复的防御能力。倘若日俄战事又起,而日本不
幸战败,那么中国东北地区日本人口的优势可以"保有卷土重来的地盘"③。反过
来,日本政府若主动出击挑起与俄国的战事,那么移民也能充分发挥作用。简单
地说,便是进可攻退可守。其次,移民涌入中国东北占据土地资源,即便中国政
府日后要求收回中国东北租借权,以当时中国政府之弱势,应该难以剥夺日本移
民已经事实拥有的土地权利。这便是"土地占有主义"。后藤新平曾经留学德
国,他的移民占有土地思想是他在德国期间所见所闻受到的启发——1870—
1871 年德国与法国爆发普法战争,法国战败后不得不将阿尔萨斯—洛林地区割
让给德国,德国为永久控制该地区,引进大量移民。

无论是阿尔萨斯—洛林地区的德国移民,还是中国东北的日本移民,可以想
象,他们对于殖民地的文化渗透客观上也会起到一定的作用。一来,就他们自身

① 吕芳上. 中国抗日战争史新编 1:和战抉择[M]. 台北:"国史馆",2015:29.
② 黄福庆. 论后藤新平的满洲殖民政策[J].(台湾)近代史研究所集刊,1986(2):372.
③ 鹤见祐辅. 后藤新平:第二卷[M]. 东京:中央公论社,1975:670.

而言,他们将语言、生活观念和习惯、本国文化传统带入异地,不可避免地对殖民地异族产生影响;二来,为满足移民在他国的生活工作需要,殖民政府必然进行投入,如开工厂、办学校、设神社、建医院等,此外,电影院、出版社、报馆、博物馆、图书馆等精神需求的产品当然也不可或缺。在后藤新平的殖民策略中,武力固然必不可少,作为物质基础的经济建设也不可忽视,而看似不产生效益、不能作为武器的文化建设同样至关重要。在《就职情由书》中,他明确说:

> 在满洲的"文装的武备"方面,并不仅局限于经济的发展,在教育、学术、卫生等各方面,也就是说在整个社会文化方面,如果没有强有力的建设,是难以真正实现"文装的武备"目标的。如果我们顾及了全体满洲人民的生活,他们自然会欢迎我们,欢迎日本。我们有了殖民地民众的基础,第三者则无孔可钻,大陆政策方可实施,满洲经营也能巩固而不会动摇①。

这其实是对"文装的武备"实施范围的概括,即"学校、神社、医院",换句话说,"文化统治中最具有吸引力的,是宗教、文化、卫生三项"。具体来说,在宗教方面,日本政府在中国东北广设神社。据统计,"九一八事变"前,"关东州"有 10 个神社,"满铁"附属地有 31 个神社,领事馆下辖 1 个神社。随着侵华战争的升级,中国东北境内的神社也相应增加,1934 年时达 53 个,十年后的 1944 年,高达 300 多个②。同时,日本政府将大量神职人员派遣进入中国东北,一来宣传日本神道,二来经常举行活动或慰问前线士兵,或为战死者举办招魂祭。长年在华活动,日本神道对中国以佛教为主的传统宗教冲击很大。在教育方面,日本政府既为在中国东北的日本移民子女建立学校,也为中国人开办旨在宣传日本文化、培养顺从的"皇民"以达到奴化目的的新式学校,毫无疑问,日语被作为唯一正式语言。在文化方面,仅就"满铁"而言,它的触角伸及文化事业各个领域——报刊、出版、科研、社会团体、博物馆,以及图书馆。从 1907 年"满铁"建立第一个图书阅览场开始,到"七七事变"爆发前,其在附属地沿线一共建有 24 个大小图书馆。无论开始时是为在华日本人

---

① 鹤见祐辅. 后藤新平:第二卷[M]. 东京:中央公论社,1975:816.
② 冷绣锦. "满铁"图书馆研究[M]. 沈阳:辽宁人民出版社,2011:22.

提供参考资料服务、满足他们的精神需求,还是后来自觉承担起宣传日本文化、宣扬"大东亚共荣"和"五族(指汉族、日本族、蒙古族、满族、朝鲜族)协和"的责任,再到全面抗战后成为为侵略军提供精神慰藉的服务场所、为战事提供资料的情报基地,"满铁"图书馆其实一直都在践行"文装的武备"的殖民思想。

后藤新平如此看中文化建设,主要是他出于政治家的敏锐眼光而将文化建设也纳入除军事、经济以外的殖民统治的序列之中。表面上看,后藤新平的"文装"策略在中国东北发展了文化事业,但由此追溯,文化事业只是"满铁"所经营的事业之一,而"满铁"是代行日本国策,即以扩张和侵略为核心的"大陆政策"的殖民机构之一,后藤新平又一再强调"文化事业是奠定殖民政策基础的间接设备"①。因此,尽管后藤新平以"文装的武备"的说法巧妙避开了"殖民""侵略"等敏感字眼,但其实与侵略无异,目的只是为了让中国东北彻底成为的日本殖民地,然后以此为据点进一步侵犯关内乃至全中国。说是"文装的武备",实则"文化侵略",而作为"文装"的一个组成部分,"满铁"图书馆自然也参与其中。

第三节 "对华文化事业"催生三大图书馆

一、"对华文化事业"的文化侵略性

20 世纪 20 年代,中国知识界将"文化侵略"的矛头由西方国家转向日本,针对的便是日本政府推行的"对华文化事业"(又称"东方文化事业")。换句话说,"对华文化事业"引起了中国人对于日本在中国境内借办文化事业之名行文化侵略之实的警惕和担忧。既有人将该事业视为怀柔或同化中国人并进行攻心的武器,也有人认为其所创办的研究所、图书馆等所谓文化事业实则用来收集和研究中国地理、资源的情报基地。一时间,反对"对华文化事业"的实施、抵制日本文化侵略的呼声在中国教育界、文化界回旋激荡。

心存善意的文化输入不用说了,即便是居心险恶的文化侵略,表面上看来,很多时候也不会像武力侵入那么面目狰狞,加上主观真实用心的难以洞悉、客观呈现的假象对真相的干扰或覆盖,以及利弊交错的复杂性,都使得文化侵略具有

---

① 黄福庆.论后藤新平的满洲殖民政策[J].(台湾)近代史研究所集刊,1986(2):388.

隐蔽性、真假莫辨的特征,故而大多不会招致激烈的反对,"对华文化事业"却显然逾出例外,其缘故来自几个方面。

首先,筹办"对华文化事业"的资金来源存在争议。

1900 年(庚子年),义和团运动风起云涌,清军与列强开战,八国联军攻进北京。1901 年 9 月,软弱无能的清政府与包括美国、日本在内的 11 个帝国主义国家签订了屈辱的《辛丑条约》。条约规定,中国将赔偿各国共 4.5 亿两白银,以各国货币汇率结算,年息 4 厘,分 39 年还清,本息共计 9.8 亿两。这便是"庚子赔款"。其中,美国获得赔款 2444.08 万美元,扣除其 1900 年攻占北京时所支出的军费以及对美国商民进行必要的补偿费用外,尚余被称为"溢款"或"余额"的1078.53 万美元[1]。

相对于日本的后知后觉,美国出于"文化投资"的需要,率先于 1908 年底经国会上下两院决议退还 1078.53 万美元给清政府,用以资助中国学生公费出国留学,史称"庚款兴学"。之后,中国赴美留学的学生人数持续增长,到 1949 年共和国成立前,总计达 18200 人之多[2],其中包括胡适(1891—1962)、梅贻琦(1889—1962)、竺可桢(1890—1974)、梁思成(1901—1972)、钱伟长(1912—2010)、茅以升(1896—1989)、叶企荪(1898—1977)、侯德榜(1890—1974)、金岳霖(1895—1984)、王力(1900—1986)等一大批教育、文化、科学界精英。表面上看,美国的庚款兴学提升了中国学生受教育程度。留美学生吸收了文明营养、开阔了眼界,回国时带回了先进理念和优秀技术,在成为各界的领军人物后一定程度上推动了中国社会的进步。

日本教育界人士已敏感地觉察到美国的"此项事业是一场公然的国际竞争",认为美国的"此等做法是对日本的'宣战布告'……是美国向日本发出的决战书"[3],对于正在努力实现扩张与侵略的"大陆政策"的日本来说,此时美国抢先一步对中国进行文化渗透,可能使日本失去率先征服中国人心而达到同化目的的机会。

---

① 董孟怀.百年教育回眸[M].北京:中国经济出版社,2000:37.

② 徐鲁航.《庚款留学》在中国的主要影响[J].天津师范大学学报,1989(2):56.

③ 阿部洋.《对华文化事业》之研究[M].东京:汲古书院,2004:110.

相比美国的宗教传播、办校建院、庚款兴学的欣欣向荣，仅就教育而言，日本此时呈现出明显的衰退态势。之所以说"衰退"，主要原因是日本也曾经是中国留学生的聚集地。甲午战争后，清政府一度"以日为师"，张之洞（1837—1909）的《劝学篇》"成为倡导留学日本的宣传书"；1898 年，清政府总署奏陈"遴选生徒游学日本片"①，一时间，赴日本学习先进科学以寻求救国之道成为时尚。同时，日文书籍也被大量译介，仅 1895 到 1911 年间便有 1014 部日文著作被翻译引进中国②。但很快，留学日本和赴美学习的学生的差异性显现，主要体现在日本的"速成教育"使中国学生所获甚微。一方面，1906 年，清政府颁布《选派游学限制办法》以限制赴日接受速成教育的学生；另一方面，美国以退还庚款的方式鼓励资助中国学生赴美留学。如此一来，留日、留美的学生数量此消彼长。

令人诧异的是，尽管日本已经察觉到美国的庚款兴学使得中国留日学生人数下降而留美人数稳步上升，却并没有立即效仿美国。也就是在后藤新平的"文装的武备"论问世之前，日本并没有以文化作为征服和侵略手段的强烈意识，而只将眼光聚焦在经济和军事上。从后藤新平执掌"满铁"开始，在不同场合，他不遗余力地宣扬其"文装的武备"理论，积极主张以"文化"作为降服中国人的武器。为此，他提议："若能够以现代科学来启发中华民族的智性，那将远胜于昔日以宗教训治未开化民族之略。""我们要把日本在科学研究事业方面所具有优越性展示给东亚各国，必须向他们灌输一种思想，即，如不依靠我方之力量，则绝不可能在文化、科学事业上有任何的发展和进步。"③一直以来，他将理论付诸实践，终使日本当局认为台湾的"文事"殖民统治取得了成功。这使他的"文装的武备"思想受到日本政府的重视而受聘出任"满铁"首任总裁，以实现延用"文事"手段来经营中国东北南部。

---

① 吴霓.中国人留学史话[M].北京:商务印书馆,1997:76.
② 潘玉田,陈永刚.中西文献交流史[M].北京:北京图书馆出版社,1997:243.
③ 徐有威,李嘉冬.日本的东方文化事业之发端研究——以上海自然科学研究所为例[C/OL].中国社会科学院"近代中外关系史"国际学术讨论会论文集.北京:万方数据知识服务平台,2008:416.（2008 – 07 – 01）[2019 – 10 – 20].http://www.wanfandata.com.cn/details/detail.do?_type = conference&id = 7460098.

尽管如此,日本政府真正认识到文化政策的重要性,却是在第一次世界大战以后①。1914 年,一战爆发,1917 年 8 月中国参与协约国集团向德、奥宣战,同时宣布停止向德国支付庚子赔款。德国战败后,按照《凡尔赛和约》的规定放弃1917 年 3 月 14 日以后的中国赔款。也在这一年,俄国爆发"十月革命",苏俄政府宣布放弃中国尚未赔付的款项。战后瓦解了的奥(地利)匈(牙利)帝国也分别于 1919 年、1920 年放弃赔款。1921 年,美国宣布将剩余的庚子欠款退还给中国。紧随其后,1924 年,法国宣布退还庚款;1925 年,比利时订立中比协定,退还庚款;1926 年,英国国会通过退还中国庚款议案,退款用于向英国选派留学生等教育项目;同年,荷兰也规定将退还的庚款 65% 用于水利事业,35% 用于文化事业;1933 年,意大利宣布退还庚款。

也就是说,除了日本,其他国家在或放弃或退还庚子赔款方面态度尚属诚恳也算积极。事实上,在庚子战事中,日本获利颇丰,除了有组织有针对性以军事行动方式对户部银库、缎匹库、送颜料库、内务府仓库等政府官衙抢得现银、物品共计 367 万两外,更获得占总额 7.7% 的巨额庚子赔款②,却无意放弃或退还庚款。但英美等国纷纷利用退还庚款的方式在中国兴建文化事业之举深深刺激了日本,日本开始感到欧美国家对中国的文化渗透使日本在华利益受到严重威胁,而"五四运动"后中国境内反日情绪的不断蔓延,也迫使日本政府试图通过温和的文化交流缓解紧张、平息愤怒。

最早提议退还庚子赔款用于在华文化事业建设的还是后藤新平,他甚至还向政府提交了具体实施方案:在退还庚款的方式上,他提议或一次性退还庚款本金,或每年退还庚款利息;在用庚款投入的文化事业方面,他主张或设立动植物、地质、建筑、历史、哲学类的学术研究机构以及学校,或效仿美国作为资助中国学生留学日本之用。此时,他的身份已不再是"满铁"总裁,而是日本首相寺内正毅(1852—1919)的内务大臣。他之所以有这样的提议,一来自然是他所坚持的"文装的武备"论在实践中的继续运用——他向来认为"文事"才是最好的殖民政策。二来不可否认受到欧美国家庚款兴学做法的影响——日本既已自感欲获之利被

① 原田敬一. 日清、日俄战争[M]. 徐静波,译. 香港:中和出版有限公司,2016:270.
② 金满楼. 1900 北京的春天有点乱[M]. 北京:中国文史出版社,2012:232.

西方世界捷足先登,当然要拼命赶上。三来便是与日益紧张的中日关系有关(1914 年,日本借"一战"之机出兵从德国手中抢来了山东胶州湾);1915 年,又向中国政府递交了旨在将中国领土、政治、军事、财政等置于日本控制下的"二十一条"文件。消息泄露后,引起中国人强烈抵制,反日言论铺天盖地,仇日情绪空前高涨。1919 年 1 月,"巴黎和会"不顾中国也是战胜国之一的现实,不但拒绝了中国代表提出的废除外国在中国的势力范围、撤除外国驻华军队、废止"二十一条"等要求,而且认可了日本从德国手里抢夺山东胶州湾的行为,甚至同意将德国在山东的所有权益转让给日本。这直接导致"五四运动"的爆发,中日关系陷入冰点。

种种内在外在因素使日本政府将退还庚款在华兴办文化事业提上议事日程。1922 年 3 月,日本政府第 45 次国会召开,12 名国会议员提交了名为《有关庚子赔款之建议》的提案。在另外 7 名国会议员提出的《有关对华文化事业设施建议案》中,第一次使用了"对华文化事业"这个概念。"对华"二字透露了日本政府的真实用心,那就是所谓"文化事业"其实是自上而下、由外及里的文化渗透,而非建立在中日两国平等基础上的文化合作与交流。经过一年的酝酿、筹划、讨论、研究,1923 年 3 月,日本第 46 次国会通过了由外务省制定的《对华文化事业特别会计法》,并很快公布实施。该会计法共 10 个条款,第二条便明确了"对华文化事业"的资金来源,一个当然是庚子赔款,一个则是"有关山东铁路与公有财产补偿国库证券之本利,及山东矿产之补偿金"①。前者,是日本依据不平等的《辛丑条约》所获得的所谓"赔款";后者是日本在英美的抵制下未能成功接收德国在山东的权益而向中国强索的所谓"赔款"。也就是说,日本在华举办文化事业用的却是本来就属于中国人的钱,即日本用中国的钱在中国的领土上办日本研究中国问题的文化事业。

其次,"对华文化事业"无论资金还是事业实际为日本独立掌控。

英、美、俄、法等国也是利用退还庚子款赔在华兴办文化事业,为什么没有像日本那样遭到中国人的强烈抵制,主要原因在于前者在双方达成庚款退还(或庚

---

① 王向远. 日本对中国的文化侵略——学者、文化人的侵华战争[M]. 北京:昆仑出版社,2015:212.

款兴学)换文后,为管理、支配、监督使用退还的庚款,特别成立了由两国人员共同组成的庚款委员会。如"中美庚款委员会",即"中华教育文化基金董事会",共 15 人,其中中方 10 人,美方 5 人;"中俄庚款委员会",共 3 人,其中中方 2 人,俄方 1 人;"中法教育基金委员会",委员共 8 人,其中中方 7 人,由外交部、财政部、教育部、国立北京大学、国立东南大学、国立广东大学、中法大学各派 1 人,法方委员 1 名,即法国驻华公使或其代表①。"中英庚款董事会",共 15 人,其中中方董事 10 人,英方董事 5 人,主席 1 人由南京国民政府指定,该董事会起初隶属国民政府外交部,后改隶属行政院②。而日本表面上以"退还庚款"名义开展对华文化事业,其实连"退还"都不肯承认——"该款并非退还"是日本外务省事务官朝冈健明确对外宣布的。这也表明他们从一开始就没有让中国人参与支配退还庚款的打算。

不仅如此,从《对华文化事业特别会计法》颁布后日本政府为"对华文化事业"所设置的机构也可以发现"对华文化事业"的非民间属性,它根本就是政府用来实施对华文化政策的官方行政机关。1923 年 5 月 5 日,《对华文化事务局官制》公布。其中规定,"对华文化事业"由"对华文化事业局"负责运营,而"对华文化事务局"直接受外务大臣的管辖,局长由外务省亚洲局局长兼任,首任局长芳泽谦吉(1874—1965,后出任驻华公使),旋由出渊胜次继任。1924 年 12 月,"对华文化事务局"改称"对华文化事业部",隶属亚洲局。1927 年 6 月,"对华文化事业部"脱离亚洲局,成为一个独立部门③。在 1923 年成立"对华文化事务局"之外,12 月,日本政府又为"对华文化事业"特别成立了"对华文化事业调查会"作为咨询机构,直接在外务大臣的监管之下,由外务大臣兼任会长,"对华文化事务局"局长兼任理事长,委员则直接由外务大臣奏请从有关政府机关或高等院校知名学者中聘请,由内阁正式任命④。

起初,中国方面显然并没有意识到日本政府的真实用心,以为也像中英、中

① 栾景河,张俊义. 近代中国:文化与外交[M]. 北京:社会科学文献出版社,2012:646.
② 周琇环. 中英庚款史料汇编:下册[G]. 台北:"国史馆",1993:419.
③ 黄福庆. 近代日本在华文化及社会事业之研究[M]. 台北:"中央研究院"近代史研究所,1997:120.
④ 阿部洋.《对华文化事业》之研究[M]. 东京:汲古书院,2004:206.

美、中俄、中法等一样由两国共同参与使用退还庚款开展文化事业,甚至文化教育界对此文化事业"尚存一份欢迎之心"①。为此,江西教育厅厅长、参议院议员朱念祖和教育部参事陈延龄特地赴日用时两个多月进行考察;文化教育界人士就庚款使用方法提出很多建设性意见——比如,对于文化事业的项目内容,他们主张设立图书馆、研究所、博物馆、医学院;对于文化事业的运营形式,他们认为应该由两国人员共同参与;就文化事业的组织名称,他们反对使用含有附属日本政府意味的"对华文化事业",北京大学校长蒋梦麟(1886—1964)提议冠以"东方学术事业"②,驻日公使汪荣宝(1878—1933)建议改称"东方文化事业"③。

1924 年 2 月 6 日,中方由驻日公使汪荣宝为代表,日方由外务省亚洲局局长兼对华文化事业局局长出渊胜次为代表,双方签署了《对华文化事业非正式协议会备忘录》,史称"汪—出渊协定"。其中规定:在北京设立人文科学研究所及图书馆;在上海设立自然科学研究所;在适当之地点设立博物馆;在济南设立医学院及附属医院;在广东设立医学院及附属医院;各项目设立评议委员会,中日双方各出 10 名委员,另选 1 名中国人士任会长④。

1925 年 5 月 4 日,中国外交总长沈瑞麟(1874—1945)与日本公使芳泽谦吉达成共识并正式换文,史称"沈—芳泽交换公文"。其中规定:组建"中日共同文化事业委员会"(简称"中日共同委员会");该委员会委员中方 11 名以内、日方10 名以内,委员长由两国委员共同从中方委员会选定产生;分别在北京、上海设立分会,其委员人数和委员长效仿总委员会的方式组建。随后,10 月 9 日,中日共同文化事业委员会在北京的北海静心斋召开成立大会暨第一次全体会议。这次会议选举通过了两项重要议程,史学家柯劭忞(1848—1933)出任委员会委员长;"对华文化事业"更名"东方文化事业",而"中日共同文化事业委员会"也随之改称"东方文化事业委员会"。

---

① 王树槐.庚子赔款[M].台北:"中央研究院"近代史研究所,1974:345.

② 北京大学对于日本以庚子赔款在中国举办学术事业意见书[N].北京:北京大学日刊,1924-04-26.

③ 阿部洋.《对华文化事业》之研究[M].东京:汲古书院,2004:223.

④ 黄福庆.近代日本在华文化及社会事业之研究[M].台北:"中央研究院"近代史研究所,1997:124.

从"汪—出渊协定"到"沈—芳泽公文"可以发现，日本政府在"对华文化事业"推进过程中，表面上好像接受了中方的部分建议，比如，同意设立研究所、医学院、博物馆、图书馆等，又于 1927 年 10 月放弃要求中方无偿提供土地用于建设北京人文科学研究所和图书馆，改为出资购买位于王府井大街东厂胡同的原黎元洪总统宅邸作为研究所和图书馆用地。但在某些条款上，却固执坚持不肯退让：第一，博物馆、医学院及附属医院的建立必须是在庚款用于建设北京人文科学研究所及图书馆、上海自然科学研究所后尚有盈余的情况下才能实施；第二，对于北京、上海两家研究所及图书馆 1924—1929 年六年的财政预算，由日本方面提交国会审议通过，并严格按年度分配额度：1924 年，95 万日元；1925 年，97万日元；1926 年，97 万日元；1928 年，80 万日元，1929 年，74 万日元，也就是说，中方对经费预算没有表决权；第三，双方虽然共同组建"中日共同文化事业委员会"，但《东方文化事业总委员会章程》规定该委员会在对文化事业进行计划、管理和决定时，不得抵触《对华文化事业特别会计法》，即，一切行为须在遵从"会计法"的前提之下，不得逾越"会计法"之范围，尤其是"东方文化事业"的经费使用需经日本国会批准。这其实限定了委员会中中方人员的行事权利，使得"合作"变为一纸空文。亦即"对华文化事业"只受辖于日本政府，不论中日合作与否。日本外务省事务官朝冈健的一席话更清楚明了："用庚子赔款余额，在北京设立图书馆，在天津上海设立人文研究所、自然研究所，事权统辖于外务省内之对华文化事务局。每年预算，皆须经日本国会议决。"①

双方不对等的所谓合作关系在 1926 年 12 月上旬举行的上海委员会第一次会议上暴露无遗。无论是对上海自然科学研究所的具体研究事项的确定上，还是在经费预算方面，双方分歧甚大，但日方明显强势。之后，中方的两位委员秦汾（1882—1973）和胡敦复（1886—1978）先后发表声明表示辞去委员会委员一职，理由便是"此次东方文化事业上海委员会在上海召开会议，我方之主张未能彻底贯彻，所议各案均停留于表面，相关实施方法皆未有任何定论"②。

日本政府如此以一己意志为中心、以自身利益至上的做法，当然为中国文化

---

① 润章. 日本对于中国的文化侵略［N］. 猛进，1925 - 04 - 10（2）.
② 阿部洋.《对华文化事业》之研究［M］. 东京：汲古书院，2004：519.

教育界人士所不能容忍。同时,日本在"对华文化事业"推进过程中的种种表现,使中国人由最初的持欢迎态度,变为对其是否怀有善意的怀疑。

再次,日本政府的不合作终致中日双方的"合作"流产。

虽然"对华文化事业"因为有资金和组织机构的保障而一步步向前推进,但我国国内对日本政府的叵测居心的斥责声在"汪—出渊协定"签订后便持续不断。1924年5月,教育家、商务印书馆编辑朱经农(1887—1951)称日本退还庚款的行为是"似是而非的",日本宣称的与中国的合作也是"似是而非的"。因此,他联合商务印书馆编译所所长王云五(1888—1979)等42人共同建议:将该文化事业正名为"中国文化事业协进会",强调为中国人而设;为保持学术独立,任何政治外交人士不得参与,完全成立由中日两国学者组成且由中国人担任理事长的理事会;所设立的研究所、图书馆等,都应由中国人担任所长、馆长、研究员,日本人只能担任顾问①。日本政府于东方文化事业既然另有算盘,自然不会接受这样的建议。

国内更多的组织、团体鉴于日本掩藏不住的居心、野心而群起攻之,直指其文化侵略本质。早在《对华文化事业特别会计法》刚刚颁布后不久,1923年4月27日,中国科学社、中国地质学会等11个团体联合发表宣言,反对日本对华文化事业,要求日本政府"反省"②。1925年4月15日,北京私立大学联合会发表宣言,直言"对华文化事业"其实是"对外侵略事业",而"汪—出渊协定"则是"变相的'二十一条要求'"③。6月3日,中国教育学术团体联席会联合北京师范大学等高校及全国教联会庚款事宜委员会等19个团体也发布宣言,认为"对华文化事业"其实是日本政府自己举办的对华文化事业,真实目的是"伸张其国家行政权于中国领土,以肆其文化侵略,而怀柔中国人"④。一切的反对、斥责归于一点,那就是呼吁抵制日本的文化侵略。

1928年5月3日,在日本人高喊"中日亲善""文化合作"同时,为阻挠国民革命军北伐,日军以保护山东境内日本侨民为由派兵进入济南城,大开杀戒,制

---

① 王树槐.庚子赔款[M].台北:"中央研究院"近代史研究所,1974:91-92.
② 学术团体对日本文化事业之宣言[J].东方杂志,1924,21(11):146-147.
③ 阿部洋.《对华文化事业》之研究[M].东京:汲古书院,2004:287.
④ 教育界反对日本文化侵略之宣言[J].中华教育界,1925,15(2):3.

造了"济南惨案"。为抗议日本暴行,13 日,东方文化事业委员会中方委员开会通过决议,"一致声明退出该会"①。随后,上海委员会的中国委员也发表辞职声明。6 月,柯劭忞代表中方委员以书面形式通知日方,表明中国所有委员从此之后拒领由东方文化事业总委员会发放的薪金②。尽管日方认为中方人员单独宣布退出不具有法律效力,并依然继续支付中方委员薪金,但中方委员不再继续为其工作也不领薪金的行为形成了事实上的退出。

中国国民党对日本政府与北洋政府"合作"的"东方文化事业"也持否定态度,将"东方文化事业"定性为"为日本政府外部之附属机关,以庚子赔款作为对华文化侵略之用"。北伐军占领上海后,上海市党部发表宣言,认为东方文化事业"无存在之价值",并警告日本政府如果"未能尊重多数学术教育团体之主张,中止该委员会之进行,另循正当之途径,则必致激起盛大之反日运动"③。1928年 12 月,东北易帜,南京国民政府实现了形式上的统一并成为得到国际社会承认、代表中国的唯一合法中央政府。新政府随即开始着手清理、废除一系列帝国主义列强强加于中国的不平等条约。

对于东方文化事业,南京政府接受大学院院长蔡元培(1868—1940)的提议,要求日方将"东方文化事业的全体事业项目归国民政府大学院、上海自然科学研究所归并为南京大学研究所、北京人文科学研究所归并为北京大学研究所、全部经费无条件交付于中国政府"④,即,庚子赔款真实地退还给中国,而让中国人自主从事东方文化事业。1929 年 10 月 23 日,蒋梦麟以教育部部长的身份指责"汪—出渊协定""为日本对华文化侵略工具",并训令中方委员全部撤出委员会,又敦请南京政府对日交涉废止该协定。12 月 6 日,南京政府要求教育部罢免东方文化事业委员会及上海委员会全体中方委员在该委员会中的职务,同时指示外交部就此不平等协定向日方进行交涉。驻日公使汪荣宝遂出面与日本外务

①　东方文化事业总委员会委员退出[J].中华图书馆协会会报,1928,3(6):19.
②　徐有威,李嘉冬.日本的东方文化事业之发端研究——以上海自然科学研究所为例[C/OL].中国社会科学院"近代中外关系史"国际学术讨论会论文集.北京:万方数据知识服务平台,2008:428.(200 - 07 - 01)[2019 - 10 - 20].http://www. wanfandata. com. cn/details/detail. do? _type = conference&id = 7460098.
③　所谓"东方文化事业"之失败与反抗[J].教育杂志,1927,19(1):2.
④　阿部洋.《对华文化事业》之研究[M].东京:汲古书院,2004:287.

省亚洲局局长有田八郎(1884—1965)商谈废除"汪—出渊协定",未出意料地遭到拒绝,其理由是协定既然是双方为共同推行东方文化事业而签订,那么,"我方难以同意废改特别会计法及其协定"。1930年1月29日、4月15日,汪荣宝又先后两次与有田八郎交涉,所有要求仍然被拒绝。6月18日,南京政府向日本外务省提出新的退还庚款使用方案,即《日本退还庚款协定草案》,提议以庚款的2/3办理营利事业作为教育基金,以1/3直接用于教育文化,但日方还是回绝,借口是"根本变更现行办法,动摇文化事业基础,难以同意"①。

无论社会舆论如何揭露、知识阶层如何斥责、驻日公使如何协商,也无论善意第三方出于文化交流的目的给予怎样的合理化建议,更无论南京政府如何交涉,对于东方文化事业的运营模式,日本政府始终认定以自己订立的《对华文化事业特别会计法》为准绳而毫不动摇。这样的坚持、执着、顽固更进一步印证了他们在中国境内推行东方文化事业的目的根本不是如他们所说的"中日亲善""发展东方文化"及帮助中国人提升科学教育文化研究水平,实则寻机插足中国文化事业的建设、染指中国自然科学的研究。在交涉失败、中方人员退出委员会后,日本方面仍然继续上海自然科学研究所、北京人文科学研究所的研究工作,原本应该是中日双方合作进行的东方文化事业彻底沦为日本政府一己孤行之事,既显得荒诞,又何尝不是日本政府的本意。

二、东方文化图书馆建立过程一波三折

从现有史料看,"东方文化图书馆"的名称最早出现于1926年11月中下旬召开的东方文化事业总委员会第二届年会上通过的《东方文化图书馆筹备处章程》及《东方文化图书馆筹备处1926、1927年度经常费预算书》等文件中,由次年10月下旬即把"图书馆筹备处"改作"图书筹备处"来计算,"东方文化图书馆"的名称实际只用了11个月,此后便不再在正式文件中出现,只不过在一般文章中,或人们口头上,仍被习惯性地继续沿用,直至抗日战争胜利为止。相比于名称的短寿,该图书馆从确建到筹备到开工,历时冗长。

日本的《对华文化事业特别会计法》共十条,其中第五条关于资金支出的目

---

① 阿部洋.《对华文化事业》之研究[M].东京:汲古书院,2004:454－458.

的及事业范围为："（1）资助在中国所办的教育、学艺、卫生、救恤及其他相关文化事业；（2）侨居帝国的中国人民与前项同种的事业；（3）在帝国所办的与中国相关的学术研究事业。"①虽然可以说设立图书馆未逾《对华文化事业特别会计法》第五条（1）所规定的范围，但毕竟"文化事业"范围极其宽泛，其法条并未指明要建图书馆。而明确要求设立图书馆，是由中国人向日方提出的。中国官方正式向日方提出交涉的时间是在 1923 年 4 月 4 日，由我国教育部特使朱念祖偕驻日代理公使廖恩焘（1864—1954）于当日午后同至日本外务省，与日本外相内田康哉（1865—1936）、亚洲局局长芳泽谦吉等人会见，当面陈述中国方面希望将建图书馆等纳入日本对华文化事业。内田的回答是：中国的希望大可为日本政府计划之参考②。朱念祖还为此另外拜访了日本首相加藤高明（1860—1926）。

不只北洋政府官方，一些社会团体也向日本政府发出相同或相近的呼吁，其中尤其以在日本及与日本有关的学生社会团体的呼声更为激烈，如"中华留日各校同窗会对日庚子赔款讨论会"发表《为日本对华文化事业告国人》③、"留日自费生联合会"发表《对日本对华文化事业宣言》④，均提出设立图书馆、博物馆以及学术研究所的主张；由各学科成员组成的、与中国科学社并列为当时中国两大综合性学术社团的中华学艺社也于 1923 年 6 月提出"在北京上海两处设立研究所、图书馆、博物馆……并拟于数年之后分期筹设图书馆于各省省会"⑤的主张。

1923 年底，朱念祖又为申告中国方面的主张，受中国教育总长黄郛（1880—1936）之派再赴日本，"向日本朝野作热烈之运动"⑥。其间对《大阪朝日新闻》发表谈话称，他自夏季归国后，"即在上海北京等处，历访朝野识者，征求意见，大抵皆主张设立图书馆博物馆美术研究所等，王正廷氏更主张创办大学，包含以上各

①　日本外务省文化事业部.对华文化事业之概要[J].日华学报,1928(3):66-68.
②　朱念祖陈述中国希望[N].顺天时报,1923-04-06(3).
③　中华留日各校同窗会对日庚子赔款讨论会.为日本对华文化事业告国人[N].益世报,1923-05-15(2).
④　留日自费生联合会.对日本对华文化事业宣言[N].益世报,1923-08-08(4).
⑤　中华学艺社发表日本对华文化事业之意见[N].民国日报,1924-02-24(10).
⑥　黄教长恳求日本增加我国留日学生补助费并请中国委员参加对华文化事业[N].顺天时报,1923-12-21(7).

种设施……"①而日本国内实际上也不乏同此主张的日本人。朱念祖撰文称:"……念祖等在东发表意见,如主张创办图书馆博物馆学术研究所之类,彼国教育会会长泽柳氏、及现内阁阁员犬养氏,与念祖等面谈时,均表赞同。而西京帝国大学各教授,曾联名上书于彼国政府,亦有同一之请求。"②

面对来自日本朝野及国内外要求建图书馆的呼声,日本政府终不能完全置若罔闻。事实上,早在1923年6月,日本政府有关部门对此就已注意到了。据《大阪朝日新闻》载,日本宪政会在本部开政务调查会,由下冈总务报告,称关于对华文化事业,中国民间希望在北京、上海,设立大规模之图书馆,渐次再在各省设立图书馆③。随即在1923年7月,日本外务省书记官兼对华文化事业局事务官冈部与东京大学医学部长入泽达吉奉日本政府之命为"对华文化事业"前来中国调查,与中日各方接洽、交换意见④。

主要在中国人的力争下,在最终签订的"汪—出渊协定"中,第三项规定"在北京设立人文科学研究所及图书馆"⑤。至此,建立图书馆作为"对华文化事业"之一项终以中日两国政府签署文件的方式确定了下来。建图书馆与否,所反映出的不仅仅是日本政府于"对华文化事业"开办项目的初衷与中国文教界乃至政府的愿望相左的问题。虽然日本政府后来对计划做了调整,毕竟是迫于中日社会各方面的压力。其只从自己的设想出发,罔顾中国人愿望的行事方式,不仅使得"对华文化事业"开局不利,其居心给中国人留下了负面印象,更成为"对华文化事业"整个过程在中国的进行诸般不顺的症结之一。

作为"对华文化事业"的咨询机构,"对华文化事业调查会"成立后,日本外务省于1924年6月21日在外务大臣官邸召开调查会第二次总会。与会者"一致赞成"实行"对华文化事业"第一期计划,共五项,第一项是以6年时间,"在北京设置人文科学研究所及图书馆,在上海设置自然科学研究所,此三项事业之总预算为535万元。"第三项是"北京之研究所及图书馆,系铁筋混凝土建筑,三层

---

① 朱念祖抵日后之谈话[N].申报,1923-12-18(4).
② 朱念祖,陈延龄.为日本对华文化事业敬告国人书[N].顺天时报,1923-12-08(7).
③ 日人调查对华文化事业[N].益世报,1923-06-27(7).
④ 日本对华文化事业之进行.互相派员观察[N].申报,1923-07-22(4).
⑤ 驻日汪公使与出渊局长在日外务省之非公式协定[J].铁路协会会报,1926(165):15-16.

楼,地面广二千坪(每一坪六尺平方),五年竣工……"①

　　有一点颇有意味:"对华文化事业调查会"具体成立于 1923 年 12 月 27 日。两天后,驻日公使汪荣宝开始与日方商谈相关事宜。1924 年 2 月 6 日,"汪—出渊协定"签署。在中日两国签署双方合作进行文化事业的协定四个多月之后,"调查会"在不通知中方更不与中方协商的情况下仍然自行通过所谓"第一期计划"。这显示了日本从方案制定到着手前期工作,都只想一己实行,委实不愿中方介入。而日本在"调查会"二次总会后派帝国大学教授服部宇之吉(1867—1939)以"交换教授"身份来华,又派了文化事务局参赞朝冈健、事务官小村俊三至北京、上海等地,调查接洽设置图书馆、研究所事宜等②,日本同意建图书馆及签订"汪—出渊协定"是对来自中国社会呼声的妥协,或仅欲以此姿态与动作获取中国官民的理解以平息怨怼,并非真切认识到此"文化事业"若缺少中国配合,日本独力难成。正因为如此,图书馆建设进程迟缓,像一只老钟,呈现走走停停的怪象。

图 5　中国驻日本公使汪荣宝

图片来源:1928 年《御大礼画报

(临时增刊)》。

---

①　日对华文化事业第一期计划[N].民国日报,1924-06-29(6).
②　朔一.日本对华文化事业的第二幕[J].东方杂志,1924,21(9):8.

  "对华文化事业调查会"第二次总会通过图书馆建设第一期计划整整两年后,1926 年 8 月 27 日,东方文化事业总委员会在北京北海画舫斋召开会议。在这次会上,中日图书馆筹备委员被推举了出来,中方为邓萃英(1885—1972),日方为獭川浅之进,筹备处办公地设在北海状元府。同时规定,两位筹备委员应将图书馆建设的一切事项向该委员会提议,还"应向日本政府交涉速拨关于设置建筑图书馆及研究所所需之一切经费,更要于图书馆及两研究所竣工后向该委员会报告'请予检查'①。又过了两个多月后,1926 年 11 月 19—22 日,东方文化事业总委员会在日本东京帝国学士院会馆召开第二届年会,决定设置图书馆筹备处负责图书馆筹备事务,确定馆名为"东方文化图书馆",并通过《东方文化图书馆筹备处章程》及《东方文化图书馆筹备处 1926、1927 年度经常费预算书》②;而将近一年后(1927 年 10 月 28 日),东方文化事业总委员会在北京该会事务所召开的第二次临时总会暨第三届年会上,又再决定通过《东方文化图书筹备处章程》、成立图书筹备评议会并推举评议员等。可见东方文化图书馆筹备进程拖沓的节奏。

  由于日本政府办理"对华文化事业"拖延迟缓而显得缺少决心与诚意,中日于此项目合作的维系本已十分脆弱,在"济南惨案"后,随着中方委员的退出,包括图书馆事宜在内的会务又回到由日方只手操持的老路上,东方文化图书馆的筹备进程更增加了不确定因素。

  东方文化事业北京事务所原于 1926 年 8 月 14 日设于王府井大街大甜水井胡同 9 号,后于 1927 年 12 月 18 日迁至东厂胡同 1 号与 2 号。东厂胡同这块地,原是前大总统黎元洪(1864—1928)的宅第,东方文化事业总委员会以 30 万元购得,以作为北京人文科学研究所及东方文化图书馆的用地③。1924 年的"汪—出渊协定"第八条规定:"北京图书馆及研究所用地,由中国政府免价拨给。"④"东方文化事业总委员会"在 1925 年 10 月 9—12 日召开的第一届年会上,也曾做过

---

① 中日文化委员议决先在北京设图书馆[J].图书馆学季刊,1926,1(3):532.
② 罗琳.《续修四库全书总目提要》编纂史纪要[J].图书情报工作,1994(1):46-49.
③ 东方文化事业总委员会议决案之追纪[J].教育杂志,1928,20(1):1.
④ 驻日汪公使与出渊局长在日外务省之非公式协定[J].铁路协会会报,1926(165):15-16.

一项决定,敦促中国政府拨地:"总委员会对于北京研究所、图书馆地基,希望中国政府从速拨给。"①但显然日本方面想免费获取图书馆等用地的愿望最终落空了。

"汪—出渊协定"出自曹锟(1862—1938)任大总统期间;而"东方文化事业总委员会"在第一届年会上敦促中国政府拨地时,已进入段祺瑞(1865—1936)执政府时期;等到日本人感觉到免费获得土地希望渺茫时,又是顾维钧(1888—1985)为阁揆了。中国政局的急遽动荡与频繁变换正如鲁迅(1881—1936)所谓"城头变幻大王旗",自然会对一些外交协定的落实造成影响。

1926年10月24日《申报》报道:"东方文化事业总委员会委员大内畅三由日来京,对中国委员之主张表示承认,惟以本年为经费不充裕为理由,对北京总会方面应办之事件为图书馆建筑等,拟暂缓举办。"②这可能是日本方面对免费获取图书馆用地无果的一时反应,所以在仅仅事隔半年之后——即1927年春季,就有消息称,东方文化总委员会预备购置地处西皇城根的礼王府约二万坪之地③。而同时也有媒体称:"东方文化事业总委员会前曾有规定在北京设立图书馆一所,现已筹备妥协,正在进行。关于购置书籍事,兹闻日本对华文化事务局早将购书款项五十余万汇到,筹备主任汤中,现已延聘徐鸿宝、乔曾劬为馆员,近来正向各处搜购书籍,想开馆之期,当已不远云。"④可见购礼王府之地用于东方文化图书馆馆址并非空穴来风,而显然情况又发生变化,最终落实在东厂胡同的黎元洪宅第。

据称购买黎宅乃由江庸(1878—1960)介绍,日本曾派工学博士伊藤忠太前往查勘设计⑤。黎元洪此宅第范围为东至王府井大街,西至太平胡同,南至东厂胡同,北至翠花胡同,"实测面积四十七亩九分八厘四毫,住宅及厩舍之建筑间数凡五百零八间半。"⑥伊藤忠太认为黎宅原有房舍可直接用于研究所,但做图书馆

① 罗琳.《续修四库全书总目提要》编纂史纪要[J].图书情报工作,1994(1):46-49.

② 东方文化事业总委员会展期举行[N].申报,1926-10-24(7).

③ 东方文化事业委员会之进行[N].申报,1927-03-23(7).

④ 东方文化图书馆之设立[J].山东教育月刊,1927,6(3-4):14.

⑤ 东方文化图书馆之进行[J].中华图书馆协会会报,1927,3(2):12.

⑥ 容媛.东方文化总委员会及北平人文科学研究所之概况[J].太初,译.燕京学报,1936(19):215-226.

馆舍则不适合,只能在宅第内空地上另行建造①。而图书馆馆舍开始动工,已是六年之后。建筑工期将近一年半(1934 年 3 月 1 日—1935 年 8 月 30 日),施工方为天津赤山工程局,建筑总面积为 1876.44 平方米②。建筑主体为"三层的钢骨水泥新式建筑",工程费 25 万元③。

东方文化图书馆馆舍用地一再出现变故,表面看来中日双方都有原因,实则主要原因在于日本。日本不愿将庚子赔款交由中国人支配,却还要中国为日本支配的款项建设项目提供配套,先输情理。虽然中国政府签署了"汪—出渊协定",允诺无偿提供馆舍用地,但条约的失当,埋下了约定难以落实的风险,也果然时局一旦发生变化,协定就成为一张废纸。

东方文化图书馆肇始于中国人提出、日本方面接受的建馆要求,从早先的计划来看,东方文化图书馆是与北京人文科学研究所、上海自然科学研究所并列的三个首建项目之一;1924 年 2 月 6 日在东京正式签署的"汪—出渊协定",从其第三项规定的"在北京设立图书馆及人文科学研究所"来看,图书馆与研究所也是独立的两个单位;在 1924 年 6 月下旬召开的"对华文化事业调查会"第二次总会上通过的"对华文化事业"第一期计划,其中也明确说明在北京设置人文科学研究所、图书馆与在上海设置自然科学研究所为"三项事业"④。

1927 年 9 月 26 日抵达北京的东方文化事业总委员会日方委员长大内畅造,10 月 11 日在接受《申报》记者采访时还在说,上海与北京设立研究所"二事刻下正在进行中",而"至目前之事业,则为北京之图书馆。本人到京后已与中国当局交涉一切,并整理图书勘定地址预备开设……"⑤可见直到此时,东方文化图书馆与北京人文科学研究所、上海自然科学研究所仍是三个独立的项目。而仅仅过了半个月,在 10 月下旬东方文化事业总委员会召开的第二次临时总会上,委员们认为,既然东方文化图书馆的设立,已完全变为人文科学研究所编纂《续修四库全书总目提要》资料之用,脱离了原先公共图书馆的设想,再称之为"馆"显然

① 东方文化事业北京研究所已购定黎宅为所址[N]. 益世报,1927 – 10 – 13(4).
② 罗琳.《续修四库全书总目提要》编纂史纪要[J].图书情报工作,1994(1):46 – 49.
③ 大阪每日新闻.日本之对华文化事业[J].越生,译.文化建设,1937,3(7):51 – 52.
④ 日对华文化事业第一期计划[N].民国日报,1924 – 06 – 29(6).
⑤ 东方文化事业又在北京进行[N].申报,1927 – 10 – 12(7).

不大适宜。大会因此决定,将"东方文化图书馆筹备处"中的"馆"字去掉,改为"东方文化图书筹备处",变成附属于人文科学研究所的一个机构了①。

东方文化事业总委员会紧接临时总会又召开了第三届年会,会上通过了《北京人文科学研究所暂行章程》与《东方文化图书筹备处章程》,前者第四条明确了图书馆筹备人员——图书筹备委员及图书筹备评议员乃由研究所设置的规定②。而后者第三条也规定,图书筹备评议员的会议,须由研究所总裁召开并任主席;第五条则规定了从图书借阅规则到筹备处办事细则,须经研究所正副总裁的同意方可施行③。由此都可看出东方文化图书馆对于北京人文科学研究所的隶属关系。1934 年,东方文化图书筹备处更名为图书部,成为东方文化事业总委员会下设的四个部之一④。

自日本"对华文化事业"开端时未将图书馆明确列为拟建项目,到之后屈从于主要来自于中国的强烈呼声而造成的巨大压力,才将东方文化图书馆列为待建项目,却又将馆址定为与北京人文科学研究所同址,随后就将其变为研究所的附属机构。从整个孕变过程来看,日本政府对于设立独立的东方文化图书馆自始至终都是不情愿的。这也从侧面反映出他们对于双方合作的东方文化事业别具他意的隐秘态度。

三、北平、上海近代科学图书馆——"对华文化事业"新计划

如果说 1923 年日本政府颁布《对华文化事业特别会计法》所推行的在华文化事业很大程度上是为了平息中国人不只对"二十一条"的愤怒情绪、缓和中日两国日渐激化的矛盾、顺应由美国带头而在国际社会中蔓延的退还庚款的潮流、借机掌控中国文化研究以备文化渗透的话,那么,1936 年 5 月发布"对华文化事业新规事业"(又称"新计划")则赤裸裸地是为了日本的全面侵华而进行的文化思想上的准备。换言之,"新规事业""是日本为了配合即将全面发动的侵华战争

---

① 罗琳.《续修四库全书总目提要》编纂史纪要[J].图书情报工作,1994(1):46-49.

②④ 容媛.东方文化总委员会及北平人文科学研究所之概况[J].太初,译.燕京学报,1936(19):215-226.

③ 东方文化事业总委员会议决案之追纪[J].教育杂志,1928,20(1):1.

而在文化事业上所做的方向性的调整"①。也就是说,此时的"文化事业"不再限于超越政治的纯学术纯文化的事业,而沦为服务侵略的工具。

"新计划"的出台自然有一定的政治背景。1931 年"九一八事变"后,日本占领了中国东北,中国从此进入艰苦的十四年抗战时期。而占领中国东北显然是日本贯彻"大陆政策"的阶段性成果。欲将"大陆政策"继续向前推进,日本必然以中国东北作为跳板向华北挺进。1932 年,伪满洲国的建立给予日本以"渐进蚕食""分化瓦解"方式侵吞中国很大的信心。他们企图在华北如法炮制,延续"分离—自治—独立"的侵略模式。这既可以减少"武力鲸吞"所带来的巨大损耗,又能巧妙躲开国际社会的干预,还能避免明火执仗的军事侵略所带来的强烈抵抗。

"华北事变"便是在如此心机下被炮制出来,而该事变非独立存在,而是一系列事件的总称。它包括 1935 年 1 月中旬日军制造的"察东事件"——迫使南京政府承认察哈尔沽源以东地区为"非武装区";5 月初的"河北事件"——日本华北驻屯军参谋长借口天津日租界亲日分子《国权报》社长和《振报》社长被杀,将驻津日军调派至河北省政府门前示威,并进行威胁性的巷战演习,又以中方破坏《塘沽协定》为由逼迫与南京政府签署包括"中国军队从河北撤退"等不合理条款的《何梅协定》;5 月底的"张北事件"——察哈尔省驻地中国军队抓获了潜入张北县内绘制地图的 4 名日本特务,日方以此为借口进行要挟,日本关东军机关长土肥原贤二与察哈尔省民政厅长秦德纯(1893—1963)签订"成立冀东非武装区"等丧失察哈尔省主权的《秦土协定》;10 月的"香河暴动事件"——日方策动华北五省(河北、山东、山西、察哈尔、绥远)自治运动,煽动汉奸举行暴动;11 月的"冀东事变"——日方鼓动蓟密、滦榆行政督察专员殷汝耕(1883—1947)在通县组织"冀东防共自治委员会"(后改为"冀东防共自治政府")。

一系列事件之后,由日本扶持的以王揖唐(1877—1948)、王克敏(1876—1945)为委员的"冀察政务委员会"成立,标志着冀、察两省名义上仍隶属国民政府,实则已落入日本政府囊中,华北岌岌可危。毋庸置疑,吞并整个华北是日本接下来的目标。为此,一切政治的、军事的、经济的工作都必须围绕于此,文化事

---

① 王向远.日本对中国的文化侵略——学者、文化人的侵华战争[M].北京:昆仑出版社,2015:213.

业自然不可能独逍遥于事外。1935 年，日本驻华大使馆参事若衫在《对华文化事业改善案》中对"对华文化事业""从来脱离政策的立场，采取主要着眼于纯学术研究之方针"表示不满，他认为"今日遭遇重大变局，此种方针有必要发生根本变更"。在他的设想里，"变更"表现在"文化事业部应秉承当局政策，根据日满提携确立东洋和平之经纶，在中国实现文化开发和日中文化联系"①。

在这样的形势和舆论下，日本政府对"对华文化事业"进行调整并增加"新计划"顺理成章。"新计划"由外务省发布，目的是使"对华文化事业"尽快摆脱所谓"为学术而学术"的禁锢，而将其强行拉入政治和侵略的轨道。此时，无论学术，还是学问，抑或文化，在侵略者眼里都是"陈腐"的，而在如此关乎独吞华北、啃噬全中国乃至称霸东亚成败的关键时候，"不必专事研究陈腐学问"不只是一句宣传语，而是赋予政治含义的强制命令。这句话出现在外务省对外公布的"新计划"的内容中："外务省自有田外相就职以来，决意积极实行中日文化提携，决定在特别会议提出修改《对华文化事业特别会计法》，将原先预算的三百万元增加到四百万元，以其新增的一百万元，开始进行新工作。"所谓"新工作"，即"中日之间，不必专事研究陈腐学问，或做考古学的研究，应先实行为中日两国国民亲善之工作。……实行有国际文化色彩的工作：（一）在中国各大学设立日本语讲座与日本文化讲座；（二）中日民间各团体之经济文化提携；（三）在中国各地新设日本文化图书馆，积极介绍日本文化……"②

"新计划"中的"新设日本文化图书馆"便是北平近代科学图书馆、上海近代科学图书馆。前者，初名为"北平近代科学图书馆"，全面抗战爆发后，随着日伪当局把"北平"改为"北京"，北平近代科学图书馆将挂在王府井大街 9 号人文科学研究所大门一侧的名牌更换为"北京近代科学图书馆"③。1936 年 7 月，该馆由山室三良、辻野朔次郎、大槻敬藏组成图书馆筹备委员会，开始图书馆的筹建工作；9 月 1 日，山室三良就任代理馆长；12 月 5 日开馆，定馆名。后者，初名"上

---

① 石嘉. 抗战时期日本在上海的文化侵略——以上海日本近代科学图书馆为例[J]. 江苏社会科学,2015(1):218.

② 王向远. 日本对中国的文化侵略——学者、文化人的侵华战争[M]. 北京:昆仑出版社,2015:213.

③ 为全书一致,本书统一称为"北平近代科学图书馆"。

海日本近代科学图书馆",1936 年 11 月开始筹建;1937 年 3 月,该馆在上海靠近福州路的四川路宏业大厦底层正式开馆①。四个月以后,"七七事变"爆发,一北一南两个挂着"科学"之名的图书馆也迅速进入战争状态,积极投身为军事侵略服务的行列。

---

① 逸明.上海日本近代科学图书馆巡礼[J].礼拜六,1937(688):12.

第二章　图书馆的非民间属性

日本在对中国怀有扩张和侵略野心的背景下在华创办图书馆,其为图书馆制定的目的、规划的任务必然是要为殖民服务、为侵略提供保障的。图书馆被赋予如此重大"使命",其背后当然有政府的强力支撑。通览像"满铁"图书馆那样的具有代表性的日本在华设立的图书馆,不难发现,它们大多数直接隶属日本政府。在资金分配、运营管理等方面,日本政府直接对在华的图书馆进行管控,以确保其服务于侵华形势的"成色"。也因此,在各图书馆的决策者、管理者中,"官员"占比颇高,他们的特殊身份注定他们的思想和行为与政府保持一致。

第一节　图书馆背后的政府管控

一、东方文化图书馆受制于东方文化事业委员会

与天津日本图书馆、"满铁"图书馆、北平近代科学图书馆、上海近代科学图书馆相比,表面上看,东方文化图书馆似乎并不直接由日本政府管控。但是,该馆是在日本政府利用庚子赔款推行"对华文化事业"的情况下建立起来的,因而不可能完全撇清与政府的关系。为了"对华文化事业"(具体地说,包括建设北平人文科学研究所、上海自然科学研究所、东方文化图书馆)能够在中国的土地上顺利开展起来,1925 年 5 月,日本方面不得不与中方联合组成"中日共同文化事业委员会"(当年 10 月改为"东方文化事业委员会")。

东方文化事业委员会第三届年会通过了《北京人文科学研究所暂行章程》与《东方文化图书筹备处章程》。《北京人文科学研究所暂行章程》第四条规定:"本所设图书筹备委员二人及图书(筹备)评议员若干人。筹备员由总委员会共同推荐,中国及日本委员各一人充任。图书筹备评议员除由总委员会委员充任者外,得延聘会外专家充任之。会外专家经总委员会委员共同推荐,由总裁具书延聘。"《东方文化图书筹备处章程》共六条,其中第一条规定:图书筹备委员掌图

书之调查搜集事宜;第二条,凡图书之购置,须经图书筹备评议员会之议决;第三条,图书筹备评议员会,由研究所总裁召集之,开会时,以研究所总裁为主席;第四条,图书筹备评议员对于图书之购置,得随时提议之;第五条,图书借阅规则及筹备处办事细则,均由图书筹备委员拟订,经研究所正副总裁同意后施行,并送总委员会委员长备案①。

东方文化事业总委员会分设总务、研究、图书、会计 4 个部,由总务委员总管。图书部设有主任,主任之下设有主事 2 人,司书若干人。总委员会又制定《东方文化事业总委员会事务所暂行办事细则》凡五章五十五条,自 1934 年 2 月 1 日起施行。其中第一章第六条对图书部的职责范围做了规定,为"图书之采访搜集、购买估价、装订整理、抄录校对、对类登记、编目保管。"第二章中有八条以上条目对图书部的运行规程、工作制度做了十分具体的要求:

第十八条　本事务所一切图书之调查搜集由图书部承图书筹备委员及总务委员之命处理之。

第十九条　本事务所调查及搜集图书之范围,以编纂续修四库全书提要必需者为主。

第二十条　本事务所购买图书之手续先由图书部主任评定价格,经过图书评议员之评阅及筹备委员之认可,然后会计部付款购置。

第二十一条　图书部依据研究部编制之所用书籍目录采访购置之。

第二十二条　本事务所既购之书籍,由图书部逐一检查册数页数,补足其缺少。

第二十四条　图书部对既购书籍编制其目录,作分类及笔画索引卡片。

第二十五条　本事务所对有储藏必要而无法购置之书,由图书部设法借抄,其费用自图书费支出。

第二十七条　图书部关于书籍之借阅须遵借阅规则,不得擅自出借。书籍借出须随时登记。

---

① 东方文化事业总委员会议决案之追纪[J].教育杂志,1928,20(1):1.

当时图书部主任为徐鸿宝（1881—1971），萧璋（1909—2001），负责藏书分类，图书部工作受东方文化事业总委员会筹备委员狩野直喜（1868—1947）指导①。

由此看来，东方文化事业总委员会有关图书部门的组织架构与管理似有交叉重复乃至混乱之象。比如，既在总委员会下设人文科学研究所，在研究所下设图书筹备处，却又在总委会下直接设有图书部——图书部门似乎兼为二级与三级部门；图书部既受总委员会总务委员领导，又须听命于研究所图书筹备处图书筹备委员，规定中却也不明确哪一方为最终决策者，似乎两方都有决定权，等等。造成这种局面的原因，一是日本于"对华文化事业"的操办存在随意性，政府内部意见分歧，进行过程中主导思想不时地更改；二是日方在主观意愿上不肯真正放弃"独办"此"事业"的初衷，因而得不到中方的支持；三是日本对中国不时挑起事端乃至侵略，引发中国各界产生敌对情绪而使"对华文化事业"的进程遭受阻碍，日方疲于应对而章法失措。

二、自称"自治"的天津日本图书馆的非自治性

日本在中国建立的图书馆中，最早的天津日本图书馆曾自称是"自治团体"。事实上，该图书馆的确由生活在天津的十余位日本侨民联合发起，于1905年8月7日成立。它仿照日本俱乐部经营模式定为会员制，会员以每月交纳会费半块银圆可以享受免费入馆阅览待遇，而非会员入馆则需交费。图书馆设会长1名，常设委员3名，评议员20名，会商决定图书馆经营事项。8月10日，召开了第一次常设委员会议；8月13日召开了第一次评议员全体会议，制定、讨论并通过了相关规则②。

表面上看，图书馆属于民间组织，但实则与日本政府关系非同一般。

第一，天津日本图书馆初建时，馆址设在天津闸口日本俱乐部，而这个俱乐部是在日本驻天津领事的主持下成立的。1913年8月，日本租界当局斥资

---

① 容媛. 东方文化总委员会及北平人文科学研究所之概况[J]. 太初，译. 燕京学报，1936（19）：215 – 226.

② 天津日本图书馆沿革[G]//天津居留民团. 天津居留民团二十周年纪念志. [出版者不详]，1929：597.

40159.63块"洋钱",于福岛街与荣街(今多伦道与新华路)交汇口大和公园,新建一栋主体277坪①、附属建筑23坪的二层公会堂大楼,作居留民团事务所(居留民团行政委员会的办事机构)、公会堂(集会礼堂)、商业会议所等机构之用,天津日本图书馆也自日本俱乐部迁入,于1914年11月8日开馆。但随着日本租界事务的发展,机构膨胀及增加,公会堂大楼用房日益紧张,图书馆馆舍本系暂时借用于居留民团,故而于1923年4月不得不随之腾挪移动,馆舍由此更显局促②。

自此之后,天津日本图书馆相关人士一直吁请谋求新建馆舍,但收效不显,直到1933年,天津居留民会议员、日商三昌洋行经理冈本久雄为建新馆捐洋两万元,才使筹建新馆获实质性进展。1934年有图书馆专业期刊报道:新馆舍"业由日本租界局设计,自本年九月间在公会堂旧馆旁另建筑丁字形新馆,闻须明年一二月间可以竣工云。"③实则新馆1934年7月29日于大和公园内举行奠基仪式④,1935年6月1日下午二时于公会堂举行落成仪式,次日开馆。⑤ 建筑总面积260.345坪,其中书库4层共88.560坪;馆内其他建筑面积连同附属建筑面积共171.785坪⑥。

第二,从日本政府的主观意愿来说。日本政府1875年派员在天津设立领事馆后,所赋予领事馆的一项重要使命便是在天津建立侵略中国的基地——开辟租界⑦。1896年7月,日本通过与中国签订《中日通商行船条约》,获得在天津等地设立租界的权利。1898年8月,根据《天津日本租界协议书及附属议定书》等,划定了

---

① 坪,土地或房屋面积单位,1坪约合3.3平方米——编者注。
② 天津日本图书馆沿革[G]//天津居留民团.天津居留民团二十周年纪念志,1929:597 - 598.
③ 天津日本图书馆的新建筑[J].天津市市立通俗图书馆月刊,1934(4 - 6):21.
④ 天津日本图书馆.杂项[G]//财团法人天津共益会.昭和九年度共益会事务报告书,1934:142.
⑤ 天津日本图书馆.日记杂抄[G]//财团法人天津共益会.昭和十年度共益会事务报告书,1935:117.
⑥ 天津日本图书馆.建筑物[G]//财团法人天津共益会.财团法人天津共益会事业概况,1936:48.
⑦ 孙立民,辛公显.天津日租界概况[G]//中国人民政治协商会议天津市委员会文史资料研究委员会.天津文史资料选辑(第18辑),1982:116.

天津的日本租界的区域。日本政府既欲使日租界成为日本侵略中国的基地,故而十分注意对租界的管控,对租界内的任何团体与组织也都务使"尽在掌握中"。

日本政府于 1905 年颁布《居留民团法》,之后日本外务省制定了相应的《施行规则》,天津日租界自 1907 年 8 月起实行,天津日租界名义上的自治机关、实则听命于总领事的"大日本租界局"据此改为"居留民团"。居留民团在以自治为名、而唯总领事命是从一仍其旧,"有时还直接接受来自天皇及外务省的命令。民团的行政法规就是遵照天皇'敕令'、外务省'省令'及总领事馆'馆令'制订的。"①1908 年,居留民团根据天津日本图书馆创立总会的决议,将天津日本图书馆收归麾下管理与经营。所谓"自治",也就成了空话。

第三,从图书馆常设委员、评议员构成看,"官员"不乏其人,暴露了该图书馆的日本官方背景,显示了其与日本政府非同寻常的联系,也就决定了图书馆参与日本对华文化侵略的必然性。

三、"满铁"图书馆直属"满铁"调查部

"满铁"图书馆并非与"满铁"同时建立。在"满铁"成立一年后,即 1907 年 4 月,为了会社会员使用资料方便的需要,"满铁"阅览室(又称"图书室""图书阅览场")成立,由"满铁"理事、东京帝国大学法学教授冈松参太郎负责筹建,室址设在原大连"玉町满洲资源馆"三楼。1908 年,阅览室迁至大连东公园町。这是"满铁"大连图书馆的雏形,也是"满铁"在中国东北设立最早的图书馆②。在"满铁"24 间图书馆(不含分馆)中,大连图书馆无论从规模还是重要性上讲,都位居所有图书馆的中心位置。

随后,"满铁"又在附属地沿线相继建立多个图书阅览场。随着日本移民政策的推广,迁往中国东北的日本移民日渐增多,加之"满铁"的调查研究业务不断扩大,图书室、阅览场已无法满足需要,冈松参太郎提出"要在'满铁'附属下,建

---

① 孙立民,辛公显.天津日租界概况[G]//中国人民政治协商会议天津市委员会文史资料研究委员会.天津文史资料选辑(第 18 辑),1982:120.

② 李娜.满铁对中国东北的文化侵略[M].北京:社会科学文献出版社,2015:77.

设一个东亚一流的、具有近代建筑美的理想图书馆"①。1918 年 1 月,"满铁"图书馆成立,其性质确定为"参考研究型",原"满铁"图书室并入其中。1919 年 10 月 1 日,该馆对外开放。

"满铁"附属地沿线其他图书室也在经历了"图书室""阅览场""简易图书馆"的演变后,变身为"图书馆"而被"满铁"称为"民众图书馆",即面向中国东北民众的公共图书馆。其中,"满铁"奉天图书馆(最早成立于 1910 年 10 月 31 日,起初称"阅览场")的地位仅次于"满铁"大连图书馆。也就是说,在抗战全面爆发前,"满铁"便已建立起了以大连图书馆和奉天图书馆为中心、遍布中国东北南部地区纵横交错的图书馆情报资源网络。

"满铁"图书馆由小到大、由弱渐强经历了一个逐步发展的过程,其隶属关系也有一定的变化。最早建立的"满铁"图书室隶属"满铁"调查部,故也称"满铁调查部图书阅览室"。1908 年 11 月,"满铁"制定了"图书管理规程",规定图书馆业务由"满铁"调查部图书系负责。由此可知,从一开始,"满铁"图书馆便与"满铁"调查部密切相关。

图 6　"满铁"鞍山图书馆

图片来源:关东局编《关东局施政三十年史》,

(东京)凸版印刷株式会社,1936 年。

---

① 程宪宇.满铁大连图书馆史略[C/OL]//中国图书馆学会.第一届图书馆史学术研讨会论文集.北京:万方数据知识服务平台,2006:12.(2007 – 08 – 22)[2019 – 10 – 20].http://www.wanfandata.com.cn./details/detail.do? _type = conference&id =6313285.

图 7　"满铁"大连图书馆

图片来源：大连市图书馆。

　　作为日本政府在中国东北进行殖民统治的代行机构，"满铁"是负责经营中国东北的重要基地。换言之，经营中国东北必须以"满铁"为中心。"满铁"经营中国东北是以首任总裁后藤新平的"文装的武备"论为思想指导的，而调查事业则是"文装的武备"论直接推动的措施之一①。一向崇尚科学精神的后藤新平无论在任日本驻台湾总督府民政长官时，还是负责"满铁"事务时，无不以"科学地调查"作为立身之本，其政策制定、方案实施也都以调查结果为主要依据。一直以来，他始终是设立"调查机关"的积极倡议人和践行者。他如此看中"调查"，以至于有人调侃，"调查对后藤而言，就像皮包一样，随时随地提在身边"。出任"满铁"总裁后，后藤新平将调查的习惯延续了下来。他认为"凡近代的企业，应以科学的调查研究作为其合理经营的基础，尤其负有特殊使命的'满铁'，其事业范围极为广泛，为了推展公司业务，当然需要多方设置调查机关。"因此，调查部、东亚经济调查局、历史地理调查部、中央试验所、地质调查所等一系列隶属"满铁"的调查研究机构相继建立。

　　"满铁"在 1906 年初立时，其组织机构分为三个部：铁道部（负责铁路、港口、煤矿等）、地方部（负责附属地行政、文化等）、调查部。可见，调查部是"满铁"的三大支柱之一。东京帝国大学法学教授冈松参太郎之所以被后藤新平邀请到调查部担任首任部长,是因为他不仅是"调查"的推崇者,也是台湾旧惯调查的实施者。他以法学家的身份、从法学的角度出发,认为"研究与本国的人情风俗不同的殖民地的旧惯制度,并据此制定最适合该地的法律,是殖民统治上最根本的。"①因此,调查部成立之初便设立了"满洲旧惯调查班",开始对中国东北地区的土地和习俗进行大规模的调查。随后,调查范围逐步扩大,涉及中国东北及蒙古地区政治、经济、文化、社会的各个方面。显然,调查,除了实地计量统计以外,文字记载是必不可少的资料来源。成立图书阅览室,除了满足会社会员的工作和生活需求外,更可以为调查部的调查提供资料支持。由此说来,"满铁"图书阅览室是"满铁"调查部的一个分支是一种必然。1908 年 12 月,调查部改称调查课。相应地,图书阅览室隶属调查课。

"满铁"调查部图书阅览室之后是"满铁"图书馆,全称为南满洲铁道株式会社图书馆,它是在"满铁"调查部阅览室基础上成立的。"满铁"阅览室和"满铁"图书馆两者最大的区别在于前者直接属于调查部,而后者则是一个独立机构。从 1919 年 10 月正式开放到 1922 年 6 月更名,其间,"满铁"图书馆由"满铁"直接管辖。"满铁"图书馆更名为南满洲铁道株式会社大连图书馆(简称"满铁"大连图书馆)后,转为隶属"满铁"地方部。地方部是"满铁"另一重要部门,其学务课负责控制和监督"满铁"附属地的教育事业②,但也负担图书馆的特殊服务业务,诸如"巡回文库""大众书库""阵中文库""满蒙时局文库"等③。从 1926 年 10 月施行的《满铁会社图书馆规程》可以发现,除了"满铁"大连图书馆和"满铁"奉天图书馆属于地方部管理外,大连市内各图书馆由地方部学务课管理,其他图书馆为所在各地的地方事务所管理,可见大连图书馆和奉天图书馆的中心地位。

如果说"满铁"最初设立的调查部只是一个提供调查资料的参考部门的话,那么,随着日本军事侵略的不断升级,尽管调查部的名称时有变更,但其性质愈加贴近"情报机关"。1907—1908 年,只存续一年的调查部只对一般的经济和习俗进行

① 黄福庆.论后藤新平的满洲殖民政策[J].(台湾)近代史研究所集刊,1986(2):390.
② 刘振生.近代东北人留学日本史[M].北京:民族出版社,2015:72.
③ 冷绣锦."满铁"图书馆研究[M].沈阳:辽宁人民出版社,2011:32.

调查。1908 年更名"调查课"后，虽然人员有所减少，但调查范围却有所扩大，截止到 1932 年前，调查内容除经济外，更涉及政治、法律、文化等，还建立了地质调查所、产业试验场、"满蒙物资参考馆"、卫生研究所等附属调查机构。1932—1936 年，"满铁"调查机关名称是"经济调查会"。此时，"九一八事变""一·二八事变"相继爆发，中国东北沦为日本殖民地，伪满洲国建立，日本的侵华野心彰显无疑，而"调查"的重要性随之愈发显著，"经济调查会"甚至被要求必须与关东军密切配合完成任务，从而由"一个供给情报的咨询部门变成了一个配合关东军进行决策的机关"①。随后两年，即 1936—1938 年，负责调查事业的机构名为"产业部"。1937 年抗战全面爆发后，为适应战时体制，1938 年 4 月，"满铁"重新部署，"调查"之名重现而成立"大调查部"。大调查部主要从三个方面进行调查，一是从国策的大陆经营；二是东亚大陆的实地调查，三是综合调查。分中国北方、中南、北方和南方的东亚地域。同时对农、工、矿、流通及社会法制、文化等各部门，以及地质、采矿、化学等科学技术进行调查②。

石堂清伦（1904—2001）有双重身份，一是"满铁"调查部第一资料课主任；一是"满铁"大连图书馆目录系主任。他一直主张将图书馆纳入调查部范畴使图书馆成为调查部的一个机关从而发挥图书馆的资料优势为调查部服务。1937 年 12 月，"满铁"沿线附属地的行政权转交给了伪满洲国，"满铁"地方部随之取消，除了"满铁"大连图书馆、"满铁"奉天图书馆、"满铁"哈尔滨图书馆仍然直隶"满铁"总社外，其他原由地方部管辖的二十多个图书馆分别转由产业部、铁道部、总裁室、伪满洲国管辖。随着大调查部的重组完成，最重要的"满铁"大连图书馆不但重新归于调查部，人员、机构和业务也为配合大调查部的调查而做了相应调整。首先从人员上说，大连图书馆馆长人选直接由调查课长担任——先是水谷国一，后是北川胜夫；另外还有调查员兼任图书馆部门主任。其次从机构上说，1938 年 5 月，大连图书馆将庶务系和司书系调整为庶务系（即管理系，管理图书馆事宜）、书目系（负责图书报刊事宜）、运用系（图书运用及相关事宜）；最后从业务上说，作为大调查部的下属机构，不出意料，

① 李娜. 满铁对中国东北的文化侵略[M]. 北京：社会科学文献出版社，2015：52.
② 冷绣锦. "满铁"图书馆研究[M]. 沈阳：辽宁人民出版社，2011：142.

大连图书馆强化了调查,"奉令开始了大规模调查行动"①。

"满铁"是代行殖民统治机构,"满铁"图书馆隶属"满铁"也就注定了它的官方色彩。石堂清伦坦承,20 世纪 40 年代,大调查部对中国的时局、东亚历史和文化等方面的调查,大连图书馆就是"搜集资料"的重要场所②。说到底,调查部、调查课、大调查部,不论名称如何变换,其实都是"满铁"所辖下的专门收集情报的调查机关,"从日俄战争结束到第二次世界大战结束的几十年间,'满铁'调查部凭借从……各方面收集到的大量情报资料,为日本有关方面制定侵华政策提供了方向和依据"③。

因此可以说,从隶属调查部到由地方部管辖再到由大调查部管辖,"满铁"图书馆始终深陷"为殖民服务"的泥沼。

四、日本政府对北平、上海近代科学图书馆在资金和运营上的管控

与天津日本图书馆、"满铁"图书馆相比,北平近代科学图书馆、上海近代科学图书馆诞生相对较晚。作为日本政府"对华文化事业新计划"的产物,这两家科学图书馆必然由负责对外文化事业的外务省文化事业部管辖。这样的隶属关系决定了图书馆的政府背景,意味着图书馆不得不背负着超越文化范畴的政治使命,也必然在资金和运营方面受到日本政府的管控。

天津居留民团、"满铁"实则分别参与天津日本图书馆、"满铁"图书馆的馆务——居留民团直接参与修订《天津日本图书馆规程》《天津日本图书馆事务章程》《天津日本图书馆图书阅览细则》④;"满铁"图书馆的《图书阅览场规程》《简易图书馆规程》《大连图书馆规则》等都由"满铁"制定。与此类似,北京、上海两家近代科学图书馆本身也没有多少权限。首先,在资金方面,两馆的运营经费由日本外务省文化事业部从"对华文化事业特别会计助成金"中拨付。比如,1936年外务省拨助成金 60000 元给北平馆;1937 年拨 55000 元给上海馆,拨 60000 元

---

① 冷绣锦."满铁"图书馆研究[M].沈阳:辽宁人民出版社,2011:143.

② 石堂清伦.满铁图书馆[J].彷书月刊,1988(6):3.

③ 谢环环.满铁的"大脑"——满铁调查部[J].百科知识,2016(18):55.

④ 天津日本居留民团立日本图书馆规程[G]//天津日本居留民团.现行法规汇编.[出版者不详],1926:172.

图 8　北京近代科学图书馆

北平沦陷一年后，日伪改"北平"为
"北京"，图书馆随之更名。

图片来源：1939 年 12 月《北京近
代科学图书馆概况》。

给北平馆；1938 年拨 60000 元给上海馆，拨 140000 元给北平馆；1939 年拨 99300
元给上海馆，拨 279400 元给北平馆。同时，外务省对经费使用范围也有严格限
制，规定只能用于"(1)图书馆的经营；(2)北京西城日语讲习所兼新闻杂志阅览
处的经营；(3)适于介绍日本近代科学之图书购入、收藏及公开阅览；(4)举办以
普及日本科学知识为目的之讲演会、电影会、摄影会等；(5)其他外务大臣认为之
必要事项。"另外，外务省还规定：北平馆和上海馆助成金及其他收入金，必须分
别经由北平日本大使馆参事官、上海日本总领事指定银行以图书馆名义存款；两
馆每年必须向外务大臣提交助成金收支出纳统计簿、收支结算书及财产目录；助
成金购入设备及图书的处理应预先得到外务大臣之许可，外务大臣随时派遣官
员对该馆收支结算及经营实况进行鉴查；如违反外务省之命令，将立即停付并收
缴全部助成金。

　　其次在运营方面，无论对北平馆还是上海馆，日本外务省都将图书馆规程的

制定、经营方针的更改、出版物的出版发行、管理人员的任免等权牢牢掌控在自己手中。比如,外务省规定:图书馆章程、经营方针的制定和废改、图书馆馆长、总务主任、司书、庶务、会计主任的任免必须经过外务大臣的批准;图书馆出版物必须经外务大臣及北平日本大使馆、上海日本总领馆审核;同时,外务省对图书馆的运营状况——阅览室的利用情况,阅览人员的数量、身份、目的,借阅书籍的数量、种类、内容,日语培训班的教学等事无巨细一一加以了解。因此,两馆不得不随时向日本外务大臣、北平日本大使馆、上海日本总领馆进行汇报,定期提交图书馆事务报告书、成绩报告书、运营状况书等①。

日本外务省如此严密管控两家图书馆,很大程度上在于在他们的思想意识里,战时状态下的图书馆已失去传播文化知识、提供精神食粮的本质属性,转而成为宣传"王道"、对民众进行洗脑的阵地,这就需要用严管的方式守住阵地,并利用图书馆的文化功能达到配合军事侵略的目的。因此,由日本政府直接控制的图书馆,其运营不可能像一般公共图书馆,而更多地成为政府殖民统治的工具,又在文化侵略中扮演重要角色。

第二节 图书馆决策者和管理人员的官方背景

一、图书馆决策者中官员占比高

无论是天津日本图书馆的评议员,还是"满铁"图书馆最早的创始人,抑或日本政府在华所建图书馆的馆长们,有一个显著特点,那就是官员占比很高。亦即由官员兼任图书馆决策者、管理者乃普遍现象。这当然与日本政府欲将图书馆打造成文化侵略基地有关。

相应地,图书馆专业出身出任图书馆高层者微乎其微。以"满铁"大连图书馆为例,除了神田城太郎、佐竹义继、柿沼介在先后出任"满铁"大连图书馆馆长之前(1920年2月—1925年3月;1926年3月—1926年5月;1926年5月—1940

① 石嘉.抗战时期日本在华北的文化侵略——以北京近代科学图书馆为例[J].首都师范大学学报(社会科学版),2017(4):29-30.
石嘉.抗战时期日本在上海的文化侵略——以上海日本近代科学图书馆为例[J].江苏社会科学,2015(1):224.

年4月），分别在京都大学图书馆、京都帝国大学附属图书馆、东京日比谷图书馆从事过图书馆专业工作以外，大多数馆长从未与图书馆打过交道。"满铁"图书馆筹建者冈松参太郎有双重身份，一是东京帝国大学法学教授、法学博士，一是"满铁"调查部理事。事实上，"满铁"调查部这样的含有国家智库性质的组织就是由他参与建立的。"满铁"图书馆既然隶属调查部，其工作重心很大程度上为调查部的调查提供资料保障，那么，调查部官员兼任图书馆馆长似乎天经地义。先后担任（专任或兼任）"满铁"大连图书馆馆长的调查部官员有岛田孝三郎（1918年1月—1919年7月），调查课长唯根伊兴（1919年7月—1920年2月），调查部资料课长水谷国一（1940年4月—1941年3月）、菊地池（1941年3月—1942年2月）、北川胜夫（1942年2月—1945年8月）等。

一则官员，一则调查，这样身份的人似乎最适合图书馆馆长之职。以水谷国一、北川胜夫为例，从两人的经历看，他们显然深谙"调查"之道。水谷国一1925年毕业于上海东亚同文学院，该学院以培养调查人员为办学宗旨。日本政府确立扩张和侵略的大陆政策后，将对华展开大规模调查作为国家战略，所调查内容实则服务于日本政府的对华决策。一般而言，调查机构分为官方和民间两种，前者的代表便是北部的"满铁"调查部和南部的上海东亚同文学院。也就是说，学生时期的水谷国一便参与了对华调查。毕业后，他进入"满铁"，工作一直没有脱离"调查"范畴：庶务部调查课、总务部调查课、经济调查会调查资料课，先后任调查系主任兼资料系主任、情报系主任。北川胜夫虽然所学专业是法学，1918年毕业于东京帝国大学法学，但他在"满铁"的工作大多数时候与"调查"有关：1923年4月在庶务部调查课，1924年6月进入东亚经济调查局调查课，1933年6月为经济调查会事务特约人员[①]。

仅此便可以看出，习惯上派调查部精通调查的官员出任图书馆馆长，在于图书馆与调查部的关系密不可分。调查，无论如何离不开图书馆。从另一个层面说，这样的关系注定日本在华所建的图书馆具有另外的性质。

在天津日本图书馆的决策和管理者中，官员占比高具有典型性（见表1）。

---

① 冷绣锦."满铁"图书馆研究［M］.沈阳：辽宁人民出版社，2011：104.

表1 天津日本图书馆决策与管理人员统计表

序号	职业与身份	人数	占比
1	官员	16	24.6%
2	商人	17	26.1%
3	银行行长	3	4.6%
4	教育职业者	16	24.6%
5	学者	6	9.2%
6	报人	3	4.6%
7	律师	2	3.1%
8	医生	1	1.6%
9	警务人员	1	1.6%

注:在日本居留民团事务报告书、居留民会会议记录、共益会事务报告书等留存至今的史料中列名的天津日本图书馆决策与管理人员,诸如主管领导、评议员、常设委员、图书馆委员会委员、馆长、顾问等日本人约80人,其中15人生平资料付之阙如,遂以65人计。

从这份统计表可以发现,在天津日本图书馆的决策与管理人员中,官员的人数仅次于商人,而与教育职业者人数相同,貌似怪异,其实一点也不奇怪,正好说明官方对该图书馆的"重视"程度。在这16名官员中,其中4人,一个是天津海河工程局局长,一个是天津市教育局辅佐官,一个是海关官员,一个是税关官员;其余12人中除两个情报官员外,10人全是外交官员。外交官中,最显眼的当属两位日本驻天津总领事,一位是伊集院彦吉(1864—1924),一位是小幡酉吉(1873—1947)。

天津日本图书馆最初馆务由常设委员(1943年1月29日改为图书馆委员)和评议员负责,不设专职馆长。早期的常设委员中,日本驻北京大使馆官员奥田竹松是第一届三人委员之一。他毕业于日本庆应大学,于1895年通过了文官高等考试而进入外务省,曾在日本驻北京大使馆任书记官,先后在日本驻北京、安徽芜湖等领事馆就职。"居留民团"前身"大日本租界局"的首任理事西村虎太郎也是图书馆的常设委员。

天津日本图书馆自1905年草创,至1945年随日本投降时永远闭馆,评议员队伍中的16名日本官员比较均匀地分布在该馆存续的40年间的各个年代,是否出自有心安排,尚缺乏史料的有力支撑,但至少在客观上,这些官员的"无时不在"，对于强化对图书馆的思想控制、左右其发展与活动，在日本官方"馆事匪小"的思维下，当然是被视作必要的。出于维护本国政府利益的本能，官员们也会自觉地将图书馆作为文化侵略的辅助工具。

二、天津日本图书馆中的商人群体

尽管日本官方对天津日本图书馆一直大力把控，但在经费方面却小气吝啬。该图书馆得以建立、维持、发展，一批在天津经商的日本商人起了很重要的作用。可以说，商人是天津日本图书馆的经济支柱。当时在天津经商的日本人是一个特殊群体，其中"真正想在天津扎下根，老老实实做买卖的人不多，而只想来捞一把、一夜暴富的投机商却不少"，甚至"不乏对商品知识一窍不通且连基本的商业道德也不讲、漫天要价、搞欺诈行为的人"①。当然，他们因此有钱。日本商人对于天津日本图书馆所起的作用关乎其能否生存下去、运转起来。天津日本图书馆中的商人评议员大多各有来头而非等闲之辈。评议员中的商人人数最多，亦可见其对于天津日本图书馆来说的重要程度。其中有一个做过 4 届评议员的叫安川雄之助（1870—1944）的商人尤为引人注目。

安川雄之助是日本对中国进行经济侵略的操盘手，曾任日本著名的三井财阀企业下"三井物产"天津分公司经理，后任"三井物产"首席常务，是一位非常精明的商人，并且有自己的理论——1928 年秋即有著作《日华经济绝交利害问题》出版。1931 年安川雄之助开始由着眼工程转向简单投资回报快捷的轻工业，比如把玉米碾碎制成养鸡饲料等，形成与小商人争市场的局面，也激化了日本企业与中国民族资本的矛盾②，因而广受社会诟病，被讥为"过分追求利润"以致"连养鸡这样小的事业也不放过"③。三井为挽回企业负面影响而于 1934 年解除了安川雄之助的职务。

---

① 桂川光正. 租界日本侨民的中国观——以天津为例[J]. 周俊旗，郑玉林，译. 城市史研究，2000(19 – 20)：105.

② 坂本雅子. 财阀与帝国主义：三井物产与中国[M]. 徐曼，译. 北京：社会科学出版社，2011：300 – 303.

③ 日本经济新闻社. 日本的产业与企业——昭和经济历程[M]. 大连市信息中心，译. 大连：大连海运学院出版社，1990：152.

在此之前,1933 年 7 月,日本外务省称为"确立外交经济之基础,设立通商审议委员会",成员由"选拔民间实业界及学界人才"与官员组成云云。对此,中国人看得很清楚,《申报》即明确指出这是"日本侵略政策之又一面:黩武主义外实行经济侵略"①。从公布的委员名单看,"次长""局长"占了压倒多数,实业界及学界人物不过各占两三名,而安川雄之助名列其中,亦可略窥政府对其之倚重或曰其与政府关系之密深。

1935 年,安川雄之助与儿玉谦次等人发起成立"日华贸易协会",是为日本三人委员之一。20 世纪 30 年代中期,中国东北的经济发展失衡与滞缓引起了日本当局的焦虑,关东军司令部遂于 1936 年夏制定了《"满洲国"第二期经济建设要纲》,并于当年秋分别邀请了一些商业实力人物视察中国东北,期以出谋划策并对新政策予以支持,安川雄之助即在受邀之列②。1937 年初,安川任东洋拓殖会社总裁,他的进出口贸易还包括贩卖军火。他在《自传》里坦陈经商动机:"外国人源源不断地把自己国家和其他国家的产品运入日本,带走了日本的钱。让他们独占巨大的利益是不合理的。这是无论如何该由日本人自己赚取的。"③此与内山完造(1885—1959)对日本侨民心态的剖析相合:"作为日本人,总是要维护本国的利益。第一是为了日本,第二还是为了日本,不分正义正邪恶,只要有利可图,便认为是正确的。"④安川也正是这样,对于他所认为的别人不该对日本做的事情,他自己却做得十分坦然,亦可见其人格状况。

野崎诚近可谓天津日本图书馆评议员中的老面孔,自 1935 年就开始出任评议员,1943 年还在图书馆委员会委员的任上,陆续做过 6 届评议员或图书馆委员。他本是一个商人,在 20 世纪 10 年代曾任制造勋单等产品的高谦厂经理,1933 年天津造币厂与日商发生债务纠纷,他作为该日商——天津信托株式会社代表与天津造币厂交涉谈判。他又是一个风俗研究者,1928 年在天津出版过《吉

① 日本侵略政策之又一面:黩武主义外实行经济侵略[N].申报,1933 – 07 – 13(9).

② 薛子奇,刘淑梅,李延龄.近代日本"满蒙政策"演变史[M].长春:吉林人民出版社,2001:262.

③ 安川雄之助.三井物产第一常务:安川雄之助的生涯[M].东京:东洋经济报社,1996:5.

④ 小泽正元.内山完造传:献身于日中友好事业的伟大公民[M].吴德烈,译.天津:百花文艺出版社,1983:61.

祥图案解题——中国风俗研究之一》一书。他对佛教也极有兴趣,1938年与王揖唐、靳云鹏(1877—1951)等人发起成立"佛教同愿会",一度成为抗战时期最大的佛教组织。1925年12月,天津居留民团组建天津日本义勇队,由日侨中的青壮年组成,协助官厅维持租界秩序,保护日本侨民生命财产。全面抗战爆发后,义勇队直接配合日军作战,野崎诚近曾任义勇队通译班班长。

另一位做过三届评议员的商人冈本久雄,曾任天津日本商工会议所委员长,日伪统制华北贸易的最高机构——华北交易统制总会副会长。1941年在中日"官宪"督促下成立了为"共存共荣和平亲善""促进经济提携"的"天津日华经济联盟",冈本久雄被公选为会长之一,后任改组后的"恳谈会华北本部天津地方委员会"副委员长。

还有一位叫菱田逸次的商人,在1943年成立的日伪统制沦陷区棉花的最高机关——棉花统制委员会任副主任委员,是从事房地产、城市、港口建设的上海恒产股份有限公司的董事。还曾任上海的裕丰纱厂的经理。《申报》1944年有条消息云:"日菱田逸次氏献金百万元,协助我国发展文化事业"。虽只区区一行字,可在"1944年"的时代背景映衬下,隐含了十分丰富的潜台词。

三、图书馆决策者的身份与活动对图书馆的影响

一方面,总是要与政府的立场一致,官员才能成为"官员";另一方面,职责所在,官员们又毫不动摇地站在政府一边,摇旗呐喊、振臂助威,其行为难免利己(国)排他(国)。由他们担任图书馆要职,其显赫的政府背景的身份和所参与的各种侵略活动难免对图书馆的发展产生影响。

从学科专业性上说,"满铁"图书馆筹建者冈松参太郎堪称"法学大家",撰写过《注释民法理由》《无过失损害赔偿责任论》等著名法学著作,"在日本民法学史上留下重大贡献"[①]。但他同时又利用法学专长配合日本驻台湾总督府总督儿玉源太郎、民政长官后藤新平参与对中国台湾的殖民统治。1905年6月,台湾总督府公布临时台湾旧惯调查会章程,分设两部,其中一部调查有关台湾法制农

---

① 田口正树.冈松参太郎与日本统治下之台湾旧惯调查[M]//国立政治大学法学院基础法学中心.法文化研究(二):历史与创新.台北:元照出版有限公司,2016:80.

工商经济事项,便由冈松参太郎负责。四年后,一份详细的调查报告与《清国行政法》是调查的直接成果①。可以说,冈松参太郎不仅"提供台湾旧惯调查事业及台湾旧惯立法法理论基础",而且"致力将台湾的旧惯一种'前近代'的法律,改编入西欧法体系"②。

冈松参太郎与后藤新平一样执着于"调查","满铁"调查部就是冈松参太郎力主成立的,并出任调查部理事。1908 年 11 月,东亚经济调查局成立,他又担任首任局长。"这一机构的主要目的是搜集可作为日本及"满铁"参考的世界经济材料,以及就这类事项应各方面的咨询"③。他曾经留学德国,深受德国比较法学家柯勒、波斯特的影响,注重比较法(制)史的研究。同时,他精通英语、德语、法语、意大利语,他的语言天赋又为他的比较法研究"奠定了工具基础"。他在中国台湾、东北进行调查,运用的便是比较法的经验法则④。作为"满铁"图书馆事业的开创者,冈松参太郎一方面立志将图书馆打造成"东洋第一理想的图书馆",另一方面也自觉地将图书馆引向调查基地。

天津日本图书馆的倡导者是美国传教士丁家立(Tenney,Charles Daniel,1857—1930),发起人是天津日本租界浪速街井上医院院长井上勇之丞、天津巡警总局顾问原田俊三郎。他们虽然身份各异,但对于侵略的态度与认识相近。他们对于图书馆事业贡献的意义因此不免有所折损,使得本应闪耀人类文明之光的文化事业蒙上了文化侵略的云翳。

1900 年侵华的八国联军攻陷天津后,设立了一个军事管制机构:The Tientsin Provisional Government(简称 T. P. G.),直译为"天津临时政府",而中文名则为:"暂行管理津郡城厢内外地方事务都统衙门"。都统衙门初由联军司令部任命俄、英、日三国各一名军官为委员,后又增加德、法、美三国各一军官,各配有秘

---

① 张宪文,张玉法.中华民国专题史:第 15 卷:台湾光复研究[M].南京:南京大学出版社,2015:64.

② 吴豪人.冈松参太郎论——殖民地法学者的近代性认识[C]//林山田教授退休祝贺论文集编辑委员会.战斗的法律人:林山田教授退休祝贺论文集.台北:元照出版有限公司,2004:512.

③ 周芳,李继华,宋彬.李大钊书信集[G].北京:中国文史出版社,2015:302.

④ 李硕芬.罗马法在日本——大学・大家・思考[M]//程波.湘江法律评论:第 12 卷.湘潭:湘潭大学出版社,2015:17.

图 9　曾任北洋大学校长的美国
传教士丁家立
图片来源：1916 年第 2 期《北洋大学
校季刊》。

书。都统衙门下设有总秘书处，中文秘书兼翻译丁家立在都统衙门治理建设天
津的过程中，提出兴建公共图书馆的设想，得到都统衙门行政委员会的高度赞
赏。丁家立随后提交的图书馆的具体建设方案包括经费等，虽然直到 1902 年 8
月联军将天津管理权归还清政府、都统衙门随之关闭时，并未付诸实施，但引起
了"日本人的重视"，而由曾在都统衙门做检疫医生的井上勇之丞、原田俊三郎等
十余位日本侨民发起①于 1905 年 8 月建立。

　　丁家立是美国传教士，曾任李鸿章的英文老师；他还是北洋大学堂的创始
人，在中国的办学过程中，竭尽心力，有过不少佳话，比如夜里"查寝"，挨个去试
学生的脚温等，因而一度十分受中国人信任，然而"庚子之乱"破坏了这种温情脉
脉的气氛。"丁家立怀有普世主义的亲华立场亦发生微妙变化。清政府与八国

---

① 天津日本图书馆［G］//天津居留民团.天津居留民团二十周年纪念志，1929：168.

联军战衅初开时,丁家立持中立立场,利用自己的双重身份保护中国人与外国侨民免遭战争噩运,很多中国人把财产寄放到他那里。……然而,随着局势的恶化,丁氏的温和态度为之一变,开始主张中国应建立新的秩序,而这一秩序恰恰不自觉地服从于帝国主义的强权立场。……丁氏从此与清政府渐行渐远,本国意识(西方意识)本位日益强化,逐渐过渡到为美国政府服务的外交生涯。当联军在天津建立临时政府时,丁家立主动出任由各国军官组成的市政委员会的秘书,转而代表联军与中国人打交道。"①

相对于丁家立对中国人的态度有一个从温和到疏远的变化过程,井上勇之丞和原田俊三郎始终站在本国利益的立场。租界之于近代中国,本是侵略的象征与渊薮,井上勇之丞不仅在租界内行医,是最早在天津执业的日本医生,且与丁家立一样,后来进入侵略军组建的军管政府工作,成为侵略者的帮佣。1934年,他被他的中国车夫杀害,成为当时轰动一时的一桩社会新闻。原田俊三郎原系日本外务省警官,进入中国以从事间谍活动为主。他的任务是每天将从各地收集来的情报加以分析后,抄送一份给日本驻天津总领事伊集院彦吉,再由总领事馆上报日本外务省②。

驻外使节分为两种人,一种是基于对所驻国的了解而怀有相当感情,不仅将自己作为本国的代表,也当作两国之间的桥梁,努力增进两国政府的理解,既维护本国利益,又兼顾所驻国感受和利益;另一种则是借职责名义,以自己对所驻国的了解竭力找寻为本国谋取更多利益的机会,罔顾所驻国利益,即使伤害所驻国政府人民的感情也在所不惜。天津日本图书馆评议员、日本驻天津总领事伊集院彦吉、小幡酉吉便属于后者。

伊集院彦吉参与过的针对中国的具有侵略性质的活动有:1903年4月,以日本驻华总领事的身份与天津海关道唐绍仪(1862—1938)签订《天津日本租界推广条约》,强迫清政府承认之前日本非法扩占的土地;1909年7月,以日本驻华公使身份与清政府外务部尚书会办大臣梁敦彦(1858—1924)签订《图们江中韩界务条款》。该条约的签订,"导致领事裁判权侵入内地。日领馆附设司法警察,更

---

① 谢念林,王晓燕,叶鼎.丁家立档案[G].桂林:广西师范大学出版社,2015:209-210.
② 王振刊,张颖.日特祸华史(第一卷)[M].北京:群众出版社,1988:145.

给日本军警侵犯中国主权……提供了方便"①。同年 9 月,以日本全权公使的身份与梁敦彦签订《中日东三省交涉五案条款》,为日本获取了建铁路开煤矿等诸多不正当权益;1911 年辛亥革命爆发后,致电日本外务大臣内田康哉,竭力主张"趁此绝好机会,亟应在华中、华南建立两个独立国家",而日本政府若能下此重大决心,"可由此一举奠定帝国政府之百年大计"②;1913 年 3 月,向北京政府外交总长陆徵祥(1871—1949)递交日本政府拟定《详订东三省地方草约》,提出日本独占中国东北利益、保护在中国东北的日本人以及开采二十余处矿产的无理要求。显然,伊集院彦吉的种种行为无不是为执行日本的大陆政策,而这又与他满脑子充斥着侵略思想有关。

伊集院彦吉之后,出任日本驻天津总领事的是小幡酉吉,其思想与伊集院彦吉相仿。1898 年,小幡酉吉进入日本外务省,同年来华,先后任日本大使馆三等参赞、驻烟台总领事。在驻华大使参赞任内,日本向袁世凯(1859—1916)提出"二十一条",小幡酉吉协助公使日置益向中国政府施加压力;1918—1922 年,任日本驻中国特命全权公使长达 5 年。其一向有强悍之名,在 1919 年 4 月与北洋政府缔结由日本继承德国在山东的各种权益的条约后,引发中国人民的排日运动,他竟以公使身份提出抗议,引得鲁迅在文章里(《热风·题记》)也记了一笔。日本早稻田实业学校校长小林爱雄 1908 年来中国旅行,小幡酉吉曾予接待。在小林爱雄眼里,小幡酉吉的形象竟然像"一个打手"。总之是个不受中国人欢迎的人,1929 年日本政府拟提小幡酉吉继芳泽谦吉之后出任驻华大使,即遭国民政府拒绝。1909—1910 年,小幡酉吉连续做了两届天津日本图书馆评议员。

天津日本图书馆中的两名情报官员,均为史上赫赫有名人物,一个是阪西利八郎,一个是吉田新七郎。阪西利八郎曾任日本陆军少校,后任日本贵族院议员,退役陆军中将,在袁世凯身边担任军事顾问达十几年,直到 1916 年袁世凯去世,与大川周明、宫崎正义同为日本间谍特务机构内阁情报系统东亚政治经济研究所负责人。与阪西利八郎只在 1908 年担任过一届图书馆评议员相比,吉田新

———————————

①　徐万民.中韩关系史:近代卷[M].2 版.北京:社会科学文献出版社,2014:141-144.

②　伊集院吉驻清公使致内田外务大臣电(1911 年 10 月 28 日)[G]//邹念之.日本外交文书选译——关于辛亥革命.北京:中国社会科学出版社,1980:112.

七郎可谓天津日本图书馆老牌评议员——自 1925 年以后共做了 6 届。他 1885 年出生,1910 年毕业于日本北海道帝国大学农科大学,德国农学博士,曾任日本陆军省中国物资调查员、陆军翻译官、中国驻屯司令部副官、关东军司令部特务部员、中国驻屯军顾问,1938 年任日军华北驻屯军财务负责人。对吉田新七郎身份的定位,"老牌经济特务"最为恰当,他是日本掠夺中国棉花等物资及垄断华北纺织资格最老的策划人之一,1937 年"七七事变"后,日本设立"华北纤维总会","控制了整个华北的纺织业及棉、麻物资,吉田新七郎就是这个组织的负责人"①。可以想象,这样一些对华侵略的图谋者会将图书馆引向何处。

四、图书馆管理者的思想倾向左右图书馆的走向

在日本在华所建图书馆的决策与管理人员中,不乏对中国怀有偏见之人。天津日本图书馆常设委员之一的奥田竹松,曾于日本驻北京大使馆任书记官,先后在日本驻北京、安徽芜湖等领事馆就职。1907 年其专著《北清之商业》在东京出版,同年将近年底时,在《太阳》杂志第 13 卷 14 号上发表《我观清国人》一文,记述在中国旅行的所见所闻,文中带着大和民族的优越感,对中国人则侧目而视,对中国人的评价非常负面:不仅只有个人主义而缺乏国家观念,而且"乃利之念炽盛之人种,对利害计算极敏税之种。……本是胆怯懦弱之人种,是利益驱使他们成为勇敢的斗士,利益每每成为他们最大的驱动人"。除此之外,他认为中国人对时间和劳力的价值颇为无知;有早婚的陋俗,不喜欢户外活动而只愿意待在室内,又缺乏科学知识等。他从中国政府组织与百姓生活方式的观察中,得出中国人"固陋保守,难以改易"的结论。在他眼里,中国是缺乏平等的国家,所谓礼仪之邦所讲究的礼仪也尽是虚情假意没有实际意义的仪式等②。

对中国人的轻视,加之所受军国主义思想灌输,图书馆常设委员、评议员、馆长们多不反对侵华,且积极支持或配合日本政府的侵略政策,甚至在全面抗战期间主动为军事侵略提供服务。上海近代科学图书馆首任馆长上崎孝之助原是

① 孙立民,辛公显. 天津日租界概况[G]//中国人民政治协商会议天津市委员会文史资料研究委员会. 天津文史资料选辑(第 18 辑),1982:132.
② 吕顺长. 清末中日教育文化交流之研究[M]. 北京:商务印书馆,2012:368 – 375.

《东京朝日新闻》社经济部次长，与图书馆从来没有发生过关系，只因为对日本侵华"持积极意见"①而被推送上馆长之位。"九一八事变"和"七七事变"的爆发，使所有反对、漠视、同情、支持侵略的人的面目变得清晰。北京近代科学图书馆馆长山室三良居然将"七七事变"之所以发生的原因栽赃到中国人的身上："考其根因，实由中国未能了解日本之真意，提携未克实现有以致之。"②天津日本图书馆几任馆长亦如此。

在 1943 年 1 月 29 日开始设立图书馆委员之前，天津日本图书馆的决策者是评议员和常设委员。早期，图书馆馆务由评议员负责。此时，没有专职馆长。1926 年，天津日本居留民团对 1921 年由民团行政委员会决议通过的天津日本图书馆的几个章程《天津日本图书馆规程》《天津日本图书馆事务章程》《天津日本图书馆图书阅览细则》进行了修订，于当年 7 月 1 日废止旧规章，同时施行新规章。在新的《天津日本图书馆规程》里，规定图书馆管理权归日本居留民团行政委员会会长，而由图书馆主任"主持馆务"③，但此时并未有主任的实质人选，直到1929 年首任图书馆主任由天津居留民团秘书名久井石磨兼任，其于天津日本图书馆主任的职位上待了五年。"九一八事变"之后的 1932 年 2 月 12 日，该馆向日军捐赠了 29 种 438 册杂志作为慰问；同年，根据由图书馆评议员议决的《天津日本图书馆馆则》的相关规定，该馆对政府官员、军人实行"特别阅览券"免费入馆。

在 1935 年度的《共益会事务报告书》中，天津日本图书馆"主任"被"顾问"取代。1937 年抗战全面爆发后，日本军部将天津日本图书馆占为军用，一年后将图书馆还给居留民团。居留民团于 1939 年 4 月 21 日制定《天津居留民团图书馆责任规程》，首次规定图书馆设立馆长一职，中野义照出任首任馆长。在此之前，中野义照一直担任"顾问"，实际上是接手名久井石磨履行馆长之责。

中野义照 1921 年毕业于东京帝国大学哲学科，曾任九州帝国大学讲师，抗战期间任北京大学文学院教授、中国佛教学院教授与董事。1934 年，在华组织

---

① 山根幸夫. 东方文化事业的历史 [M]. 东京：汲古书院，2005：175.
② 王燕. 抗战时期的北京近代科学图书馆 [J]. 兰台世界，2016(14)：90.
③ 天津日本居留民团立日本图书馆规程 [G]//天津日本居留民团. 现行法规汇编. [出版者不详]，1926：172.

"中国密教研究会",这个佛教组织的背后操纵者是天津日本驻屯军高级参谋石井嘉穗中佐。"该会以研究佛教密宗为名,笼络下野的军阀政客,宣传中日亲善,为日本侵华制造舆论。会员有一百余人,中、日籍各约占半数。会长先为段祺瑞,后由王揖唐继任。"中野义照还是1938年成立的"佛教同愿会"的顾问,在近七年的时间里,该会"依靠日伪政权的支持发展成为华北地区规模最大的佛教组织,一定程度上沦为日本侵华的工具"①。中野义照上任天津日本图书馆馆长一职后,继续实行日本政府官员、军人免费入馆规定。抗战期间,1938年9月2日,他以图书馆顾问身份,与居留民团秘书粕谷博吉一同慰问日军井上部队伤病兵。在他任内,该馆先后两次在"陆军纪念日""海军纪念日"以安排休馆半日的方式表示庆祝。

"满铁"奉天图书馆馆长卫藤利夫(1883—1946)是"五族协和"体制的积极拥护者。"五族协和"又称"民族协和",是伪满洲国建立初期抛出来的与"日满亲善""一德一心""王道乐土""王道主义""实现道义世界"等相同原理的欺瞒世界的政治口号,是其"建国精神"的重要内容,也被作为重要政策纳入1942年颁布的《"满洲国"基本国策大纲》——该"大纲"第一章第一条便开宗明义地指出:"宣扬国本主义,培养国家观念,以民族协和和巩固国家之团结。"②但"五族协和"只是名义上的,事实上,"实权掌握在日系官吏手中,是关东军司令官拥有'满洲国'的最高权力。日本人不仅掌握着政治实权,而且经济实权自从'建国'到昭和七年九月签订'日满议定书'以后,也是由日本所绝对垄断的"③,而其他四族(汉、满、蒙、朝)毫无权益可言。

从资料上看,伪满洲国建国前,对于"五族协和"论的提出,日本方面内部似乎存在一定分歧。"协和会"的首要人物、关东军参谋、"满洲国"建国倡议人、"九一八事变"的策划者之一的石原莞尔(1889—1949)是积极支持者中的首要人物。"协和会"前身是"协和党","协和党"在石原莞尔的支持下成立,目标是成

① 张振有.华北沦陷期间的佛教同愿会[D].武汉:华中师范大学,2009:8.
② 徐占江,李茂杰.日本关东军要塞(下)[M].哈尔滨:黑龙江人民出版社,2006:839.
③ 有泽广已.日本的崛起:昭和经济史[M].鲍显铭等,译.哈尔滨:黑龙江人民出版社,1987:200.

为"像国民党或共产党那样的强有力的实践组织"①。由于关东军的干预,"协和党"未能自由发展下去,转而设立了一个政府辅助组织性质的"协和会"。石原莞尔是日军中"不扩大派"代表人物,他反对全面对华作战,主张以中国东北为基点,实施"五族协和",建立"王道乐土",然后扩大为"东亚联盟"和"亚洲大国"②。对此,在1932年1月11日召开的"'满洲建国'前夜日中名士座谈会"上,有人表示反对,但卫藤利夫却表支持,"他引用美国大陆建设的典故例子,说明了新国家建设的社会思想形态的重要性"③。从中也可以看出他对"五族协和"思想的信奉。也因此,在他出任"满铁"奉天图书馆馆长期间,一直以此作为馆藏建设的基础。换句话说,该馆的藏书体系体现了"五族协和"思想。

卫藤利夫出生于日本熊本县上益城郡,1912年毕业于东京帝国大学美学专业。曾在东京大学图书馆、"满铁"会社图书馆、"满铁"奉天图书馆的工作经历使他在图书馆建设方面颇有建树——在20年的时间里,他"把一个仅有6千册藏书的简易图书室,建成拥有堂皇建筑、数十万藏书、可与大连'满铁'本部图书馆比肩的图书馆"④。他著述及译文颇丰,研究价值较高的有1926年的《图书分类的理论原则》、1938年的《鞑靼》、日译英文版杜格尔德的《奉天三十年(1883—1913)》等。在思想倾向上,他是一个颇为狂热的殖民主义者,而他的侵略思想正是在"九一八事变"后展现出来的。他由衷地为事变给奉天图书馆带来大变化,使一个平时只是用来读书消遣的地方"一变而为王道思想的讨论场,国家哲学的大熔炉"而兴奋。

1932年6月,卫藤利夫发表了一次广播讲话。此时,伪"满洲"国已建立三个月,傀儡政权刚刚发布"满蒙新国家独立宣言"。为此,他热情洋溢地为之欢呼:"这是多么宏伟的事业啊!"他还洋洋自得于他掌管的"满铁"奉天图书馆在"九一八事变"中所做的所谓"贡献"。随后,这篇讲话以《满洲事变⑤与图书馆》为题

---

① 东北沦陷十四年史总编室,日本殖民地文化研究会.伪满洲国的真相——中日学者共同研究[M].北京:社会科学文献出版社,2010:199.

② 杨玉文,杨玉生,王明.第二次世界大战大词典[M].北京:华夏出版社,2003:174.

③ 冷绣锦."满铁"图书馆研究[M].沈阳:辽宁人民出版社,2011:190.

④ 叶勇."满铁"两大图书馆在日本文化侵略中扮演的角色[J].山东图书馆学刊,2013(6):22.

⑤ "满洲事变"是日本的说法,即"九一八事变"。

发表在"满铁"图书馆馆刊《书香》第 39 号上。在这篇文章中,卫藤利夫还提到一个"故事":"九一八事变"发生后,世界舆论哗然。为了让西方了解日本和中国东北的特殊历史,"满铁"奉天图书馆向关东军司令部建议,把樱井忠温(1879—1965)的一部以日俄战争为题材、宣扬日本武士精神的小说《肉弹》的英文、法文译本赠送给驻沈阳的外国头面人物,目的是借此对西方列强的代表进行所谓的"历史启蒙"。

日本在华所建图书馆的决策和管理者们一系列的行为和思想无不与其母国侵华政策同步,由他们执掌的图书馆自然不会只是"图书馆"那么简单,参与文化侵略几乎可以说是这些图书馆的宿命。随着侵华战争的升级,为军事侵略服务甚至成为图书馆的主业。

第三章　为文化侵略提供服务的
馆藏建设和出版宣传

图书是图书馆的要素之一,无论什么性质的图书馆,馆藏都是图书馆必备的构成要件,但不同类型、不同风格的图书馆往往在馆藏建设方面存在不同的倾向。对于日本在华所建图书馆来说,其馆藏不仅仅体现在与图书馆类型相匹配方面,更表现在为特殊对象、特殊目的服务方面。从大多数无关侵略思想的藏书本身来说,它们自然并不具有侵略属性,但并不妨碍被怀有侵略目的人的刻意利用,即原本只是作为物的藏书在某种情况下,可以被用作工具或武器。日本在华所办图书馆在军国主义与殖民主义思想主导下,确定了为文化侵略提供服务的办馆方针,其馆藏自然也围绕这一目标进行建设。同时作为社会文化教育机构,图书馆也在出版、传播、宣传等方面为文化侵略尽力。

第一节　为特殊对象、特殊目的服务的馆藏建设

一、不同服务对象对馆藏的影响

1. 日本居留民是天津日本图书馆的主要读者群

相对来说,天津日本图书馆、"满铁"图书馆较早建设,服务对象分别以在华日本居留民、"满铁"会社成员为主。对于在华日本居留民来说,时效性更强的报纸更受他们青睐。但天津日本图书馆自 1905 年开馆至 1924 年,在这 20 年里,竟然无法在史料上看到购藏报纸的记录,而从表 2 来看,该馆自 1925 年至 1938 年的 14 年里,年馆购报纸不超过区区 6 种,有两年甚至只馆购 1 种报纸,而获赠报纸数量远远大于自购。

表2　天津日本图书馆历年报纸馆购与获赠数量

序号	年份	馆购（种）	获赠（种）
1	1925	3	46
2	1926	4	43
3	1928	6	42
4	1929	4	47
5	1930	6	44
6	1931	5	45
7	1932	5	45
8	1933	5	37
9	1934	1	10
10	1935	1	10
11	1938	6	81
12	1939	14	70
13	1940	24	43
14	1941	48	41
15	1943	47	14
16	1944	44	8

资料来源：天津居留民团、天津共益会历年事务报告书。

这也就是说，图书馆之所以订购报纸那么少，很大程度上是因为该馆常年获得数十家报社的捐赠，这使图书馆可以把有限的经费多用于书刊采购。由每年获赠报纸的种数可以看出报社亦即报人对天津日本图书馆的支持程度。即，报人对天津日本图书馆馆藏报纸贡献最大。这其中以做过两届评议员的西村博（1867—1930）和永濑三吾最具代表性。

西村博早年在《大阪朝日新闻》做记者，1895年受报社派遣，随军赴中国台湾，翌年至天津。西村博能量不小，在中国十分活跃，且有政治头脑，与日本政府及军方关系密切。"甲午战争后十年间，日人在天津经营的中文报刊有《咸报》《国闻报》和《天津日日新闻》三种。……《咸报》创于1899年冬，是在驻天津武官海军大尉泷川具和的支持下,由西村博办起来的,是日人在天津最早的中文日报。"①1898 年,日本外务省买下《国闻报》,让西村博做发行人②。"日租界有不少的报社、通讯社、杂志社,都是为侵略中国服务的宣传工具。天津较早的日文报纸有《北清时报》及《华每日新闻》,1910 年日本总领事小幡西吉命令两报合并,改名为《天津日报》,于 1911 年创刊,先后由西村博及真藤弃生担任社长。这是日租界内第一家官方报纸。"③西村博 1901 年创办《天津日日新闻》,在此期间,他还大量搜购甲骨,是最早购买甲骨的日本人,对于甲骨的收藏与研究也都颇有成果。日本成为中国以外收藏甲骨最多的国家④,西村博"功"不可没。同年他还在法租界创办《华北新报》(《北洋日报》《华北时报》的前身),是天津最早的日文报纸⑤。永濑三吾曾任《京津日日新闻》主笔⑥。森川照太 1918 年与人创办该报并任社长,1921 年将报社设施由北京迁至天津。1934—1936 年森川任居留民团行政委员长。

　　总的来说,天津日本图书馆馆藏的书、刊、报相比较,就其种类丰富性来看,报纸当排首位,报纸的来源以捐赠为主。而从主要捐赠者的身份,以及他们所经营的报纸来看,馆藏的报纸显然以宣扬日本文化为主。

　　2."满铁"会社成员是"满铁"图书馆主要读者群

　　从"满铁"在大连设立图书馆阅览室开始,"满铁"图书馆就被定位于为"满铁"会社成员提供业务参考、调查研究的场所⑦。这就意味着,图书馆的馆藏建设必须首先满足社员业务的需要。"满铁"是代行日本政府在中国东北进行殖民统

①　周佳荣. 近代日人在华报业活动[M]. 长沙:岳麓书社,2012:50.

②　撄本照雄. 清末小说研究集稿[M]. 陈薇,译. 济南:齐鲁书社,2006:22.

③　孙立民,辛公显. 天津日租界概况[G]//中国人民政治协商会议天津市委员会文史资料研究委员会. 天津文史资料选辑(第 18 辑). 天津:中国人民政治协商会议天津市委员会文史资料研究委员会,1982:142.

④　李玉安. 中国图书散佚史[M]. 武汉:武汉大学出版社,2014:328.

⑤　中国驻屯军司令部. 二十世纪初的天津概况(原名《天津志》)[G]. 侯振彤,译. 天津:天津市地方史志编修委员会总编辑室,1986:335 - 336.

⑥　房建昌. 近代天津租界内所办报刊[G]//中国人民政治协商会议天津市委员会文史资料委员会. 天津文史资料选辑(总第九十八辑). 天津:中国人民政治协商会议天津市委员会文史资料研究委员会,2003:85 - 87.

⑦　冷绣锦. "满铁"图书馆研究[M]. 沈阳:辽宁人民出版社,2011:31.

治的机构,为所谓的经营中国东北,其业务范围必然覆盖经济、文化、社会各个方面。相应地,文献搜购不会局限于某一个种类而是五花八门。同时,图书馆隶属调查部时,又必须为调查部的中国调查特别是中国东北相关调查提供资料支持,故而中国地方志也是图书馆的主要搜集目标。因此,从主要服务对象层面考察,"满铁"图书馆的馆藏包括但不限于中国东北的民俗民情、地形地貌、矿产资源等,涉及铁道、矿山、港湾、产业、教育、卫生、工学、文学、政治、经济、地理、历史等方方面面,以日、汉、英三种语言为主。

"满铁"图书馆不断扩张,遍布中国东北铁路沿线,除了大连以外,奉天、铁岭、开源、四平、公主岭、长春、本溪、抚顺、沙河口等地均设有图书馆。为了方便对中国问题的研究,也为了更好地认识和了解中国以便日后占领并进行殖民统治,"满铁"对各个图书馆的馆藏进行了功能分区。比如,最大、最主要的"满铁"大连图书馆侧重"收集普通图书,同时收集官方的档案以及军事机密材料";奉天图书馆"主要收集古籍珍、善本图书和中国各地的重要方志";长春图书馆"以收集东北地方文献为主";哈尔滨图书馆"重点收集有关满蒙的俄文文献资料以及有关苏联的政治、经济、军事方面的文献,特别是关于远东地区的文献"①等。

3. 为"特殊人群"的专门馆藏服务

无论天津日本图书馆,还是"满铁"图书馆,都有为特殊人群提供专门的馆藏服务。所谓"特殊人群",主要指政府官员、高级军人、"满铁"上层职员、关东厅和关东军机关的要员等。他们都持有"特殊阅览证"。这种阅览证不仅需经本人申请、所在单位批准,还要经过图书馆的审查核准,因此不是一般人所能得到的。以"满铁"图书馆为例,持有特殊阅览证的特殊人群可以进入图书馆专设的"满蒙""殖民""交通"三个内部参考阅览室②——为便于专题研究,"满铁"图书馆特别设立了"满蒙文库""远东文库""犹太文库""满蒙时局文库"等。当然,特殊人群更"可以随意进入阅览室查阅文献、情报等资料,而且还可以进入书库自查、自

① 李娜,王玉芹."满铁"图书馆的职能及其在东北的侵略活动[J].日本学论坛,2008(3):62.
② 程宪宇.满铁大连图书馆史略[C/OL]//中国图书馆学会.第一届图书馆史学术研讨会论文集.北京:万方数据知识服务平台,2006:17.(2007-08-22)[2019-10-20].http://www.wanfandata.com.cn./details/detail.do?_type=conference&id=6313285.

检所需要的材料,甚至在必要时可将资料借出使用"①。这样的"特殊服务",不管是阅览者的"特殊",还是馆藏的"特殊",相较于单纯的学术研究已属别有用心,关键词是"文化侵略"。

二、为特殊目的进行的馆藏建设

1. 日本在华建立图书馆的目的和任务

单纯地看,"满铁"大连图书馆馆刊《书香》1925 年创刊号"卷首语"所言:"西谚有云,文明都市的自豪与否,应据图书馆设置与否来判定。无论外形如何美轮美奂,倘无图书馆之设,内里实则贫弱,其文明程度亦可察知矣",的确符合一般性图书馆的建设规律。即,作为一个国家文明的象征,一个城市的文化标志,图书馆都是一个必不可少的存在。但是,近现代日本在华创办的图书馆,或许各自的建馆目的并不完全相同,但方向是一致的,其任务随着时局的变化也都相应发生改变。总的来说,其目的一是为在华日本人提供资料参考;二是为在华日本侨民进行军国主义思想灌输;三是为向中国输入与渗透日本文化;四是为军事侵略供给情报。其任务是收藏、收集包括政治、经济、法律、财政、社会、产业、地方志、官方档案、军事材料等在内的一切关于中国的书籍、报刊、资料和情报,以便于对中国的了解和认识以及对中国问题的研究,为蚕食、侵吞中国做文献上的准备。简言之,"用所藏图图书,配合当时的形势发挥其作用"②。

"满铁"图书馆初建时,在"满铁"于 1926 年 9 月、11 月先后拟定的《会社图书馆规程》《会社图书管理规程》中,将图书馆目的和任务规定为"搜集会社内外图书,以会社业务参考和为公共提供阅览为目的进行相关业务事项","为南满洲铁道株式会社提供业务上的参考数据并以公众阅览为目的,在本社内外进行广泛的搜集图书活动"。除了为"满铁"会社会员对中国东北地区的资源进行调查研究提供资料帮助外,掠夺中国古代珍贵典籍、文物也是"满铁"图书馆的任务之一。同时,图书馆也承担了配合日本政府的军事侵略进行思想渗透的责任。来自于关东厅的一句话概括了"满铁"图

---

① 李娜.满铁对中国东北的文化侵略[M].北京:社会科学文献出版社,2015:83.

② 杨力生.满铁大连图书馆[G]//中国人民政治协商会议辽宁省大连市委员会文史资料研究委员会.大连文史资料:第 1 辑.大连:中国人民政治协商会议辽宁省大连市委员会文史资料研究委员会,1984:11.

书馆的本质目的:"投入巨资经营图书馆或学校,是对东三省文化侵略的一个方法,同时提高了日本进行各种侵略所需要的能力。"①

而北京近代科学图书馆、上海科学图书馆建馆于"七七事变"爆发之前,为了显示所谓"两国国民亲善""推广日本文化""展示日本新科技""实现中日经济提携"的姿态,图书馆一度围绕以上说辞进行馆藏建设,上海近代科学图书馆的馆藏即以"关于商、工、农业等技术的实用的图书"为主②。

2. 重要馆藏之一:地方志

要对中国进行全方位地调查和研究,地方志的作用当然不可忽略。地方志含有一区一地极为丰富的信息,也是情报来源的重要渠道之一。特别是在为扩张做准备,或者直接在战争状态下,地方志收集的意义不只可为经济文化侵略提供帮助,甚至可以直接服务于军事侵略。因此,对于地方志的搜求几乎是日本在华所建图书馆的馆藏共性。

"满铁"图书馆对"(中国)东北的地方志、地图以及政府机构出版的一般不经售的重要调查资料是重涎三尺"③。不限中国东北地区的地方志是"满铁"图书馆的重点馆藏之一,它从"图书室"时期便开始注重搜集,在很短的时间内便"搜集到中国各省通志、府县志700部"④。1923年2月,该馆获专款用于采购地方志、地图、图绘、稿册、非公开发售的油印本县志、村志等⑤。经过几十年持续不断地搜购,"至1936年3月,馆藏地方志达1143部,其中总志26部、通志172部、府志185部、县志754部、乡镇志6部",其中,以日本势力所涉及比较多的中国东北、蒙古、河北、山东、江浙地区为主。至1940年时,馆藏地方志高达2300余部⑥。据抗战胜利后的不完全统计,该馆收集的中国方志达"2491种,囊括了中国三十年省市自治区的1662个县的方志。"在如此数量庞大的馆藏地方志中,不乏古籍珍品,还有"109种善本,堪称方志中的精品,最早的版本为明正德二年刻

---

① 李娜,王玉芹.满铁图书馆的职能及其在东北的侵略活动[J].日本学论坛,2008(3):62.
② 石嘉.抗战时期日本在上海的文化侵略——以上海日本近代科学图书馆为例[J].江苏社会科学,2015(1):219.
③ 张海齐.伪满铁图书馆的图书搜集方式及其危害[J].图书馆学研究,1983(6):129.
④ 巴兆祥.中国地方志流播日本研究[M].上海:上海人民出版社,2008:109.
⑤ 李晓菲."满铁图书馆"及其带给我们的启示[J].图书馆建设,1998(1):74.
⑥ 巴兆祥.中国地方志流播日本研究[M].上海:上海人民出版社,2008:109.

的《姑苏志》，另有 8 种是海内孤本"①。

　　天津日本图书馆也自诩对中国县志的收集是其馆藏"一大特色"。他们很早开始搜集以河北省为中心的中国北方各省的地方志，而以河北省地方志的收集最见成效。1939 年 5 月 5—7 日，该馆举办了一次"河北省地方志展览"。展览分为三部分，一是整个中国与地方志相关的内容；二是北部中国与地方志相关的内容；三是河北省地方志及其分别与历史、地理、经济、习俗等相关的内容。展览中陈列了 450 余册图书，几天的展览，吸引了 700 余观众②。1940 年 5 月 11—13日，来自全国各地的日本居留民团团长在天津开会，天津日本图书馆在此期间举办山东地方志展览，陈列地方志及有关书籍、图片、地图等 300 件，连展三日，参观者达 800 人③。

　　日本在中国推行东方文化事业后，其下属的北京人文科学研究所、上海自然科学研究所出于所谓研究需要大量采购地方志。而东方文化图书馆的"主要使命便是搜购中国的地方志"④。1930 年 1 月 3 日，张元济(1867—1959)致信傅增湘(1872—1949)："东方文化会先后收得志书，多有罕见之本。"⑤尽管中方委员因为"济南惨案"而全体撤出东方文化事业委员会，但日方委员却没有停止收购地方志的步伐，1930 年 6 月，东方文化图书馆又"购得浙江慈溪范氏收藏浙江地方志、地图 100 箱"⑥。上海自然科学研究所附设图书馆，建所伊始便积极收集文献资料，至 1933 年底统计，藏书达"21000 卷，图片 3000 幅"⑦，也收藏地方志，"自称有 496 部"。但与金陵大学图书馆、国立北平图书馆相比，自觉差距甚大，立志"还得不断努力搜集"⑧。1936 年时，该所地方志数量的确又有增加，新购

　　①　程宪宇.满铁大连图书馆史略[C/OL]//中国图书馆学会.第一届图书馆史学术研讨会论文集.北京：万方数据知识服务平台，2006：14.（2007 - 08 - 22）[2019 - 10 - 20].http://www.wanfandata.com.cn./details/detail.do?_type = conference&id = 6313285.
　　②　特记事项[G]//天津居留民团.昭和十四年事务报告书.[出版者不详]，1939：513.
　　③　特记事项[G]//天津居留民团.昭和十五年事务报告书.[出版者不详]，1940：559.
　　④　张荣华.张元济评传[M].南昌：百花洲文艺出版社，1997：160.
　　⑤　商务印书馆编辑部.张元济傅增湘论书尺牍[G].北京：商务印书馆，1983：217.
　　⑥　王古鲁.日本之中文图书馆[J].图书馆学季刊，1935，9(2)：154.
　　⑦　马学新.上海文化源流辞典[M].上海：上海社会科学院出版社，1992：81.
　　⑧　参见：1934 年上海自然科学研究所《中国府县志目录·附记》。

《太平寰宇记》《括地志》《元和郡县志》《首都志》《江苏六十一县志》《清河县志》《安东县志》等85部志书。《上海自然科学研究所要览》于1936年中统计,该所收藏的方志已达683种①。

如此执着于地方志的搜求,从单纯目的性来说,"满铁"图书馆是为了提供资料给社员对中国各地进行深入研究;上海自然科学研究所和图书馆据称是为了理学研究;北京人文科学研究所和东方文化图书馆称是为了编修《四库全书》。日本也有编撰地方志的传统,这也是他们对于具有学术价值和实用价值的中国地方志极感兴趣的原因之一,因此成为"收藏中国方志较多的国家"②。但是在侵略思想支配下,特别是在战争状态下,日本在华所建图书馆大肆收集中国地方志,并流播回日本,显然具有掠夺的属性。

3. 重要馆藏之二:中文古籍

不仅是历代地方志,凡中文古籍都是日本在华所办图书馆着力收藏的对象。也就是说,在每个图书馆里都可以轻而易举地找到中文古籍的书影。按理说,早期的"满铁"图书馆主要是为会社会员提供业务参考服务,古籍并不在此范围之内,至少不是重点馆藏对象,但事实上,该馆馆藏的中文古籍达二十多万册,其中有古籍线装书、家谱、内府档案、舆图、名人书画等。无论从版本价值,还是学术价值方面考察,馆藏的珍籍之多实乃少见。其中,宋版古籍线装书:《淮南鸿烈解》二十一卷(又名《淮南子》)、《说苑》二十一卷、《管子》十卷、《荀子》二十卷、《三谢诗》一卷、《康节先生击壤集》十五卷、《通鉴记事本末》四十二卷等;元版古籍:《翰墨大全》(残)、《齐东野语》、《尚书》、《晏子春秋》、《六子》、《老子道德经》、《吕氏春秋》、《古清凉传》、《昌黎先生文集》等;明、清刻本:《皇明典礼》《二十一史》等。其他还有"《金瓶梅》问世到《红楼梦》刊行一百四十年间的刻本和抄本。其中有一百二十多种被列为国家级善本,世所罕见的孤本有数十种"③。

"满铁"图书馆对于汉籍的收藏,日本汉学家、版本目录学家松崎鹤雄

① 巴兆祥. 中国地方志流播日本研究[M]. 上海:上海人民出版社,2008:107.
② 沈松平. 方志发展史[M]. 杭州:浙江大学出版社,2013:36.
③ 程焕文. 满铁大连图书馆史略[C/OL]//中国图书馆学会. 第一届图书馆史学术研讨会论文集. 北京:万方数据知识服务平台,2006:14. (2007 - 08 - 22)[2019 - 10 - 20]. http://www. wanfandata. com. cn. /details/detail. do? _type = conference&id = 6313285.

（1867—1949）贡献最大。松崎鹤雄字柔甫，一号懒云山樵，日本熊本县人，清末游华，师从叶德辉①。叶德辉（1864—1927），别号"郎园"，湖南湘潭人，精通版本目录学，又对戏曲和小说颇有研究。松崎鹤雄毕业于日本国民英学馆，在那里，他打下了英语和汉语研究基础，随后师从汉学家竹添进一郎（1842—1917）学习汉学，一度到大阪任报社记者。1908 年左右来到中国，短暂滞留上海，之后到湖南长沙执教，先拜《中国时报》主编水野晓梅为师，后随叶德辉学习目录学，也受叶的影响对中国戏曲和小说产生兴趣②，成为叶德辉仅有的两位日本籍入室弟子之一。在遗存下来的《叶德辉诗文集》中，特别有一首《松崎鹤雄》，云："浮海来求学，栖身寄一龛。东方古君子，西域老瞿昙。训纂五千熟，方言八九谙。异帮同骨肉，为我恋湖南。"③准确地说，松崎在叶家一住九年④。

　　除了上海、湖南，松崎在北京、武昌、南京、广东、浙江都停留过，而且专注于图书馆的图书收集工作。这段经历为他日后进入"满铁"大连图书馆从事汉籍收集积累了资本。1920 年左右，应"满铁"大连图书馆馆长柿沼介的邀请，松崎来到大连，以"嘱托"（即特约人员）的身份任图书馆司书，主要负责中国古籍的收集、整理、编目、保管。从 1920 年到 1932 年，从 1937 年到 1940 年，松崎先后两次任职于"满铁"大连图书馆。在这期间，馆藏汉籍呈急剧增长态势，除大量古代典籍线装书外，还有古诗词文献，包括明代张溥编《汉魏六朝百三家集》百册、清代方登峄的《述本堂集》等；明清小说刻本，包括《西游记》古本百卷、《水浒传》10 种、满文刻本《三国演义》全十二册等；清代总管内务府档案，包括满文、满汉合璧档案等⑤。而直接由松崎鹤雄经手的著名汉籍馆藏是 1929 年在北平购买意大利人劳斯（Giuseppe Ros，1883—1948）汉、满文包括地图和图书的全部收藏；1936 年购进南浔嘉业堂藏书楼数十册的《永乐大典》⑥。在著名学者罗继祖（1913—2002）的记忆里，四处求购汉籍的松崎鹤雄也曾向罗家求购过，因为他了解到罗

①　罗继祖. 枫窗三录［M］. 大连：大连出版社，2000：404.
②　冷绣锦. "满铁"图书馆研究［M］. 沈阳：辽宁人民出版社，2011：31.
③　叶德辉. 叶德辉诗文集 2［G］. 长沙：岳麓书社，2010：571.
④　李勤璞. 松崎鹤雄的生平与撰述考略［J］. 大连大学学报，2012，33（2）：1.
⑤　冷绣锦. "满铁"图书馆研究［M］. 沈阳：辽宁人民出版社，2011：117.
⑥　在大谷武男的《满铁大连图书馆终结之后》一文中，"数十册"指的是"五十余册"，而在柿沼介载登在馆刊《书香》第 115 号中的文章《剩语》中，"数十册"指的是"42 册"。

家"携有内阁大库残档"①。

"满铁"大连图书馆有充裕的资金，又经松崎鹤雄之手"搜集了数量庞大的古籍"②，经年累月地努力，终使汉籍成为该馆馆藏的一大特色。1929 年 10 月 25 日，辽宁省立图书馆馆长、学者卞宗孟(字鸿儒)接辽宁教育厅指令往大连图书馆参观，对馆藏汉籍印象深刻："关于中国旧籍，则特别专设一馆员处理，以精通汉学之松崎鹤雄氏充之。松崎在该馆年最久，经其搜求典藏之我国旧籍，盖极多也。"③

与"满铁"大连图书馆立志要将该馆建设成"东洋文化的殿堂"而倾心收藏中文古籍不同，东方文化事业总委员会下属的东方文化图书馆也积极搜购中文古籍，摆在台面上的理由是为了编纂《续修四库全书总目提要》。

从清末到民国的数十年间，一直有中国文化知识界人士呼吁、倡议续修《四库全书》，但碍于政局不稳、政府态度暧昧、经费来源无着、续修方式意见相左等各种原因，此项宏大计划始终停留在纸面讨论而未能付诸实践。如果说日本政府在华推行的东方文化事业对中国文化尚有些许推动作用的话，那便是使《续修四库全书总目提要》的编纂进入实质操作阶段，从而为续修《四库全书》打下了基础。

在 1925 年 10 月 9—12 日于北京北海静心斋举行的第一次东方文化事业总委员会会议上，不但推选了柯劭忞出任总委员会委员长，而且通过了一项决定，那就是把北京人文科学研究所的研究领域划分为经济、史学、哲学、文学、法制、美术、宗教、考古学、语言学 9 个门类。同时，大会通过了日方委员狩野直喜的提案，即："人文科学的研究需要搜集研究资料，而资料中最为重要的是各种图书。图书的搜集需要很多的经费和时间，我认为首先应该着手进行的是：(一)续四库全书的编纂；(二)四库全书的补遗。"④

1927 年的 12 月，根据东方文化事业总委员会第三届年会通过的《北京人文科学研究所暂行章程》规定，《续修四库全书总目提要》是研究所的主要研究课题。而据研究所《暂行细则》记载，"续修"工作分两层进行："一、搜集《四库全书总目提要》失载各书；二、搜集乾隆以后至宣统末年名人著作……"计划分三期完

① 罗继祖. 枫窗三录[M]. 大连：大连出版社，2000：404.
② 天野元之助. 中国古农书考[M]. 彭世奖，林广信，译. 北京：农业出版社，1992：4.
③ 参见：1929 年辽宁省立图书馆《参观大连图书馆报告书》。
④ 李常庆. 四库全书出版研究[M]. 郑州：中州古籍出版社，2008：134.

成,"第一期以编出待撰提要的书目为重点,第二期以撰写提要为重点,第三期以整理、出版为重点。"①

由此可见,东方文化图书馆搜购的图书资料不但要满足研究所9个门类的研究需要,更要为《续修四库全书总目提要》提供文献支持。不过,从史料可以发现,图书馆一开始就将汉籍作为收藏的重点,曾经还出现"善本主义"倾向,并非简单地服务于"续修"工作:

> 图书筹备处时代之购书方针,以搜集将来成为独立之汉籍专门图书馆时所应储藏者为主,有善本主义之倾向,而于研究所续修提要必要之参考书,反形缺乏。近年以来则以续修四库全书编纂上必要之书籍为主,中止购买四库全书既收书籍,以研究部所编采访书目等为据,尤其努力搜集清人及近代人著述之深有关系于学术者。又以编纂工作上之必要,更着手采购满蒙文书,此外近代影印出版之戏曲小说等,其重要者亦随时购贮②。

至1928年中方委员因"济南惨案"集体退出东方文化事业总委员会时,东方文化图书馆已搜藏"各种古籍,数达十余万部"。如果该馆如此大规模收集汉籍只是为了"续修"的需要,那也无可厚非,但问题是日本人别有用心——中国委员退出后,日本委员獭川浅之进辞退图书馆中的一部分中国职员,而将保管古籍之权收归日本职员所有。1930年秋,有中国职员检点图书时,忽然发现有大批珍贵图书失踪③。仅由此一个侧面便可知,日本人如此搜集汉籍,不乏掠夺、占有等不可告人的目的。

1934年底,天津《益世报》称:东方文化事业总委员会"现已搜罗我国书籍不下数万卷,特在该会内设立中国图书馆,专陈列中国各种书籍,供给其来华日人阅览"④。而在北平的日本人称北平人文研究所、东方文化图书馆乃"旧书搜买

①　陈晓华."四库总目学"史研究[M].北京:商务印书馆,2008:231.

②　容媛.东方文化总委员会及北平人文科学研究所之概况[J].太初,译.燕京学报,1936(19):215－226.

③　东方文化图书馆珍籍失踪[J].中华图书馆协会会报,1930,6(2):17.

④　参见:东方文化事业总委员会搜罗中国书籍以供日人阅览[N].益世报,1934－11－24.

所"。1937 年时,北平人文科学研究所称其图书每年购买费为二万元,"研究所于购买续修事业所必要的书籍时,并收集中国古书,借防古书的散佚。现正计划设立专门中国书的图书馆。至昭和十年止,所购书籍,包括各方寄赠的在内,已有十三万二千余册,计购书之费达三十六万八千余元"①。

据 1934 年接手主持《续修四库全书要目提要》编纂工作的桥川时雄(1894—1983)称,该工程至 1942 年底因经费短绌而告中止,东方文化图书馆的经费来源自然也告枯竭。尽管如此,1945 年后东方文化图书馆被接收时,藏书还是高达三四十万册②,其中"各府县方志达三千余种,为当时国内第一"③。抗战胜利后,桥川时雄在回日本前,把《续修四库全书要目提要》的编纂稿件连同东方文化图书馆的藏书一起交给了负责接收的沈兼士(1887—1947)。其藏书一部分被北京大学图书馆接收,一部分归中央研究院历史语言研究所,1949 年后,由中国科学院图书馆接收。

4. 重要馆藏之四:日文文献

日本在华所建图书馆的馆藏中,从数量上说,日文文献仅次于中文文献。据统计,"满铁"图书馆收藏的日文图书资料达 94115 种,179416 册,其中,杂志 1906 种,22017 册,报纸 104 种。它们主要"来自日本本土及其殖民地台湾、朝鲜的出版物,也有日本在华各机关的出版社。明治以前的出版物(含明治时期)有 3 千多种"④,另外还有"满铁"出版物 4 千多种⑤。从内容上划分,这些日文文献见图 17。

无论从地域角度出发,还是出于"经营满洲"的战略考虑,隶属于"满铁"的"满铁"图书馆将日文文献作为该馆的重要馆藏实属必然。从上列日文文献内容可以发现,"满铁"既负有贯彻日本"大陆政策"的使命,图书馆在馆藏建设方面必然有所体现。比如尤其重视"中国问题研究""东南亚问题研究"的日文文献收藏,又特别专设"满蒙文库""东南亚文库"以供日本方面开展对中国和东南亚的调查和研究。

---

① 大阪每日新闻. 日本之对华文化事业[J]. 越生,译. 文化建设,1937,3(7):51 - 52.

② 王锺翰. 清史新考[M]. 沈阳:辽宁大学出版社,1990:305.

③ 何朋. 续修四库全书提要简介[J]. 书目季刊,1966,1(1):59.

④ 程宪宇. 满铁大连图书馆史略[C/OL]//中国图书馆学会. 第一届图书馆史学术研讨会论文集. 北京:万方数据知识服务平台,2006:16. (2007 - 08 - 22)[2019 - 10 - 20]. http://www.wanfandata. com. cn. /detailsldetail. do? _type = conference&id = 631325.

⑤ 冷绣锦. "满铁"图书馆研究[M]. 沈阳:辽宁人民出版社,2011:118.

中国问题研究
1. 日本汉学家的著述。

2. 日本驻华外交机关的文书。

3. 日本军事机关的调查报告和所绘地图。

4. 日本民间调查组织的调查资料。

5. 中国东北地区专项文献,即"满蒙文库",文献目录上标明"M",又称"M 文库"。共 12052 种文献,其中日文文献 8984 种、19345 册。涉及宗教、哲学、教育,政治、法律、经济,历史、地志,社会统计、移民,理学、医学;文学,工学艺术,产业,交通九大类,主要是"满铁""关东州"和伪满洲国的出版物。

日本问题研究
1. 政治类:3000 余种。以《大日本帝国议会志》为最重要。

2. 社会类:1500 余种。

3. 文化类:13000 余种。

4. 艺术类:1200 余种。

5. 文学类:8800 余种。其中,古典小说、戏曲类共 5208 种,7728 册。既有日本江户时代、明治年间的小说戏曲,也有日本人翻译的中外小说和戏曲,还有从明治到大正、昭和年间各种版本的和歌和俳句类文献。

6. 历史类:1000 余种。以 200 多卷的《大日本史料》为最重要。

7. 教育类:1600 余种。

8. 军事类:"甲午战争"84 种、92 册;"日俄战争"157 种、263 册。参谋本部编《明治二十七八年日清战史》《日俄战史》等;海军司令部编《明治二十七八年海战我》;河树直撰《日清战争实记》;齐木宽直撰《日俄战争实记》《战时画报》;大本营写真班编《日俄战役写真帖》等。

东南亚问题研究——有关东南亚地区的政治、经济、自然地理、宗教、民俗等文献,设立"东南亚文库"。

图 10 "满铁"图书馆重点馆藏类别

资料来源:

1. 韩俊英. 日俄战争以后日本在中国建立的最大文献情报中心——满铁大连图书馆 [C]//刘广堂,关捷. 以史为鉴 开创未来:1997 年中日关系史大连学术研讨会文集(上集). 大连:大连出版社,2000.

2. 朱诚如. 辽宁通史:第 5 卷[M]. 沈阳:辽宁民族出版社,2009.

以日本居留民为主要服务对象的天津日本图书馆,在馆藏日文文献中,除了一般性的"日刻汉籍和线装资料外"外,更多的是有关居留民团内部事务的会议、章程、活动记录、报告,"满铁"资料以及有关国际问题的文献与地图等——天津居留民团资料有《居留民会议事速记录》(1908—1940)、《天津居留民团三十周年记念志》《天津居留民团写真帖》等;"满铁"资料有《满铁调查资料》《满铁调查月报》《满蒙全书》《满洲经济年报》《满洲旧惯调查报告书》《东亚》《调查课通报》《调查报告》《南满洲铁道株式会社三十年略史》,以及"满铁"下属机关天津事务所编辑出版的由其收集的中国华北地区的情报资料如《华北经济资料》《华北调查资料》《华北经济统计季报》等;国际问题及地图类有《英中西藏问题交涉略史》《日中外交六十年史》《日中交涉史话》《云南国境纷争史》《日本地图集》《日本地图帖》等①。

天津居留民团名义上是旅居天津的日本侨民的自治团体,实则是天津日租界的权力机关,受天津日本总领馆直接管辖,具有行政权和立法权,而"满铁"的殖民机构的属性自不待言,他们在中国的活动显然具有一定的侵略性。天津日本图书馆重点收藏"满铁"的调查报告,显示了其不单纯的动机。

《解放前外国人在上海所办的教育文化事业述略》一文提及抗战前后,日本在上海所办的上海自然科学研究所图书馆、东亚同文书院大学图书馆、上海近代科学图书馆"藏书共约二十五万册,百分之九十以上是日文书"②。

北平近代科学图书馆的馆藏也以日文书刊为主,开馆之初,"以三万五千元日金向日订购各种科学书籍四五千种"③。在平时的馆藏建设中,日本权威学者的著作、有关日本历史产业文学等方面的最新著述、日本新闻报纸杂志、日本人述及关于中国的中国学论著、日译欧美书籍等都是重点搜购的目标④。"七七事变"后,北平近代科学图书馆"为应其势所趋,复多备有日本语学书及辞典等之副

———————————

①　焦玫.天津图书馆所藏旧版日文文献的特色及利用价值[J].图书馆工作与研究,2005
(5):67-68.

②　上海沿革编写组.解放前外国人在上海兴办的教育文化事业述略[G]//上海市文史馆,上海市人民政府参事室文史资料工作委员会.上海地方史资料4.上海:上海人民出版社,1986:8.

③　日本外务省文化事业部在平设科学图书馆[N].大公报,1936-11-01(3).

④　石嘉.抗战时期日本在华北的文化侵略——以北京近代科学图书馆为例[J].首都师范大学学报(社会科学版),2017(4):26.

本,以供其需要"①。1940年3月,该馆一次性从日本购进日文书籍800余种②。文化渗透少不了本国语言和文化的植入,日文书籍在一定程度上承载了这一使命。

5.重要馆藏之三:西文和俄文其他语种文献

在日本在华所建立的图书馆中,以"满铁"图书馆所藏西文(不包括俄文)文献数量为最多,大约有"3万多册"③。仅百科全书类工具书就很齐全,包括《不列颠百科全书》《意大利百科全书》《布鲁克豪斯社交词典》《大布鲁克豪斯》《钱伯斯百科全书》《美国百科全书》《法兰西百科全书》《新时代百科全书》《新国际百科全书》等④。另外还有数量不菲的俄文文献。从内容上说,馆藏西文文献有一个明显共同点,那就是以研究东亚问题,特别是中国问题为主。显然,该馆收藏西文书刊的目的是为了换个视角了解和研究中国,也为了掌握西方人的心思及对中国的研究成果,以便为日后的大图谋所用。

对于西文和俄文文献的搜集,"满铁"图书馆主要采用的是购买方式,甚至不惜花费重金派人赴欧美采购有关欧美人士撰写的关于东亚和中国问题的书籍刊物,也利用"满铁"调查部驻世界各地的机构代购,更借地域之便从苏联人手中购买西方出版的关于中国的作品。比如,1925年,东京帝国大学文学博士羽田亨(1882—1955)受"满铁"图书馆委托,利用赴欧洲之际购买了《通报》等一批颇具研究价值的中国学研究出版物。同年,购得驻长春的苏联领事拉布罗夫所搜集的中国边疆问题的外文图书500余册⑤。

对于馆藏俄文文献,最重要的一次购买发生在1922年6月,整体数量高达"3万册";花费"14250日元";标的物是在哈尔滨的俄国军管图书馆藏书;提出购买的人是"日俄协会学校校长井田孝平";进行调查后决定购买的是"时任大连图书馆馆长神田城太郎、调查员中村、文书特约人俄国人顾梅纽库";决定购买的原

①　日本语讲习会[J].北京近代科学图书馆馆刊,1937(2):186.

②　近代科学图书馆运到大批日文书籍,即日陈列轮流阅览[N].新民报,1940 - 03 - 09(4).

③　程宪宇.满铁大连图书馆史略[C/OL]//中国图书馆学会.第一届图书馆史学术研讨会论文集.北京:万方数据知识服务平台,2006:16.(2007 - 08 - 22)[2019 - 10 - 20].http://www.wanfandata.com.cn./details/detail.do? _type = conference&id =631385..

④⑤　汪哕海.满铁图书馆的西文藏书[J].图书馆学研究,1989(2):27.

因是"研究远东的丰富资料"⑥。

"文库"是"满铁"图书馆的分类方式之一。一次性购入的 3 万册俄文文献一度被归入"欧洲文库"。该馆还设有以远东地方文献为主的"远东文库"、以犹太问题研究为主的"犹太文库"。

"远东文库"藏书达 5227 种共 7724 册,在多至 27 个文种中,英法德文书籍占 96%⑦,为 16 世纪以来西方人著述及出版的有关中国政治、宗教、经济、文化、教育、历史、民俗等重要文献的集大成者。日本人对这类图书不遗余力加以购藏,其用心不言自明。

表3　"满铁"图书馆馆藏"远东文库"部分重要文献概况

作者	身份	名称	版本	主要内容
卫匡国	意大利传教士汉学家	中国历史	1659 年版	上自远古神话,下至西汉的中国历史
基尔旭	德国汉学家	中国礼俗记	阿姆斯特丹1667 年版	被誉为"17 世纪关于中国的大百科全书"
曾德昭	葡萄牙传教士	中国通史	里昂1667 年版	最早记述唐景教碑并研究景教如何传入中国
李明	法国传教士	中国情况新记	伦敦1697 年版	
杜赫德	法国传教士	中华全志(4 卷)	巴黎 1735年版;伦敦1738 年版	中国政治经济、法律制度、地理文物、民族民俗等,并收录大量中国文献资料
	欧洲传教士	北京教士报告(15 卷本)	巴黎 1776—1791 年版	中国时局、历史、文化、民俗
德经	法国汉学家	耶稣基督前迄今匈奴、土耳其、蒙古及其他西鞑靼民族通史	1758 年	

⑥　冷绣锦."满铁"图书馆研究[M].沈阳:辽宁人民出版社,2011:114.

⑦　翟艳芳.满铁远东文库——西方人眼中的清朝映象[J].图书馆杂志,2007(12):76 - 77.

续表

作者	身份	名称	版本	主要内容
约翰·洛克曼	英国学者	耶稣会士游记	伦敦1762年版	
冯秉正	法国传教士汉学家	中国通史	巴黎1777—1783年版	明清两代历史事迹
斯坦登	英国大使秘书	英国第一次使臣来华记	伦敦1797年版	英国使臣出使中国经过、同中国官员及乾隆皇帝接触过程
特诺		出使西藏记	巴黎1800年版;1806年伦敦版	记载18世纪中国西藏的社会政治、宗教活动和民族风俗等
司督阁	苏格兰传教士医生	奉天三十年	伦敦1914年版	记述所亲历的1883—1913年间战争与朝代更迭背景下的社会场景以及民俗与朝廷礼仪

资料来源:汪晳海.满铁图书馆的西文藏书[J].图书馆学研究,1989(3).

　　"犹太文库"是"满铁"图书馆外文文献中的另一大特藏,内容涵盖宗教、哲学、教育、神话、文学、语言、艺术、地理、历史、政治、法律、经济、社会、工程等各个方面。顾名思义,该文库收集的是有关犹太问题研究的著述。之所以特别建立"犹太文库",在于日本人打算利用移民到中国东北的犹太人手中资金、脑中智慧助力他们开发中国东北。而从该文库建立于第二次世界大战期间这个敏感的时间段来看,显然日本人还另有企图,那就是配合希特勒的排犹思想从而与法西斯德国结成同盟。文库中,足以称得上佳精品的有《犹太百科全书》十册,另外有《犹太人共济社秘密组织之大百科全书》《巴基斯坦与约旦手册》《犹太历史与文学年鉴》三十卷、《犹太丛书》等著作;期刊报纸类有《犹太人战争史档案》《犹太生活与思想耶稣教会月刊》《以色列信使报》《年青犹太人月刊》《解放周刊》等。"满铁"调查部对于犹太人和犹太问题的调查报告——《满洲事变和犹太资本动向》《犹太国视察记》《犹太人》《美国犹太人社会及其团体》[①]等也是"犹太文库"的组成部分。

————————
　　①　冷绣锦."满铁"图书馆研究[M].沈阳:辽宁人民出版社,2011:114.

从表面上看,"满铁"图书馆如此致力于馆藏建设,足可为其他图书馆的楷模和标杆,也深合人们心目中对于文化圣殿的一般想象。但由于日本人在华创办图书馆的目的不纯洁,在馆藏建设方面的居心不良善,反使得其图书馆从里到外的建设越完善越华美,离狞厉之色越近,离"天堂模样"越远。

6. 重要馆藏之五:科学书刊

在科学文献收藏方面,上海自然科学研究所图书馆,以及北平、上海两家近代科学图书馆显然是日本在华所建图书馆中的代表。它们所明确的任务是"向中国学者、学生等人士介绍日本自然科学发达程度、最新发明发现、人文科学及其他日本事情"[①]。其运营当然以此为中心,馆藏是以自然科学为主。上海自然科学研究所中央图书馆"图书内容以自然科学部门为主要"[②];北平近代科学图书馆的馆藏涵盖医学、产业、工农业、产业、人文科学等,其中自然科学类占比达70%,人文科学类占比30%;上海近代科学图书馆的馆藏包括哲学、历史科学、社会科学、自然科学、工艺学、产业学、语言学、文学等,以经济和产业方面为主。

7. 重要馆藏之六:中国相关文献

1944年时,对于上海近代科学图书馆馆藏书籍的种类介绍,"中国相关"类文献被列于首位,其次才是"总记",接着是"哲学、心理学""伦理""宗教""历史""地志""社会、政治""社会问题、教育、军事、风俗""法律、经济、统计""自然科学""医学""工业、家事""产业、交通、通信""文学"等[③]。从中可以看出,尽管该馆标榜为自然科学研究服务,馆藏中不乏中日两国科学类书刊,但在全面侵华的背景下,科学之外也特别注重对中国相关类文献的收集。

档案显示,向在日本本土开设的书店和在中国开设的日本书店及其有关单位求购书刊是上海近代科学图书馆馆藏的主要来源之一。日本东京银座审美书院、麻布区"满蒙"资料协会、神田区东亚政经社、京都市法藏馆、高松市四国古书通信社、大阪市丸善株式会社大阪支店和青年图书馆员联盟本部等都曾向该馆

---

① 石嘉. 抗战时期日本在华北的文化侵略——以北京近代科学图书馆为例[J]. 首都师范大学学报(社会科学版),2017:26.

② 上海自然科学研究所中央图书馆[J]. 出版月刊,1943(2):2.

③ 上海自然科学研究所、上海同仁会华中卫生研究所、上海日本近代科学图书馆参观报告[J]. 新学生,1944,4(3):142.

售卖过图书。设在中国上海的至诚堂新闻部、日本堂、作者书社、三通书局、华中经济年刊行会、中国通信社、金风社、帝国地方行政学会上海出张所等也是主要的文献提供者。而在这些书店中,位于上海施高塔路 11 号的内山(完造)书店为中国人所熟知的。

从现存的遗落于民间的"领收证"(从上海近代科学图书馆领取的售书款凭证)看,日本堂、内山书店是上海近代科学图书馆的两大书刊供应商。仅就内山书店而言,在 1942 年 12 月 29 日—1944 年 1 月 24 日这一年多的时间里,它 48 次向上海近代科学图书馆出售书刊,每次数册到数十册不等,有一次多达二百余册。从书目看,涉及"中国相关"的居多,有《中国最近大事年表》《大东亚战史》《皇国思想的本源》《大东亚经济建设》《大东亚外交史的研究》《大东亚政治的构想》《大东亚皇化的理念》《东亚共荣圈建设问题》《大东战争与中国事变》《大东亚战纪》《上海史话》《朝鲜台湾海南岛》《中国地名辞典》《中国工商名鉴》《新中国年鉴》《长江的自然与文化》《大东亚战日志》《大东亚共荣圈的民族》《大东亚共荣圈的经济建设》《大东亚共荣圈的国语建设》《大东亚资源大观》《最新中国要览》《大陆日本的文化构想》《皇陵新志》《四月十八日敌机空袭体验纪录》《中国省别全史》《广东的现状》《中国疆域史》《日本必胜论》《中国的人的资源调查资料》《大东亚战争海战史》《中国田赋史》《中国租借地论》《南京的古迹》《中华民习惯调查录》《最近中国政治制度史》《中国历史地理大系》等①。

8. 重要馆藏之七:调查报告

日本对华文化侵略,情报机构的组织与构建、情报资料的搜集与研究、文化间谍的渗透与活动是其中很重要的组成部分。就情报机构而言,既有官办的,也有民办的,还有民办官助的;既有企业运作,也有私人独自进行的;还有依托于新闻媒体、社会团体的,可谓形式多样、全方位开展。作为情报资料中心,图书馆成为情报基地有其得天独厚的优势,同时也天然地成为情报的保存、收藏场所。位于上海的东亚同文书院和位于中国东北的"满铁"调查部是 20 世纪前期日本在中国的南北两大情报机关,"满铁"调查部更是"搜集情报和随时提供情报的大

---

① 薛冰. 金陵书话[M]. 南京:东南大学出版社,2002:212 - 213.

脑,是能够推动满铁持续发展的大脑"①。情报人员从中国各地搜集来的大量关于中国社会各方面的调查报告,成为"满铁"图书馆、东亚同文书院图书馆的重点馆藏之一。

"满铁"的性质所决定的"满铁"图书馆的存在价值主要体现在两个方面:一为"满铁"调查部进行情报资料调查提供文献保障;二为调查部收集提交的六千多份调查报告②……进行专业的整理、分类和保存。比如,"满铁"调查部提交的《"日满中"谷物(高粱、苞米)需给调查》《"有关国境国防建设"的相关报告资料》《国防关系法法规》《满洲产业五年计划关系资料》《满洲产业统制政策变化及特殊会社特制》等调查报告,"满铁"图书馆的馆藏是重要的资料来源③;同时,"满铁"图书馆积极收藏调查部撰写、编辑、出版的调查报告,如:

"满铁"产业部编:《科尔沁左翼中旗调查报告》等;

"满铁"经济调查会编:《满洲一般经济调查报告书》《满洲畜产资源调查报告》《全满主要地方粮栈调查书(康德二年六月末现在)》《满洲交通调查报告书》《满洲畜产调查报告》《满洲采金方策》《黑龙江流域调查报告》等;

"满铁"调查部编:《"兴安北省、兴安东省、滨江省及龙江省"役畜资源调查报告》《"兴安西省及热河省"管辖范围内役畜资源现状调查》《新巴尔虎右翼旗畜产调查报告》《"兴安西省"扎鲁特旗、阿鲁科尔沁旗畜产调查报告》《经济调查会立案调查目录》《"满洲国"水产贸易现态》等。

对于由"满铁"调查部完成的调查报告的具体数目,研究者们说法不一,杨觉勇认为有"6284 种,另有为调查、研究而积累的资料包括杂志、剪报、书籍等50000 多件"④;解学诗则得出"应有 12790 之多"⑤的结论;罗琳虽然没有给出明确数字,但肯定仅就"满铁"调查部资料室而言,它收藏有 80000 余种文献,其中

① 草柳大藏.满铁调查部内幕[M].刘耀武,等,译.哈尔滨:黑龙江人民出版社,1982:1.
② 王向远.日本对中国的文化侵略——学者、文化人的侵华战争[M].北京:昆仑出版社,2015:213.
③ 冷绣锦."满铁"图书馆研究[M].沈阳:辽宁人民出版社,2011:143.
④ 莫晓霞.访书旧事——兼谈近代三个侵华文化机构藏书的流散[J].国家图书馆学刊,2017(3):103.
⑤ 解学诗.隔世遗思:评满铁调查部[M].北京:人民出版社,2003:725.

"以调查报告居多"①。在"满铁"图书馆收藏的调查报告中,除了一般情报资源、统计数据等,还有"一些来自军队和政府的情报资料",它们是被作为"绝密资料"入藏的。

从"调查"角度论,日本所创办的上海东亚同文书院最具代表和典型性。简言之,它为培养专门在中国从事商业活动的"中国通"、实则从事情报资料搜集工作的特殊人才而设立;学生以调查中国社会、撰写调查报告为主要学业。追溯上海东亚同文书院的历史,主要涉及几个人、几个组织。前者包括江藤新平(1834—1874)、犬养毅(1855—1932)、荒尾精(1859—1896)、根津一(1860—1927)、近卫笃麿(1863—1904)等;后者包括"日清贸易研究所""兴亚会""东亚会""同文会""东亚同文会"等。

日本早期在华情报机构往往会以"堂""馆""所""会"示人,更习惯在招牌中冠以"亚洲""亚细亚""东亚"之名。既然从事的是不可告人的情报工作,其隐秘性使后人难以确定究竟哪一个组织是日本在中国设立的第一个间谍组织。一说是1878年由明治维新主要人物之一的大久保利通(1830—1878)创办的"振亚会"②;一说是1886年由有"谍报鼻祖"之称的荒尾精在汉口开设的"乐善堂"③。

荒尾精毕业于日本陆军士官学校,1886年受陆军参谋本部派遣来到中国搜集情报,活动据点即是汉口的"乐善堂"。1889年,他向参谋本部递交了长达26000字的中国调查报告,即《复命书》。此后,他又连续就调查所得撰文《对清意见》《对清辩妄》,形成系统的"中国保全""日中提携"理论④。三年的中国情报活动使他的侵华思想不同于日本陆军参谋本部中主战派所倡导的军事打击,他更倾向于"经济提携",即从经济入手,在从欧美手中抢夺对华贸易市场同时掌控对华经济命脉,即以经济控制中国(或"经济侵略")。在他的力主下,1890年,"日清贸易研究所"在上海成立。该研究所有两项使命,一是培养日后从事中日

---

① 罗琳.中国科学院图书馆与日本在华"文化侵略机构"[C]//淡江大学中文系,淡江大学汉语文化暨文献资源研究所.昌彼得教授八秩晋五寿庆论文集.台北:台湾学生书局,2005:275.

② 王向远.日本对中国的文化侵略——学者、文化人的侵华战争[M].北京:昆仑出版社,2015:268.

③ 苏维.东亚同文书院藏书考述[J].科技情报开发与经济,2011,21(27):72.

④ 苏智良.上海东亚同文书院述论[J].档案与史学,1995(5):39.

贸易的日本学生,二是调查、搜集中国商业情报。

在"会"下附设学校,招收日本学生,将其训练成"中国通"以利于在中国境内开展情报工作,"日清贸易研究所"并非首例。最早进行尝试的是继承"振亚会"衣钵、成立于 1880 年的"兴亚会"。自该会附设学校"肄业的学生达 100 多人,其中著名的川岛浪速、小田切万寿之助等人在明治中期以后,成为中日外交界或财经界颇为活跃的人物"①。随后,1884 年 8 月,日本自由民权家中江兆民(1847—1901)、末广重恭、植木枝盛(1858—1892)等人联合在上海创办"东洋学馆",其性质与兴亚会附设学校相仿。尽管学馆只维持了一年多,于 1885 年 9 月关闭,招收的学生也不过十几名,但他们在中法战争及以后日本对华活动中均发挥了很大的作用,更成为后来的东亚同文会的骨干,并在汉口乐善堂、日清贸易研究所、东亚同文书院等日本在中国的文化情报活动中成为中心人物②。"日清贸易研究所"培养的首批 89 名学生在完成三年制的学业后,于 1893 年毕业。在次年爆发的中日战争中,他们以日本战士的身份投入战事。追根溯源,"日清贸易研究所"是上海东亚同文书院的前身。

在荒尾精于 1897 年因感染鼠疫死去后,近卫笃麿粉墨登场,将荒尾精的追随者们揽于麾下,包括一直与荒尾精并肩作战的"日清贸易研究所"副所长根津一。他俩是 1898 年创立的"东亚同文会"的主力成员。"东亚同文会"由"东亚会"和"同文会"合组而成("兴亚会"1900 年并入其中)。"东亚会"由犬养毅、江藤新平等日本政客发起于 1897 年,声言以"扭转支那时势"为己任,因为推崇康有为(1858—1927)、梁启超(1873—1929)的改良思想而将其二人吸纳为会员;"同文会"由岸田吟香、宗方小太郎(1864—1923)、近卫笃麿于 1898 年 6 月创立,将"对中国进行全面调查"并"在上海设立中日教育机构同文会堂"作为其主要活动目标。

当年 11 月,东亚会、同文会合组成立"东亚同文会"后,所确定的纲领延续了荒尾精的思想理论,即,"保全中国""协助中国与朝鲜的改革""研究中国及朝鲜的时事,以期实行""唤起日本国内舆论"③。当然,"保全中国"并非站在中国立

---

① 周德喜.东亚同文书院始末[J].兰州大学学报(社会科学版),2004,32(3):71.
② 东亚同文会.对华回忆录(上)[M].胡锡年,译.北京:商务印书馆,1959:482.
③ 东亚同文会.对华回忆录(上)[M].胡锡年,译.北京:商务印书馆,1959:470.

场为中国着想为中国打算,而是企图从西方列强手中将中国"抢"回来然后整体
侵吞。显然,"保全"必须建立在"研究"的基础上,如何研究?这是近卫笃麿欲
设立"同文会堂"的初衷,即将"日清贸易研究所"培养日本"中国通"人才的传统
延续下去。

　　为办"同文会堂"之事,1899 年,近卫笃麿在南京拜访了两江总督刘坤一
(1830—1902),刘被说动。1900 年 5 月,正式定名为"南京同文书院"的学校高
擎"保全中国"的旗帜在南京轰轰烈烈地宣告成立。其校址先设在南京鼓楼附
近,随后受累于义和团运动而于当年 8 月迁至上海,改名"东亚同文书院",从此
落户于此。实际上,作为中国商业贸易中心、原"日清贸易研究所"所在地,根津
一本就有将上海作为同文书院永久根据地的打算。在日清贸易研究所关闭了八
年后,同文书院在上海出现,性质又相仿,很容易让人将两者联系起来而被赞为
"意义最为深长"①。

　　从 1900 年到 1945 年,东亚同文书院经历了几方面的变化,但无论如何变化,
它一直受制于日本外务省,日本政府的对华政策贯彻始终。这就决定了书院的
性质不只是一个日本在华教育机构那么单纯。

　　其一,校址。南京时的同文书院,院址在鼓楼。上海时的东亚同文书院,最
早设在退省路"日清贸易研究所"原址。1901 年 5 月,院舍迁至高昌庙桂墅里。
自此,书院称"东亚同文书院"。1913 年 7 月,在孙中山(1866—1925)发动的二
次革命期间,院舍在战火中焚毁,而于当年 8 月临时迁往日本长崎县大村町避
难,又在 11 月时迁回上海,落脚赫司克而路(今中州路)。1917 年 4 月,位于徐家
汇虹桥路 100 号的新院舍建成后,书院迁往。1932 年"一·二八事变"、1937 年
"七七事变",书院迫于战事又先后两次临时迁往日本长崎。1938 年,回迁后,因
原院舍已在战火中被损毁而由日本外务省与陆军当局共同决定暂驻上海交通大
学,一直到 1945 年抗战结束。

　　其二,院长人选。书院初在南京成立时,首任院长由东亚同文会的干事长佐
藤正担任。不久,佐藤因病辞职,由根津一接任。1922 年 3 月,根津一也因病辞
职,由日本岩手县知事大津麟平继任。三年后,又由东亚同文会副会长近卫文麿

────────────

　　①　东亚同文会.对华回忆录[M].胡锡年,译.北京:商务印书馆,1959:489.

（1891—1945，近卫笃麿之子，日本第 34、38、39 届首相）继任。1931 年 12 月，近卫文麿因事务缠身而辞去院长之职，新院长是东亚同文会理事大内畅三（1874—1944）。由此可见，书院院长、大学校长大多由东亚同文会高层担任，而东亚同文会的会员非同一般，其中有 8 人次先后出任过日本首相，"尤其是在清浦、近卫、阿部内阁期间，该会不仅成了组阁本部，也是左右日本政局的主要团体之一"①。这意味着书院有强大的日本政府背景，其与政府同气相求、成为政府对华政策的实施与响应者也就是必然的了。

图 11　东亚同文会会长近卫文麿

图片来源：1928 年《御大礼画报（临时赠刊）》。

---

　　①　单冠初. 试论东亚同文书院的政治特点——兼与西方在华教会大学比较[J]. 档案与史实,1997(2):52.

其三,从书院到专门学校再到大学。东亚同文书院初时,其性质是培养研究中国商业人才的书院。1921 年,日本政府"颁布敕令,将该院改成专门学校,按照日本专门学校令处理"①。1938 年 11 月,由东亚同文会会长近卫文麿提出申请,由日本国会作为政府议案审核通过,日本外务大臣于 1939 年批复照准,书院升格为大学,全称是"东亚同文书院大学",再由日本天皇、外务省、文部省以共同签署敕令的形式对外公布②。相应地,大内畅三由院长升级为校长。1939 年,大内畅三辞职后,东亚同文会理事长、外交官矢田七太郎继任。

其四,学制和课程。书院时期,初时,学制为三年,设政治科、商务科,课程有儒家伦理、汉语、英语、中国政治地理、中国商业地理、民法、法学理论、中国制度律令、中国农工商史、政治学、经济学、刑法、国际商法、中国近代外交史、近代政治史、中国商品学、中国通商史、商法、商业算术、簿记、商业学、财政学等。1914年,为开发中国资源而培养相关人才,书院增设农工科,相应增加土木、采矿、冶金等课程。1922 年,因经费困难而同时废止了政治科、农工科。大学时期,设预科(两年)、大学部(三年)、研究部(两年),大学部开设商务科。

其五,招生。书院设立的初衷为培养"中国通",故一度只招收日本学生。日本政府每年为书院选送约百名学生,费用由学生所属各府、县负担。以该院第二十一届(1921—1924)学生为例,其 118 人中,有 91 名府、县奖学金学生,19 名"满铁"资助学生,5 名日本外务省资助学生,3 名由其他单位资助。书院升格为专门学校后,日本政府 1921 年"三二八号敕令"规定,该校毕业生的资格与日本国内专门学校相同,"并可享受今后召集及免除高等文官检定考试"③。为与欧美争夺对华教育权,日本政府接受同文书院的申请,于 1920 年 9 月起另设中华学生部,又在天津开办天津同文书院,专门招收中国学生。中华学生部设商务科,学制 4年,增设日语课程。但在持续高涨的反日环境下,中国学生人数寥寥。1931 年,

---

①　黄福庆.近代日本在华文化社会事业之研究[M].台北:"中央研究院"近代史研究所,1982:42.

②　单冠初.试论东亚同文书院的政治特点——兼与西方在华教会大学比较[J].档案与史实,1997(2):53.

③　黄福庆.近代日本在华文化社会事业之研究[M].台北:"中央研究院"近代史研究所,1982:42.

中华学生部关闭。即便在系科调整、课程设置等校务方面,也有日本官方的影子——中华学生部的废止就是由日本帝国议会决议通过,由外务省责令书院执行。

其六,毕业生去向。早期毕业生大多流向日本在华政府机关、企业和银行。据书院《40 周年纪念志》统计,1—33 期共 2648 名毕业生中有 1487 人留在中国,有 510 人曾任日、中及伪满蒙政府官员,其余的皆供职于日本在华企业、银行、教育和新闻机构等。由于书院与日本外务省关系密切,故"任职于外务省的书院毕业生达 200 多人,其中近半数曾任领事以上之职,几乎所有设过日本领事馆的中国城市,都可看到书院毕业生的身影"①。同样重视调查,书院毕业生进入"满铁"任职也是一种必然。

既然是在日本政府思想下被训练成的"中国通",在日本侵华战争中,自然也就成为干将。校长大内畅三曾经积极鼓动学生参战,理由便是既精通中国语言、又熟悉中国地理的书院学生可以弥补人生地不熟的日军在此两方面的缺陷。1932 年"一·二八事变"时,数十名学生为日本侵略军提供后勤保障;1937 年,抗战全面爆发后,很多学生充任日军中的中文翻译;1941 年,根据日本文部省的训令,学生编成 4 个中队直接参与战争;1943 年,三百多名学生应征入伍②。东亚同文书院就是这样自觉地将自己绑在了"文化侵略"的战车上。

作为学校不可或缺的附属机构,东亚同文书院图书馆随书院的发展而发展。在 1921 年日本政府正式颁令确认书院的性质是由外务省直接管辖的专门学校后,书院图书馆"设施逐渐齐备,规模日臻扩大"③。在馆藏建设方面,也着力配合书院的"中国通"人才培养目标,入藏了比较丰富的中、日、西文有关中国政治、军事、文化,尤其是经济方面的图书文献资料。1937 年的侵华战火也祸及书院,"八一三"淞沪战役时,图书馆藏书约大部分被焚,计有中文书 52000 余册、日文书 25000 余册、西文书 8200 余册④。1938 年,该馆特别成立了"复兴图书委员会"进

---

① 单冠初. 试论东亚同文书院的政治特点——兼与西方在华教会大学比较[J]. 档案与史学,1997(2):54.

② 赵文远. 上海东亚同文书院与近代日本侵华活动[J]. 史学月刊,2002(9):57.

③ 苏智良. 上海东亚同文书院[J]. 档案与史学,1995(5):41.

④ 苏维. 东亚同文书院藏书考述[J]. 科技情报开发与经济,2011,21(27):74.

行新一轮藏书建设,甚至雄心勃勃地要将图书馆打造成日本在中国的"最大最完善的文化机构"。经过数年努力,图书馆已确实"成为日本在上海办的三大图书馆之首(另两个分别是上海近代科学图书馆和未曾开门迎客的华中兴亚资料调查所),据 1943 年统计,已入藏日文书 30170 册,古籍 10.7 万册;西文书 1.29 万册,共 15 余万册"①。而在这些馆藏中,"大旅行日志"和"调查报告"占比不小,也是其馆藏的最大特色。

从书院到大学,上海东亚同文书院一直遵循的宗旨是"以研究中国情况为专务"②。自始至终,书院在思想上、行动上沿袭了荒尾精的遗风,尤其是后者。荒尾精对"日清贸易研究所"的学生有一个很重要的要求,那就是"旅行调查"。他规定,每一个学生完成三年的书本学习后,必须在第四年时用旅行的方式对中国的政治和经济现状进行调查并撰写调查报告。而他自己,曾经花费四年时间在中国各地进行调查。1892 年,根津一将荒尾精撰写的调查报告编成三卷本、两千多页的《清国通商总览》。出版后,被称为"日本第一部中国大百科辞典"③。

上海东亚同文书院不同于其他教育机构最显要的特征是"旅行调查",他们最引以为骄傲的也是"旅行调查"。1902 年,受日本外务省委托,东亚同文书院第 2 期的 5 名学生组成一个小组对中国西北地区的俄国渗透情况进行调查,所撰写的调查报告深得外务省夸赞。书院以日本外务省支付的 3 万元奖励作为调查启动基金,从此将旅行调查并撰写旅行日志和调查报告确立为一种制度④。从第 5 期开始,学生在第四年时都必须按照学校规定的调查路线,用 3—6 个月的时间,以数人组成一组的方式,深入中国各地进行实地调查,调查领域涉及政治、经济、商业、地理、交通、风俗习惯等。据统计,从书院开办到关闭,参与调查的学生达五千余人,旅行线路多至七百条,调查区域"遍及除西藏以外的中国所有省区,有的还涉足东南亚和俄国西伯利亚及远东"⑤。随着调查经验的不断积累,调

①　卢子博.南京图书馆志:1907—1995[M].南京:南京出版社,1996:348.
②　赵文远.上海东亚同文书院与近代日本侵华活动[J].史学月刊,2002(9):54.
③　苏智良.上海东亚同文书院[J].档案与史学,1995(5):44.
④　周长山.近代日人桂边调查初探——以东亚同文书院的活动为中心[J].中国边疆史地研究,2013,23(2):141.
⑤　冯天瑜.东亚同文书院的中国旅行调查[J].文史知识,2001(1):98.

查逐渐趋向专业与精细,且主题愈发明确。比如,对于不同地区而设定不同的调查主题:南方是金融;北方是畜物,更具体的则是山东和河南是棉花;湖南是茶叶等①。

名义上,这样的旅行调查被标榜为学生深入社会参与实践。事实上,一开始,包括头面人物在内的很多中国人以及中国政府非但没有意识到日本人此举的潜在危害,反倒觉得新鲜有益。北洋政府时期,一方面,政府毫无防范之心地为书院学生进行调查提供便利,不但积极颁发盖有官印的旅行调查"执照",而且要求"中国各地文武员弁验照放行,务须随时保卫以礼相待,经过关津局卡幸勿留难拦阻……沿途……不可凌辱"②。因此,书院的学生旅行调查时一路畅通无阻,甚至"随心所欲,无往不利,即使到云南、西康边境等一般中国人罕到之处,他们也可毫无阻碍"③。

然而,从参与调查的主体——日本学生、被广泛列入调查范围的对象——中国社会方方面面、调查经费来源——所有经费由日本政府提供来看,不难得出"社会调查即刺探情报"的结论。事实也的确如此,很多的调查报告足以作为直接情报提供给日本政府作为对华政策的决策参考。更有甚者,有些调查是日本政府委派的任务。比如,1902年,日英缔结同盟后,日本外务省指示东亚同文书院负责调查中国西部边境地带俄国侵蚀中国的历史和现状,为此,1905年7月,书院特别派第2期学生林出贤次郎等五人前往中国新疆进行有关调查。他们此行历时270多天,从北京到西安再到乌鲁木齐,最后抵达伊犁地区,行程达4500多公里④。这样的调查被认为"带有国策性重大使命"⑤。林出贤次郎由于最终提交了被认为极具现实和研究价值的翔实调查报告而被外务省录用为官员⑥。

① 赵文远.上海东亚同文书院与近代日本侵华活动[J].史学月刊,2002(9):54.
② 参见:1937年第34期《生旅行志》之《风暴吹啊吹》。
③ 吉宜康.关于东亚同文书院[G]//上海市政协文史委.上海文史资料选辑:第17辑.上海:上海人民出版社,1964:23.
④ 赵文远.上海东亚同文书院与近代日本侵华活动[J].史学月刊,2002(9):54.
⑤ 单冠初.试论东亚同文书院的政治特点——兼与西方在华教会大学比较[J].档案与史学,1997(2):53.
⑥ 大学史编纂委员会.东亚同文书院大学史[M].东京:社团法人沪友会,1982:186.

　　虽然 1931 年"九一八事变"后,书院的旅行调查被国民党政府禁止;1937 年"七七事变"后,书院的活动被限制在日占区范围,但书院的调查非但没有因此收手,反而更积极地将调查服务于侵华战争——1939 年,书院第 37 期学生"应时局之需要,以长江流域和海南岛为主要范围,分别编成了占领地区工商业、在华日人居住状况、教育复兴状况、外国人权益状况、日人在华发展状况和新政权的经济统制等各个调查班"①,然后对相关主题进行调查。

　　关于调查成果,主要有两种形式,一是"旅行日志",或称"大旅行记""大旅行日志";一种是"大旅行报告书",即"调查报告"。旅行日志,顾名思义,乃逐日记录的调查经过和旅行见闻,当然限定于"中国各地的发展状况、市井百态、民族风俗、以及中国民间从'亲日'(受日俄战争的影响)到反日(受'二十一条'、五四运动的影响)的变化、军阀混战对老百姓生活的影响、基层官吏在应对'外国人'时的种种不同反应"。调查报告则是对事先确定的调查主题进行具体内容阐述,侧重经济和地理,尤其针对调查地的物产——如大米、小麦、小米、高粱、大豆、花生、芝麻、魔芋、油菜籽、棉花、鸡蛋及蛋粉、养蚕、养蜂、木材、木炭、竹子及竹制品、棕榈、香料、药材、樟脑、鸦片、牛奶、牛皮、牛骨、羊毛、羊皮、猪毛、山羊皮、盐、海产品、铁、煤炭、金矿、锡矿、制茶、制糖、造纸、制革、棉纱、棉织品、生丝、绢织品、麻织品、毛织品、油脂、酿造、染料、肥料、肥皂、火柴、玻璃、陶瓷等②。

　　旅行日志、调查报告是书院学生必须完成的毕业作业。从学生角度说,它们可能属于毕业论文,但从另一个层面理解,它们其实更是日本政府急需的关于中国的情报。事实是,学生们撰写的调查报告不但作为档案由东亚同文书院留存,更往往"每年印五份抄本,分别提交日本参谋本部、外务省、农商务省"③。一般情况下,书院每年编辑出版一册由当年的优秀调查报告汇集而成的《东亚调查报告书》。书院存续 45 年之久,留下了大量调查报告——仅 5—42 期学生留下的报告就达 32 部、数十亿字④。从内容上说,可谓无所不包,尤以商科学生对于中国

　　①　大学史编纂委员会.东亚同文书院大学史[M].东京:社团法人沪友会,1982:159.
　　②　李强.《东亚同文书院中国调查手稿丛刊》的出版及其价值[J].抗日战争研究,2017(1):156.
　　③　赵文远.上海东亚同文书院与近代日本侵华活动[J].史学月刊,2002(9):56.
　　④　周德喜.东亚同文书院始末[J].兰州大学学报(社会科学版),2004,32(3):74.

经济生活的调查最为细致全面。在有关农政、土地权利转移、资本、买办、会馆、公所（同乡会）、水运、仓库业、物价、货币、工人、民众生活程度等方面，日本政府通过书院学生的旅行调查获得了大量第一手资料①。

在留存下来的调查报告中，最具情报价值的是由东亚同文书院根据旅行日志和调查报告汇总出版的《清国商业习惯及金融事情》（1904）、《中国经济全书》18卷（1907）、《中国省别全志》18卷（1917—1920）、《新修中国省别全志》9卷（每卷1000多页）等。其中，《中国经济全书》被冠以"日本最早撰写的中国地方志丛书"，面世之后，"受到日本各界的极大欢迎，短短一年间，连印五版，而且这套书在中国也引起很大的关注，中文译稿由时任湖广总督端方亲自题写书名、邮传部左侍郎汪大燮作序"②。更准确地说，它打开了日本人深入了解中国社会经济的一扇窗户。两种《中国省别全志》不仅在社会经济方面分省进行调查，因此在内容上更具体更细致，而且"迥异于以往的中国志书，带有较为深刻的近代研究理论和方法的烙印"③。

客观地说，东亚同文书院的旅行调查因为持续时间长、调查范围广、调查内容细、研究方法新而极具学术价值，不仅在外国人研究中国社会经济中实属首创，在很大程度上也弥补了中国人自己的相关研究不足。就因为中国人当时大多对社会调查的意义认识不足甚至没有认识，使得在许多方面对自己生于斯长于斯的国家社会的认识，还不如来自异国他族的日本人。也正因为此，才会将祸心当善意，为日本在中国各地的调查大开绿灯，不设防地任其刺探"家底"，形成开门揖盗的局面。

一边是对外人在自家的动作的潜在危险懵然不觉，一边是暗中在为"大陆政策"的实施积极推进。对于日本政府来说，所谓"旅行调查"，不过是为侵略所做的前期准备。事实上，东亚同文书院的学生很有"经略中国"的意识，他们并非单纯地只将旅行调查当作社会实践。这从他们在旅行日志中不无得意地透露出

---

① 苏智良.上海东亚同文书院[J].档案与史学,1995(5):44.

② 李军.近代日本对华经济调查初探——以日本外务省和东亚同文书院为例[J].农业考古,2015(6):93－96.

③ 周长山.近代日人桂边调查初探——以东亚同文书院的活动为中心[J].中国边疆史地研究,2013,23(2):143.

"调查"的方式方法——如通过打哈欠张开双臂来掩饰对中国煤矿新购机器尺寸的测量,进而推测其性能及产量①——便可窥一斑。

致力于东亚同文书院研究的日本学者藤田佳久对书院的旅行调查有很高的评价,不仅将其作为"有组织、大规模"旅行调查的典范,而且盛赞其"不仅在当时的世界上没有先例,即使在今天,由日本人着手进行的海外调查活动中,也仍然可以说是最大规模的"②。也正因为如此,东亚同文书院图书馆收藏的这些旅行日志和调查报告不仅为中国清末和民国时期的政治史、社会史、经济史等方面的研究提供了第一手翔实资料,更为日本军事、经济、文化侵华储备了情报资料。具体说来,无论是日本在对中国谋划侵略时,还是在对中国的各种资源实施掠夺与破坏的过程中,调查报告都起着指南针的作用。除此以外,调查报告的特殊性还在于它具有双重性,即它既为文化侵略服务,而它本身就是文化侵略的形式之一。作为调查报告的栖身地、使用与传播的媒介,东亚同文书院图书馆在文化侵略的链条中成为其中不可忽略的一环。

三、"国立奉天图书馆"与《四库全书》

1.《四库全书》与奉天的关系

尽管从行政关系上看,"国立奉天图书馆"属于伪满洲国的一个文化机构,但它是在"满铁"奉天图书馆馆长卫藤利夫的建议之下、在"满铁"奉天图书馆的"经营体制下创立的"③,其创立目的近乎司马昭之心,简言之:为了名正言顺地占有《四库全书》。但日本人对此却有"高尚"的解释,即受"九一八事变"影响,东北大学、冯庸大学、萃升书院等各处"藏书散失颇多",以致"城坊书摊俯拾即是"。出于对人类文化尤其是东洋文化的"保存"之需要,关东军决议将位于奉天(沈阳)的张学良(1901—2001)官邸作为特别成立的"国立奉天图书馆"馆舍,对

---

① 李强.《东亚同文书院中国调查手稿丛刊》的出版及其价值[J].抗日战争研究,2017(1):156.

② 藤田佳久.东亚同文书院中国大调查旅行研究[M].东京:大明堂,2000:284.

③ 叶勇."满铁"两大图书馆在日本文化侵略中扮演的角色[J].山东图书馆学刊,2013(3):25.

散落各地的线装汉籍加以保护性收藏①。这样的说辞至少透露了如下信息:"国立奉天图书馆"建立于"九一八事变"之后,该馆馆址位于沈阳张学良官邸,图书馆以收藏线装汉籍为主。

抗战胜利后,国民党政府接管该馆及其馆藏时曾经留下的一段描述也证实此说:"当'九一八'我东北沦陷时,无知分子甚有将市内各大学之藏书偷售书贾者。经日人查觉后,除一方面设法杜绝外,复由关东军命二三日鲜籍人员负责收集保管,其场所当被指定于大南门内之帅府。先后将东北大学、冯庸大学、萃升书院及东三省博物馆等处之藏书一部或全部运聚于此,稍事整理而成立伪国立图书馆。"②事实上,该馆最特别的珍藏是《四库全书》。《中国时报》主编、日本间谍水野梅晓(1877—1949)在《谈满洲文化》一文中承认:"吾人于满洲图书馆收藏的图书,值得赞许者未过于《四库全书》。"③

日本人对于《四库全书》的觊觎由来已久,核心人物是"满铁"奉天图书馆馆长卫藤利夫。这首先涉及《四库全书》与奉天的关系。《四库全书》是清乾隆年间编纂的一部最大且极具史学价值的丛书。从乾隆三十七年(1772)正月乾隆皇帝(1711—1799)编纂诏令下达,到1773年2月四库全书馆正式开设、纪晓岚(1724—1805)等文官开始着手编纂,再到1787年6月编纂工作基本完成,历时15年之久。全书分经、史、子、集四集,44类,66子属,汇集历代重要图书,包括中华数千年的历史、民族、社会、政治制度、宗教、天象、地舆、物产、文艺、哲学、美术、农、医、工商、算学及百家杂学等各方面的文献④,共收书3460多种、79000多卷、36000多册⑤。编纂完成的《四库全书》共抄录了七部,有前期四部、后期三部之分。前期四部分别藏于俗称的"内廷四阁"(或称"北四阁"),即圆明园的"文源阁"、紫禁城的"文渊阁"、热河行宫(即避暑山庄)的"文津阁"、奉天故宫的"文溯阁"。后期三部分别藏于俗称的"江浙三阁"(或称"南三阁"),即镇江金山寺的

---

① "国立奉天图书馆"概况[J]."国立奉天图书馆"季刊,1934(1):1.

② 参见:辽宁省档案馆藏国民党统治时期档案(JE1.全宗号9)第78卷13页。

③ 丁宗皓.中国东北角之文化抗战1895—1945[M].沈阳:辽宁人民出版社,2015:292.

④ 文溯阁《四库全书》记[G]//《沈阳一宫两陵》编纂委员会.沈阳故宫志.沈阳:辽宁民族出版社,2006:229.

⑤ 姜正成.重温传统:一本书读懂中国文化[M].北京:中国财富出版社,2016:141.

"文宗阁"、杭州圣因寺的"文澜阁"、扬州大观堂的"文汇阁"。显然,奉天故宫内的"文溯阁"是其中一部《四库全书》的栖身所。

在百余年的历史动荡中,各"阁"的《四库全书》历经劫难。咸丰三年(1853年),轰轰烈烈的太平天国运动中,镇江文宗阁、扬州文汇阁的《四库全书》毁于战火;咸丰十年(1860年),圆明园文源阁的《四库全书》被英法联军焚毁;咸丰十一年(1861年),太平军二次攻克杭州,文澜阁倾覆,存于其中的《四库全书》不幸散佚。当地藏书家丁申(1829—1887)、丁丙(1832—1899)兄弟全力搜辑,虽找回八千余册,但也只占之前全部的25%。之后,一方面,当地士绅、藏书家联合浙江图书馆全力补抄,一方面,文澜阁重建,终于1926年时,该阁的《四库全书》达到了3459种,36309册①。流离是避暑山庄文津阁《四库全书》和紫禁城文渊阁《四库全书》的共同命运:宣统元年(1909),清学部提议建立京师图书馆保存避暑山庄文津阁《四库全书》,尽管随着民国的建立,清学部被教育部取代,但《四库全书》连同书架还是于1914年被从热河运至北京,藏于京师图书馆(现国家图书馆);"九一八事变"后,出于安全考虑,紫禁城文渊阁《四库全书》被运至上海,后又在"七七事变"后不得不迁出上海辗转至重庆,抗战后迁回南京,1949年后迁往台湾。

奉天文溯阁《四库全书》同样命运多舛:清末,沙俄侵略军占领奉天,奉天故宫藏品(包括《四库全书》)不可避免地遭受了一些损失。1915年,奉天督军段芝贵(1869—1925)为讨好袁世凯,将《四库全书》等藏品运至北京,藏于北京故宫保和殿;1925年,奉系军阀在奉直大战中获胜,奉天省教育会会长冯广民(1881—1954)提议将《四库全书》运回奉天,得张作霖(1875—1928)张学良父子首肯。当年8月,《四库全书》从北京回到奉天。由于文溯阁当时为军队所占,《四库全书》暂存奉天城内的文庙(也就是省教育会所在地)。两年后,文溯阁迎回《四库全书》。

2. "国立奉天图书馆"的建立

自从《四库全书》重返奉天,作为图书馆馆长、天然对书籍颇为敏感的"满铁"奉天图书馆馆长卫藤利夫一直将目光聚集在它的身上。巧的是,《四库全书》

---

① 周远廉.清朝兴亡史:第5卷:全盛之时[M].北京:燕山出版社,2016:620.

回到奉天后三个月,即 1925 年 11 月,原奉系将领郭松龄(1883—1925)在滦州起兵,发表反奉宣言后率七万大军攻占山海关,奉军一路败退,奉天城内一片恐慌。利用这个机会,卫藤利夫也是以"保护"之名向警察署署长藤原铁太郎提议将《四库全书》转移到日本当局管辖地保管。由于日本关东军的介入,郭松龄反奉失败,于 12 月 24 日被奉军逮捕,随即被张作霖下令枪杀。这样一来,所谓"不安全"因素被消除了,卫藤利夫的提议没有被采纳。

图 12   "满铁"奉天图书馆

图片来源:关东局编《关东局施政三十年史》,

(东京)凸版印刷株式会社,1936 年。

"九一八事变"无疑是"转移"《四库全书》的最好机会,卫藤利夫又一次以"安全"为借口,建议将存放在文溯阁的《四库全书》移出。为此,他甚至具体提议"建立一个防火混凝土书库"①来安放《四库全书》。事变后,9 月 20 日,即日军占领沈阳第二天,日本关东军司令本庄繁(1876—1945)一方面宣布将"沈阳"改回"奉天"②,一方面任命日本特务土肥原贤二就任"奉天市""市长"。土肥原在市长之位仅待了一个月,却就在这一个月里,接受了卫藤利夫的建议,指令"奉天地方自治维持会"会长袁金铠(1870—1947)协助日军将《四库全书》掠走——"9 月 26 日,沈阳《四库全书》被日军掠走"③。

①   冷绣锦."满铁"图书馆研究[M].沈阳:辽宁人民出版社,2011:196.

②   奉天之名从 1657 年一直沿用至 1928 年。1928 年底,张学良在东北宣布易帜,归顺南京国民政府。此后,奉天省改称辽宁省,奉天市改称沈阳市。

③   张历历.百年中日关系[M].北京:世界知识出版社,2006:543.

据记载，"由图书馆保存《四库全书》"的提案是"北京招聘来的杉村勇造首次提出来的"①。杉村勇造是"满铁"大连图书馆的汉学家松崎鹤雄的女婿，日本史学家、汉学家，"九一八事变"之前一直在北京从事中国古籍整理工作。"九一八事变"之后，他被抽调到沈阳，为的就是如何处理《四库全书》等古籍事宜。在沈阳，杉村勇造提议"把故宫'文溯阁'《四库全书》（一万六千余册）等包括在内成立国立图书馆"，他承认这样做"保护中国文化财产的名义就可以成立了"，事实上，这也的确"能够就地保护中国的最大宝物《四库全书》和历代实录"②。

其实，为了东北大学、冯庸大学、沈阳故宫、萃升书院等散佚的汉籍，以及文溯阁的《四库全书》，一开始，日本关东军有比建立一个图书馆更高远的志向，那就是与伪满洲国政府合作经营旨在"振兴满洲国文化"的文化中心——"国立文化院"，所明确的目标是"更广泛地搜集有关东洋文化的图书和相关记录等文献，作为'满蒙'学术研究的资料"③，而院址就设在张学良官邸。由于经费无法落实，"国立文化院"未能建立起来，取而代之的则是 1932 年 6 月 18 日定名的"满洲国立奉天图书馆"。事实上，"文化院"也好，"图书馆"也好，只是称谓不同而已，目的都是为了搜集与收藏与中国东北有关联的历史、地理方面的古文献④，更为了《四库全书》。

1932 年 3 月 1 日，在日本人的扶植下，伪满洲国建立；7 有 7 日，日本关东军正式将"国立奉天图书馆"移交给伪满洲国文教部。表面上看，图书馆由伪文教部直属管辖，似乎与日本人无甚关系，但伪满洲国本身是听命于日本政府的傀儡政权。以此角度说，"国立奉天图书馆"的组织机构、人员安排，特别是馆藏建设不可能脱离日本人的控制。事实上，该馆处处烙印着日本元素。

首先，从人员和经费上说。图书馆筹设时，日本京都帝国大学的三位教授应关东军军部之聘特地从东京来到沈阳充任参谋，而由关东军参谋部森赳（1894—1945）少佐负责具体事宜；"国立奉天图书馆"初建时，"满铁"大连图书馆的松崎

①　福田实.满洲奉天日本人史［M］.东京：株式会社谦光社,1976：207.
②　杉村勇造.满洲文化的回忆［J］.辽宁省博物馆馆刊,2008（3）：804.
③　冷绣锦."满铁"图书馆研究［M］.沈阳：辽宁人民出版社,2011：196.
④　冈村敬二.被遗留的藏书——满铁图书馆、海外日本图书馆的历史［M］.东京：阿吽社,1994：138.

鹤雄担任临时主事,嘱托(即特聘人员)是秋贞实造、西田实三,而馆长由伪参议府参议袁金铠兼任,伪奉天公署参事官金毓绂任副馆长。即便图书馆移交给了伪满洲国文教部,馆务人员中仍然不乏日本人,如事务部掌管庶务会计事宜的是西田实三,调查沈阳故宫档案的是秋贞实造等,而田村实造、弥吉光长(1900—?)也先后担任过馆长。图书馆专业出身的弥吉光长是最后一任馆长①。伪满洲国国务院文教部顾问上村哲弥、文教部总务司长西山政猪、日本外务省书记官江户千太郎曾先后抵馆视察。至于经费,据《"国立奉天图书馆"季刊》"馆务要录"记载,1932 年,日本外务省文化事业部先后两次给予图书馆经济援助费②。

在馆址的选择上,显然日本人的意见起了决定性作用。杉村勇造初到沈阳时,本庄繁便告诉他,"希望把张作霖的旧宅改作给群众服务的公共机关,决定设立图书馆"③。沈阳张学良官邸原系清道台荣厚的旧宅,1914 年,时任北洋陆军 27 师中将师长的张作霖将其购入并进行翻新。1916 年,张家迁入。此后,宅院不断扩建,到1931 年时,占地达 3.6 万平方米,总建筑面积 27600 平方米,形成由中院、东院、西院、院外建筑等四部分组成的建筑体系④。"九一八事变"后次日,日军占领沈阳,霸占了张宅,对宅院内的财物非抢即毁。据福田实撰文回忆,本庄繁考虑到张宅"建筑物有一定意义"⑤,便决定将此作为用来保存东北大学等单位散佚古籍的图书馆馆址。

其实,张学良官邸东院的一幢三层中西合璧式小楼只是"国立奉天图书馆"的本馆,而分馆则是沈阳故宫的文溯阁,即《四库全书》收藏地。本馆一楼是阅览室、"司书"室、馆长室、其他事务室;二楼是档案室、户籍文献室;三楼是研究室、编纂室⑥。1935 年,"国立奉天图书馆"以文溯阁多年失修及保护阁内藏书为由,在阁西南处另外建立了一座钢筋水泥结构的二层小楼,"门窗包铁皮,库内放置钢制组合书架"⑦,而"外部则飞阁雕墙,仍仿旧制"。这是专门用来收藏《四库全

---

① 杉村勇造.满洲文化的回忆[J].辽宁省博物馆馆刊,2008(3):810.
② 馆务要录[J]."国立奉天图书馆"季刊,1934(1):127–129.
③ 杉村勇造.满洲文化的回忆[J].辽宁省博物馆馆刊,2008(3):803.
④ 国家文物局.文物在诉说:中国抗战遗迹概览[G].北京:文物出版社,2015:123.
⑤ 福田实.满洲奉天日本人史[M].东京:株式会社谦光社,1976:207.
⑥ 冷绣锦."满铁"大连图书馆研究[M].沈阳:辽宁人民出版社,2011:197.
⑦ 《沈阳一宫两陵》编纂委员会.沈阳故宫志[G].沈阳:辽宁民族出版社,2006:230.

书》的书库。在书库建造过程中,《四库全书》被运至本馆暂存。新书库建好后,《四库全书》全部转移到新书库,"原配书架仍留在文溯阁中,新阁藏书顺序不变,书架统一改为四格,故子部原六格 22 架改为四格 33 加;集部原六格 28 架改为四格 42 架"①。

3.《四库全书》是"国立奉天图书馆"的重要馆藏

无论本馆,还是分馆,"国立奉天图书馆"馆藏来源主要是:第一,张学良官邸原有藏书,计 443 种,15684 册;第二,东北大学的藏书,计 776 种,22426 册;第三,冯庸大学的藏书,计 65 种,3395 册;第四,萃升书院的藏书,计 438 种,12410 册;第五,沈阳故宫博物院的藏书,计 358 种,34429 册,总计 2080 种,88344 册。之后又新购各类书刊约两万册,获赠图书九百余种五千余册等②。尽管从一个综合性图书馆来说,这样的藏书量并不足够丰富,但由于相当一部分馆藏来自于沈阳故宫,故殿本③数量可观。如,1932 年时,该馆"检收盛京故宫殿版书共五千六百余册"、"接收奉天省公署教育厅……文溯阁四库全书、殿版古今图书集成……"④。据 1937 年时的统计,该馆殿本 39805 册⑤。除此之外,图书馆还设有善本部、满文书部、普通书部、档案部⑥,分别藏有善本 1971 册、丛书等 64150 册、中国东北与蒙古文献 15274 册、西文图书 1367 册⑦等,以及至少 200 余万卷⑧的中国东北地区历史档案。

中国东北地区的历史档案是"国立奉天图书馆"的一大特色馆藏。抗战胜利,国民党政府接管该馆后,这样记载:"民国二十七年三月(1938 年 3 月),复由伪政府之国务院训令各处,将'九一八'沦陷前中国东北各机关之卷宗汇总于此而作统一之保管,是盖日人袭统治朝鲜文化之故智也。"事实是,1937 年 5 月 28 日,依据伪满洲国国务院总务厅星野直树(1892—1978,甲级战犯)提出的"旧时代的记录整理办法",伪国务院发布第 37 号"有关旧时代的记录统一管理"训令,

① 郭向东.文溯阁《四库全书》的庋藏与流传[C]//郭向东,易雪梅.四库全书研究文集:2005 年四库全书研讨会文选.兰州:敦煌文艺出版社,2006:351.

② "国立奉天图书馆"概况[J]."国立奉天图书馆"季刊,1934(1):3.

③ 殿本,又称武英殿本,也称殿版,指清朝北京故宫武英殿刻印的书籍。

④ "国立奉天图书馆"概况[J]."国立奉天图书馆"季刊,1934(1):128 – 129.

⑤⑦ 冷绣锦."满铁"图书馆研究[M].沈阳:辽宁人民出版社,2011:198.

⑥ 本馆概况[J]."国立奉天图书馆"季刊,1934(1):4.

⑧ 佟永功.满语文与满文档案研究[M].沈阳:辽宁民族出版社,2009:173.

要求"各官署暨地方自治团体所保存之旧记(即历史档案)⋯⋯直接递送国立奉天图书馆长检收"。同时,伪国务院总务厅规定,"国立奉天图书馆"成立"旧记整理处",由馆长兼任处长并确定旧时代记录整理保管利用的有关纲要等。

1938 年 5 月,"国立奉天图书馆"旧记整理处拟定了《关于旧记整理计划及其意见》。这份"意见"透露了该馆接收的历史档案内容十分广泛,"凡政治、经济、外交、司法、宗教、学术、文化等,涉及之面极为广泛,可以说包罗万象。更从其年代来看,差不多大部分都是宣统、光绪以后的民国时代的近代资料"①。对于日本的殖民统治来说,这些旧记中的租税制度、治匪方案、裁判、宗教关系、土地、户口制度,以及国境关系、中日交涉等外交事宜和其他一切施政资料等无疑具有极高的参考价值和现实意义,以至于时隔数年,当年曾担任过"国立奉天图书馆"馆长兼旧记整理处处长的弥吉光长在其回忆录《旧"国立奉天图书馆"档案始末记》中表示他一直"期待着有机会再次亲眼目睹用生命保存下来的二百万图书资料"②。

除此之外,教育家、考古学家罗振玉(1866—1940)的私人收藏、清康熙年间编辑而成的大型类书《古今图书集成》《满文大藏经》《清朝实录》等也是"国立奉天图书馆"的珍贵馆藏。《东京日日新闻》和杉村勇造的回忆都提及罗振玉将他在天津时购买的清代保存于内阁大库的两千余包数万件档案捐给了"国立奉天图书馆",内容包括元、明、清三朝的公文等③。1933 年 8 月,当杉村勇造听伪满洲国总理大臣兼文教总长郑孝胥(1860—1938)报告说在热河发现了《古今图书集成》(一部,5020 册)后,立即动身前往调查。在遍访了避暑山庄、孔子庙、尊经阁、八大寺后,于奉祀着豪华的大文殊菩萨像的殊像寺发现了《满文大藏经》108函;于热河文庙的尊经阁,他不但看到了收藏于此的乾隆内府刊本几千册,而且发现了铜活字本《古今图书集成》。随后两三日,他几乎不分昼夜,终将《古今图书集成》做成目录④。而《清朝实录》是清朝从努尔哈赤到宣统数百年的历代实录,一共有两部,一部藏于北京紫禁城,一部藏于沈阳故宫。很自然地,国立奉天

---

① 佟永功. 满语文与满文档案研究[M]. 沈阳:辽宁民族出版社,2009:174.

② 参见:弥吉光长. 旧国立奉天图书馆档案始末记[G]//东方之书. 东京:间云山房,1977.

③ 杉村勇造. 满洲文化的回忆[J]. 高柏苍,译. 辽宁省博物馆馆刊,2008(3):808-809.

④ 杉村勇造. 满洲文化的回忆[J]. 高柏苍,译. 辽宁省博物馆馆刊,2008(3):805.

图书馆接收了沈阳故宫的这部《清朝实录》。

毫无疑问，《四库全书》是"国立奉天图书馆"最珍贵的收藏。该馆成立次年，即1933年，一方面，开始对《四库全书》进行整理、点查、编目，另一方面组织人员抄写《四库全书》书前提要、编写《四库全书》概要，甚至对陈列《四库全书》的书盒、书架等逐一造册登记。就《四库全书》，该馆编辑出版发行过《关于文溯阁四库全书旧档史料》、《文溯阁四库全书要略》(一、二版)、《文溯阁四库全书提要抄录》、《文溯阁四库全书书名索引》、《文溯阁四库全书提要》(114卷32册)等。"1938年，在金毓绂的主持下，图书馆编辑《文溯阁四库全书要略及索引》，详尽地记录文溯阁《四库全书》。"①

十四年抗日战争，无数中华民族文化瑰宝被日军劫掠。时至今日，仍有许多珍籍远离故土而不得不栖身于日本岛。"国立奉天图书馆"掌控的文溯阁《四库全书》却能安然留于本土，实乃幸事，但绝非出于日本人的良善与慷慨。事实上，早在1905年日俄战争后，获胜的日本占领奉天，便曾经萌生过将包括《四库全书》在内的奉天故宫古籍运回日本的念头。水野梅晓承认：当时，日本"学术界首先瞄准存放在奉天故宫的《四库全书》以及众多的殿版书籍并提议将其运回日本"②。只是碍于多方面的原因，未能得逞。

对于日本关东军只将"文溯阁"的《四库全书》交由伪满洲国奉天图书馆收藏而没有将其运回日本的行为，其实并不难理解。"九一八事变"后，日本占领中国东北全境，1932年扶植建立伪满洲国。此时在他们的意识里，这里已然日本殖民地，故而沈阳、故宫、古籍等中国的从城垣到财产都已在日本控制之下。尽管如此，仍有日本文人担心日后发生变故而主张将其运回国内。日伪也曾对此进行过商议，终因在权衡必要性和顾及中国民众的反日情绪后搁浅。1945年，美机轰炸沈阳，又是出于安全考虑，日本人动议将《四库全书》转移至新宾永陵，但未及实施，苏联红军即进驻了中国东北。数番劫难，几次险象，文溯阁《四库全书》终于保存了下来，重回中国人怀抱。

无论就《四库全书》的收藏与保管，还是因此特别建立"国立奉天图书馆"，

---

① 《沈阳一宫两陵》编纂委员会.沈阳故宫志[G].沈阳:辽宁民族出版社,2006:230.
② 冷绣锦."满铁"图书馆研究[M].沈阳:辽宁人民出版社,2011:210.

日本人始终以"安全"为大旗,口口声声以"保护"作为理由。不可否认,在战火纷飞的乱世里,人和物都处于不安全之境地,东北大学、冯庸大学、萃升书院、沈阳故宫的古籍散佚甚多即是"不安全"的证明。伪国立奉天图书馆尽力将散佚图书进行搜寻与收藏,的确在一定程度上使它们得到保护。然而,首先,这场侵略战争是日本人挑起的,其目的是为了实施逐步并吞中国的"大陆政策",在这样的前提下,他们所说的"不安全"便成了一个笑话;其次,日本人对《四库全书》的"保护",是建立在占有和掠夺思想基础上的,是欲用暂时的保护达到永久占有的目的,本质上还是文化侵略。

四、捐赠文献是馆藏文献的重要补充

日本在华创办的图书馆馆藏来源除正常采购之外,也频繁接受捐赠。在购书经费短绌的情况下,捐赠的作用凸显。几乎所有日本在华所建图书馆都对捐赠有所依赖,只是程度不同而已。天津日本图书馆是其中依赖严重而典型的一个。

"满铁"图书馆的捐赠馆藏来自于两个方面,一是主动征寻。"满铁"图书馆馆方便很注重向社会各界征集书刊,比如,对日本驻中国东北和各地的机关、文化团体、各情报机关的内部出版发行的一切资料,从装订成册的书刊资料到单张活页的书目、宣传画、照片等都认真搜集,或派人亲自登门,或通过信函往来进行征集。一是被动受赠。如1936年,图书馆接收捐赠图书8659册,1937年接收捐赠图书7602册,杂志363种,报纸17种①。平均来说,每年获赠书刊达数千册。对于捐赠馆藏,图书馆一般都会印上"寄赠"字,同时给予捐赠者一封感谢信。

北京、上海两家近代科学图书馆的馆藏中,捐赠书刊的比例占比不小。比如,北京近代科学图书馆1936年12月开馆时,所藏书籍有7845册,杂志384种,其中捐赠的图书有158册,杂志有132种②。据1937年8月31日统计,收藏购入图书15163册,获得捐赠3656册;购入杂志、研究报告书343种,获得捐赠234种;购入报纸35种,获得捐赠3种。1938年12月时,该馆图书达39422册,其中

① 程宪宇.满铁大连图书馆史略[C//OL]//中国图书馆学会.第一届图书馆史学术研讨会论文集.北京:万方数据知识服务平台,2006:13.(2007-08-22)[2019-10-20].http://www.wanfandata.com.cn./detailsldetail.do?_type=conference&id=631325.
② 本馆记事[J].北京近代科学图书馆馆刊,1937(创刊号):98-100.

捐赠的有 8098 册；杂志 952 种，其中捐赠的有 401 种；报纸 69 种，其中捐赠的有 15 种①。上海近代科学图书馆 1936 年时受赠 1547 册，1937 年时受赠 1640 册，1938 年受赠 2143 册②。

从捐赠主体看，团体与个人、中方与日方均有，即中、日两国团体与个人都参与了书刊捐赠。1937 年"八一三"淞沪战役后，上海东亚同文书院图书馆损失惨重。为求馆藏恢复，图书馆一方面广泛募捐、筹款以购入新书，一方面要求在校学生每年拿出 3 元钱作为购书基金，一方面动员社会力量进行捐赠。当时，上海日本居留民团、"满铁"大连图书馆、伪满洲国奉天图书馆等都捐赠了不少③。对于北京近代科学图书馆，中日教育机构、社会团体、杂志社等组织捐赠了大批书籍。1937 年底，中国方面捐赠图书 2860 册，杂志 15 种；日本方面捐赠图书 921 册，杂志 179 种④。对于上海近代科学图书馆，1937 年，中国赠送有《全国文化机关一览》《常用简子表》《新时代月刊（四月号）》《妇女旬刊十年年刊》《中外经济选萃（第一卷第四期）》《中国银行月刊》《中国银行报告》《Bank of China》《中国国际图书馆概要》《中国国际图书馆图册》《上海图书馆概要》等。1938 年，日本外务省赠送了数十种书籍，以调查报告、统计、经济、产业、政法、教育、史地等类别为主⑤。

就个人而言，日本方面，1925 年 11 月，日本佛教界人士大谷光瑞（1876—1948）捐赠给"满铁"大连图书馆中国古籍线装书 5000 余册，西文图书 300 余册⑥——这批图书被编成"大谷文库"。1938 年底，下村宏旧将其收藏的 3 万册"海南文库"中的大部分捐赠给上海近代科学图书馆。上海近代科学图书馆还接收了掘拔义太郎捐赠的藏书约 1 万册、入泽达吉遗所藏的"云庄文库"⑦。中国方

---

① 参见：1937 至 1938 年《北京近代科学图书馆馆刊》之《本馆纪事》。

②⑤ 石嘉. 抗战时期日本在上海的文化侵略——以上海日本近代科学图书馆为例[J]. 江苏社会科学，2015（1）：220.

③ 苏维. 东亚同文书院藏书考述[J]. 科技情报开发与经济，2011（21）：74.

④ 参见：北京近代科学图书馆《北京近代科学图书馆一周年报告》"序言"。

⑥ 程宪宇. 满铁大连图书馆史[C//OL]//中国图书馆学会. 第一届图书馆史学术研讨会论文集. 北京：万方数据知识服务平台，2006：13.（2007 - 08 - 22）[2019 - 10 - 20]. http://www. wanfandata. com. cn. /detailsldetail. do? _type = conference&id =631325.

⑦ 参见：1938 年上海日本近代科学图书馆《昭和十三年事业成绩报告书》。

面,原第 29 军军长宋哲元(1885—1940)将共 2500 册价值 1000 元的《四部备要》捐赠给了北京近代科学图书馆。该馆还曾接受国民政府北宁铁路局局长陈觉生(1899—1937)的遗孀赠送的各类书籍达 1600 册——这批图书被编成"觉生文库",以及沈怀仲和沈斌甫兄弟合赠的包括 600 卷《大般若波罗蜜多经》在内的佛教图书 300 种共 1007 册①等。

对于像"满铁"图书馆、北京和上海两家近代科学图书馆等既有充足经费支持、购买力强的图书馆来说,捐赠文献起到了补充馆藏、锦上添花的作用。但是也有过分依赖于捐赠的图书馆,天津日本图书馆的例子就颇为典型。

天津日本图书馆建在天津日本租界内,主要为租界内的日本居留民服务。该馆长期缺乏正常的经费来源。在该馆建立多年之后,借人馆舍不得安生的窘状日显,要求建设独立馆舍的呼声持续数年,却一无效果。后来还是在私人捐赠了一笔巨额款项之后,才获进展。而馆藏建设经费的短绌,更逼使馆方在文献方面很大程度上依赖于各方捐赠,而所赠多为实物。

表4 天津日本图书馆历年采购与获赠书刊对照统计

序号	年份	购书(册)	购刊(种)	占入藏总量比	赠书(册)	赠刊(种)	占入藏总量比
1	1908	755	24	91%	72	6	9%
2	1909	22	26	17%	227	0	83%
3	1910	206	27	71%	87	8	29%
4	1911	55	27	87%	7	5	13%
5	1912	152	28	92%	9	6	8%
6	1913	24	25	45%	55	5	55%
7	1914	79	30	61%	70	0	39%
8	1916	128	35	28%	411	5	72%
9	1925	1216	9	82%	234	41	18%
10	1926	514	0	57%	393	0	43%
11	1928	488	0	70%	210	0	30%
12	1929	510	0	56%	395	0	44%

---

① 承赠佛教书目录[J].北京近代科学图书馆馆刊,1937(2):171-190.

续表

序号	年份	购书(册)	购刊(种)	占入藏总量比	赠书(册)	赠刊(种)	占入藏总量比
13	1930	420	21	45%	476	65	55%
14	1931	227	2	24%	738	6	76%
15	1932	668	22	30%	1557	50	70%
16	1933	1014	23	47%	1105	58	53%
17	1934	1133	2	44%	1444	9	56%
18	1935	1388	12	44%	1781	26	56%
19	1938	326	35	73%	39	93	27%
20	1939	2875	80	79%	689	87	21%
21	1940	4896	84	67%	2433	53	33%
22	1941	5447	0	83%	1084	0	17%
23	1942	10214	0	92%	851	0	8%

资料来源:天津居留民团、天津共益会历年事务报告书。

从表4所做的统计数据来看,天津日本图书馆每年受赠的书刊占书刊入藏总量,在纳入统计的23个年度中,有超过一半的年度达到或超过30%,亦即在这么多的年份里,有三分之一的馆藏书刊来自捐赠;有9个年度超过50%,亦即捐赠的书刊多于购入的书刊;4个年度达到或超过70%,亦即只有甚至不到三分之一的书刊来自购藏,其他全来自捐赠;虽然只有1个年度捐赠数达到83%,也已足够令人惊愕,该年度受赠的书刊是图书馆购藏书刊的4.7倍。

图书馆如此对于捐赠的过度依赖,一是使馆方难以确立文献资源建设方针,难以确定文献收藏原则、范围、重点,难以实施购藏标准,而只能停留在捐赠者捐赠什么图书馆就收藏什么的水平,陷于被捐赠者的品位与个人兴趣所左右的被动境地。文献的品种因而过分零散、轻重失衡,"历年向该馆捐赠书刊的机构和个人多达四百家以上。每次捐赠书刊少则一、二册,多的达到上百册"①,极大地妨碍了馆藏文献系统性的形成。

二是使图书馆与日本读者形成单一循环的局面。图书馆原只着眼于日本人,而乐意向该图书馆进行捐赠的也是日本人,捐赠的自然也多是日文书刊,其他人阅

---

① 万鲁建.天津日本图书馆述略[J].图书馆工作与研究,2006(5):76.

读有障碍,更不愿进该图书馆的大门。从 1936 年、1939 年及 1940 年的统计数据来看,三年中的"外国人"读者数年均 90 人,最少的一年仅 4 人。如此也造成天津日本图书馆实质上成为只为日租界日本居留民这一特定读者群体服务的图书馆。

三是当时军国主义意识形成是日本的思想主流,日本大量的出版物要么是此类宣传品,要么其中挟带此类意识,要么为此做外围与基础服务。来自在华与日本各地的机构与个人所捐赠的书刊的内容,当然出于捐赠者的思想倾向、一己私好与个体趣味,而作为捐赠者的当时来华亦即主要居住在日租界的日本人,其思想情绪不容忽视。

比如对日本侵华战争发生的因果关系,在一些日本人看来,是中国的排日运动对日本侨民的生命财产构成威胁,日本政府为保护侨民的安全而出兵。对于发生于 1919 年"五四运动"的排日、1923 年"收回旅大运动"的排日,天津日侨并不认为其乃缘自日本对中国的侵略,而只觉得中国人"近乎失去理智和人道,肆意践踏人权,野蛮行为日渐增多,人们的情绪近似疯狂",又担心多年在中国赚取的钱财一朝尽失,故对立情绪激烈,几次举行日侨千人大会,通过日本政府要求中国政府限制排日言行,解散排日团体,处罚排日人士。而早在 1908 年,在津日侨即有成立"义勇队"之议,1913 年得以首建,1927 年义勇队被居留民会确定为常设组织,此时距 1931 年抗日战争爆发还有四年时间。虽然早期成立义勇队是出于自卫的目的,毕竟是一种将敌对情绪诉诸对抗性的武力,一旦战争爆发,果然性质立刻改变,直接参与战斗,实乃"非武力对付不了残暴的中国人的中国观"[①]的体现。"七七事变"后不过旬日,天津日本侨民包括共益会、妇女、学生、其他普通侨民当即跟随居留民团团长臼井忠三带领的八十余名民团干部接待、慰问到津的日本部队,为其提供茶点烟糖,提供住宿或引至营地,等等。如此群体所捐赠的大量书刊,会对天津日本图书馆馆藏文献的品质造成什么后果不难做出判断。

---

① 桂川光正. 租界日本侨民的中国观——以天津为例[J]. 周俊旗,郑玉林,译. 城市史研究,2000(19/20):97 – 126.

第二节　为侵略助力的出版宣传

一、馆报馆刊创办时间及刊名由来

馆报、馆刊系由其所属图书馆主办、编辑及印行,这决定了馆报、馆刊必然为其所属图书馆服务、宣传的特性,办馆思想不止会在其报刊中流露。日本在中国所建立的图书馆,本质上是为文化侵略提供保障和服务,服务于这种目的的图书馆所办的报刊,当然不会只是作为通常的介绍馆务、报道馆情、推荐馆藏、进行图书馆学术交流的图书馆窗口,而是会在宣扬军国主义、殖民主义、美化侵略、麻醉读者等方面发挥作用。更多的情况下,其对读者不做直接而生硬的思想宣传,而将其思想巧妙地植入图书馆工作及活动的介绍与报道中,以使读者在"细雨润无声"中不觉受到浸濡。

日本在华所建图书馆的馆报馆刊,从近现代图书馆事业发展、图书馆学研究、学术刊物的编辑出版等角度考察,无论内容还是形式,多有研究价值,不乏可取之处,但报刊所夹杂的侵略思想也相当可观,其鄙视中国而唯日本独尊的气息,从各种形式的文字与图片中袅袅散发。代表性的报刊有"满铁"大连图书馆的馆刊《书香》,北京近代科学图书馆的《北平近代科学图书馆馆刊》《北平近代科学图书馆丛刊》《书渗》,"满铁"哈尔滨图书馆馆刊《北窗》等。

《书香》创刊于 1925 年 4 月,曾有意取名《书窗》,后因为"没有查到此名有何典故,而典故又出自何处"①便放弃了。最终定名为《书香》,采纳的是"满铁"大连图书馆的松崎鹤雄的建议,取自中国明朝藏书家、目录学家徐火勃《题儿陆书轩》的"青箱业,教儿陆,继书香,尔当勖"②。到 1944 年 12 月,在这将近 20 年的时间里,《书香》断断续续刊行了 170 期,经历过休刊和复刊——1926 年 3 月,在《书香》连续发行了 12 期后暂时休刊,1929 年复刊,尽管期间分别于 1940 年 4 月、7月、9月,1941 年 1 月又停过几期,但一直坚持到了抗战胜利前。从出版物性质上说,尽管初创时的《书香》属于月刊,每月 10 日出版,后改为季刊,但在刊头标

---

① 稻村徹元.大连图书馆报《书香》[J].彷书月刊,1988(6):8.
② 范凤书.中国著名藏书家与藏书楼[M].郑州:大象出版社,2013:98.

明的却先后是"满铁大连图书馆报""满铁各图书馆馆报",在 1937 年"满铁"附属地行政权移交给伪满洲国后,又改为"大连图书馆报"。

北平近代科学图书馆在 1936 至 1945 的 9 年存续期间,印行有《北平近代科学图书馆馆刊》《北平近代科学图书馆丛刊》《书渗》等馆办刊物。《北平近代科学图书馆馆刊》以下简称《馆刊》,创刊于北平馆开馆仪式 9 个月以后的 1937 年 9 月。当年 11 月,第 2 期出版;1938 年 2 月第 3 期出版,7 月第 4 期出版,12 月第 5 期出版;1939 年 7 月在第 6 期出版后中断。该刊"编辑发行兼印刷者"为名列北平馆"主要职员"的"会计系主任"石仓善一①。在北平馆开馆整整一周年的 1937 年 12 月 5 日,亦即在《馆刊》第二与第三期之间,北平馆出版《北京近代科学图书馆一周年报告》,以"馆刊临时号"的名义印行。

在《馆刊》面世后,北平近代科学图书馆又相继编印了《北平近代科学图书馆丛刊》(以下简称《丛刊》)、《书渗》两个馆刊。《丛刊》创刊与结束日期不详,但至少印行了 30 期②,在《馆刊》停刊后继续印行了 4 期。《丛刊》每期选择一至三篇《馆刊》刊载的文章转载,每期页数因所刊文章篇幅长短不一而不等。

表5　北平近代科学图书馆《丛刊》与《馆刊》部分文章刊载对照

《丛刊》期号	题名	《馆刊》发表时间及期号
1	日本精神与近代科学	1937 年 9 月第 1 期
2	宋元理学史上的"心即理"思想	1937 年 11 月第 2 期
3	航空生理	
4	墨之物理的研究	1938 年 2 月第 3 期
5	绘卷物之艺术民俗学的意义	
6	关于琥珀与磁石的东洋科学杂史	
7	都市与骚音	

---

① 参见:1937 年《北京近代科学图书馆一周年报告》。

② 王灿炽.北京史地风物书录[M].北京:北京出版社,1985:235.

《丛刊》期号	题名	《馆刊》发表时间及期号
8	默照体验的科学的考察	1938 年 7 月第 4 期
9	近代绘画上的自然观	
10	中国文学与日本文学之交涉	
11	自然与人融合一体之光荣美丽之国永远不变之日本容姿	
12	十九世纪研究;中宫寺的观音;麻雀和人类的爱	
13	转生(对译,一、二)	1938 年 2 月第 3 期、7 月第 4 期
14	译歌一小径;足迹;猫	1938 年 7 月第 4 期
15	日本语和日本精神	1938 年 12 月第 5 期
16	三浦梅园的示唆	
17	南画的位置	
18	塔;麴町通信	
19	黄河之风土的性格	
20	母亲的死和新的母亲(对译)	
21	东洋民族与日本文明	1939 年 7 月第 6 期
22	中国与武士阶级	
23	日本思想史上否定之论理的发达(上)	
24	日本音乐发达之概观及其本质	
25	落叶松、鼻(对译);土佐日记·方丈记抄(对译);日本古歌诠释(四)	
26	北京的都市形态概报	
27	宋代的杂谣	停刊
28	码头和埠头——中国港湾所表现之南北两类型	
29	日本思想史上否定之论理的发达(下)	
30	不详	

资料来源:北京近代科学图书馆编 1939 年 12 月版《北京近代科学图书馆概况》。

表 5 显示,《馆刊》第 1 期只有 1 篇文章被选入《丛刊》;第 2 期《馆刊》有 2 篇文章被选入两期《丛刊》;第 3 期《馆刊》有 5 篇文章被选入 5 期《丛刊》;第 4 期《馆

刊》有 11 篇文章被选入 7 期《丛刊》;第五期《馆刊》中有 7 篇文章被选入 6 期《丛刊》;第六期《馆刊》中有 10 篇文章被选入 6 期《丛刊》。《丛刊》文章的取舍反映《馆刊》文章在编者心目中的轻重。《馆刊》停刊后,《丛刊》刊载的文章篇数减少到每期 1 篇,可见《馆刊》与《丛刊》的盛衰关联。两刊均以中文编辑,显然是为中国读者准备的;《书渗》则主要以日文编辑,之间夹杂一些中文如中国人写的文章祝词及中日文对照等,可见是将读者定为日本人、有一定日语基础的中国人以及正在学习日语的中国人这三类人。

《馆刊》第 1 期与第 2 期的编排比较简单,目录上只分列了"资料"(反映往昔社会状况)、"本馆记事"、"书志"(书目)三个栏目,其他文章都未进行分类。自第 3 期起,增添了"想苑"(思想园地)、"对译之页"(中日对照)两个栏目,自第 4 期起又加了"素描"(人物事迹等)栏目。不知何故,《馆刊》创刊号上不见宣称创刊缘由与刊物主旨的"发刊辞",因而不免令人感到有些突兀。《馆刊》于 1939 年 7 月仅仅出版了 6 期就如同创刊时的倏忽而至又戛然而止了,且原因不明,而显然《馆刊》编者对《馆刊》的夭折也始料不及,因为终期上有一篇《日本思想史上否定之论理的发达》,只刊载了上半部分,显然后续部分原是预备连载的。

《书渗》创刊于 1938 年 8 月 30 日,1944 年 4 月 25 日终刊。主要内容有该馆的日志、接待读者及所办日语学校状况、馆务及各种活动、展览会等活动,馆办日语学校学生日语作文,虽然每期只有 8 页(16 开),但用 6 号字印刷,信息量颇大。尤其在 1939 年《馆刊》停刊后,成为北平馆信息动态几乎唯一的披露渠道。编辑人与发行人为名列北平馆"主要职员"的秘书菊池租①。从刊头看,《书渗》是一份"月报",实际在创刊四个月后才印行了第二期。翌年的最初三个月里虽然按月出刊,却也日期不同,分别为 1 月 31 日、2 月 18 日、3 月 12 日,似乎存在随意性。而之后未按月出刊的情况也不时出现,故而终刊时也才印至第 55 期。

哈尔滨图书馆馆刊《北窗》系日文刊物,创刊于 1939 年 5 月,1944 年 3 月终刊,共发行 5 卷 28 期(其中两次 2 期合刊),除第 4 卷第 2 号至第 6 号(1942 年 4 月—12 月)、第 5 卷第 5、6 号杂志未按期出版外,其余均隔月面世。刊名"北窗"取自我国宋代翁森《四时读书乐》中诗句:"北窗高卧羲皇侣,只因素稔读书趣。"

---

① 参见:1937 年《北京近代科学图书馆一周年报告》。

图 13　日本人办的北平近代科学图书馆馆刊之一《书滲》

又《晋书·陶潜传》中句："夏月虚闲,高卧北窗下,清风飒至,自谓羲皇上人"等。该刊 A5 幅面,各期页数少则 64 页多则 180 页(非合刊)不等。可见编者只随稿件多少与长短,并不刻意限定刊物页数。

二、《北平近代科学图书馆馆刊》作者多为学者

表 6　《北平近代科学图书馆馆刊》刊载转载及作者译者情况

《馆刊》期号	刊登文章篇数	转载文章篇数	日本作者人次	中国著译人次
第 1 期	13	2	9	4
第 2 期	11	5	9	4
第 3 期	12	2	11	3
第 4 期	19	15	18	18
第 5 期	18	16	19	17
第 6 期	18	13	17	16
总计	91	53	83	62

资料来源:北平(京)近代科学图书馆馆刊。

从表 6 可以看出,《北平近代科学图书馆馆刊》刊登的转载文章篇数与中国著译人次自第 4 期开始有较大增长,这固然是刊物转载文章量增大、对中国作者及译者的依赖性增加的表现,而实际上也与《馆刊》编者前期编辑文章不规范、不重视标明文章来源及著译者姓名而难以准确统计有很大关系。《馆刊》后期之所以成为文摘型期刊,显然与首发稿源不充裕有关。而做文摘的结果,虽然可以选取更有分量的稿件,但同时也使稿件更与编者的思想倾向相合。

对《馆刊》进行统计,以民国时期且具名的作者为限,共有 58 位日本作者,其中:多数为大学教授身份的学者,共 48 人,占总数接近 83%;作家 8 人,占总数接近 14%;另有官员及身份不明者各 1 人。中国作者及译者为钱稻孙(1887—1966)、柯政和(1889—1979)、傅仲涛、张我军(1902—1955)、张天曦、徐祖正(1895—1978)、洪炎秋(1899—1980)、苏民生(1896—1988)、尤炳圻、彭鉴等共计 10 人,其中:学者(教授 7 人)8 人,占总数 80%,另有医生及名列北平近代科学图书馆"主要职员"的秘书各 1 人。10 人中有日本学历背景者 7 人。

以上数据表明,学者身份的中日作者与译者占了总人数 80% 以上,此比例说明《馆刊》是一份偏向专业性、具相当学术性的研究型期刊,决定了它的读者对象是有较高文化层次的群体。

三、馆报馆刊内容贴合侵略形势

"满铁"图书馆馆刊《书香》与《北平近代科学图书馆馆刊》相似,也是一份颇

具学术性的研究型刊物。创刊初期,除刊有"书评""新书目录""读书随笔""县志文献""中国图书界概况""出版界动态"等内容外,也大量刊登有关馆藏文献、读者工作等图书馆学术研究方面的文章。而随着日本侵略节奏的加快,《书香》的政治倾向性也渐趋明显。尤其在"九一八事变"之后,从《书香》选编的文章来看,中国(特别是东北地区)、时局等问题的研究文章渐增,甚至连战时日本军部的书信也出现在馆刊的版面上了。

图 14　"满铁"图书馆馆刊《书香》首页

早在"九一八事变"爆发前四个月出版的第 26 期《书香》刊登了文章《满铁图书馆的使命》，主张图书馆应该与现实和地域相结合，已使人隐约感觉到暴风雨来临前夕的征兆；"九一八事变"爆发后三个月出版的第 33 期《书香》上刊登了木谷义雄的《时局与图书馆》，说图书馆"应从时局相密切的立场出发"云云①，公开鼓吹图书馆要紧跟侵略形势；中国东北沦陷后，《书香》更设立了"事变专栏"，集中刊登了包括《满洲事变与图书馆》《满洲事变与世界正体》等文章，刊登"满铁"日本桥图书馆的"奉天事变展览会"消息。1937 年 9 月济南沦陷后，《书香》编发《山东文献特辑》，为"帝国的皇运长久"②而欢呼雀跃。在"满铁"图书馆举办旨在精神慰问前线日兵的"阵中文库"后，《书香》连续刊登《阵中文库宗旨书》《阵中文库的反响》等，更将日军旅团长、联队长和普通士兵等多人对"阵中文库"的感谢汇集刊发出来③。

图 15   钱稻孙题写刊名的《北京近代
科学图书馆馆刊》

《北平近代科学图书馆馆刊》的办刊宗旨与日本政府对中国的文化政策是否

① 丁宗皓. 中国东北角之文化抗战 1895—1945[M]. 沈阳:辽宁人民出版社,2015:279.
② 参见:剩语[J]. 书香,1937(103).
③ 邢军. 从《书香》看满铁图书馆的历史及其职能[J]. 图书馆学刊,2011(12):117.

一致,本是没有悬念的问题,该刊编者在创刊之初即明确表明立场与政治态度。该刊创刊时,正值"七七事变"发生后两个月,该刊编者于一篇《日本精神与近代科学》文后,加按语道:"此次中日事变,在日本方面以极大之努力,谋使事件之不扩大为方针,但观南京政府对于最近乖戾之政策,造成险恶之现状,吾人殊抱遗憾。永井教授此篇论文,系成于事变前,倘作于此时,想必稍附其宏深见解也。"①由此可见,该刊并不隐讳其欲为侵略服务之心。从内容上看,主要表现为:

其一,以"介绍日本"为办刊宗旨。

北平近代科学图书馆为庆祝成立一周年印行了一个馆务《报告》,其开篇为时任代理馆长山室三良的一篇序言,其中一段是:"在东亚时局大转换之际,本馆的使命愈发重大,当更加向介绍日本文化,唱明东方文化的使命迈进,促进东亚二大民族的提携与融合。"②《馆刊》虽然因为没有"发刊辞"而妨碍了读者对该刊宗旨的直接了解,但从其刊载的内容来看,显然与该馆创办的目的、任务及其馆长宣称的"使命"完全吻合。

因为致力于文化侵略,《馆刊》刊载的文化类文章占了很大比例是自然的。"介绍日本"当然是《馆刊》编者的核心思想。除去诗词创作与作品、书刊目录、馆务馆况,《馆刊》内容可分为 18 类:民族、戏剧、建筑类各 1 篇,其中 2 篇为日本主题;音乐、法律各 2 篇,其中 2 篇为日本主题;医学、风土、城市、地学类各 3 篇,其中 5 篇以日本为主题;教育、科技、历史、文化场馆各 4 篇,其中 8 篇以日本为主题;艺术、宗教类各 5 篇,其中 6 篇以日本为主题;哲学 13 篇,其中 5 篇以日本为主题;语言与翻译类 23 篇,全为以日本作品为范文;文学类 12 篇,其中 9 篇以日本作品为主题。综上所列,以日本为主题或专论日本的文章占总篇数的 63%。

《馆刊》所载文章试图通过宣扬日本民族如何优异、日本精神如何伟大、日本科技如何先进,在自夸的同时对中国则不同程度地予以贬损,意在使中国人对日本产生敬畏而自惭自卑,由崇拜日本而心甘情愿地俯首称臣。在此目的下的办刊方针,自然是要说明日本"一切皆好""一切好于中国",这决定了《馆刊》编者对所刊文章的选择。而《馆刊》上的大多数文章系转载于日本书刊,如《南画的位

---

① 永井潜.日本精神与近代科学[J].北平近代科学图书馆馆刊,1937(1):28.

② 参见:1937 年《北京近代科学图书馆一周年报告》中山室三良所作的序。

置》原载于《南画鉴赏》第 7 卷第 6 号、《日本语和日本精神》原载于《国语运动》第 2 卷第 7 号、《孔子在东亚史上的地位》原载于《东洋史研究》1938 年 12 月号、《东洋民族与日本文明》原载于《文艺春秋》1939 年 1 月号、《中国与武士阶级》原载于《史学杂志》1939 年 1 月号、《北京的都市形态概报》原载于《地理学评论》1939 年 3 月号、《民船的船名》原载于《学丛》第 7 号、《日本音乐发达之概观及其本质》摘载于《国民精神作兴丛书》第八辑《日本精神与音乐》等,对于转载文章的选择,更清楚地显示出编者的思想倾向与居心用意。

表 7 《北平近代科学图书馆馆刊》所刊文章分类统计

序号	类别	篇数	序号	类别	篇数
1	教育	4	10	文化场馆	4
2	医学	3	11	哲学	15
3	风土	3	12	地质与地理	3
4	科学与技术	4	13	戏剧	1
5	城市	3	14	宗教	5
6	音乐	2	15	法律	2
7	历史	4	16	艺术	5
8	语言与翻译	23	17	文学	12
9	民族	1	18	建筑	1

注:北平(京)近代科学图书馆馆刊所载诗词创作、该馆馆况馆务、藏书书目等内容未计在内。

其二,从各个方面颂扬日本。

《馆刊》的作者之一、生理学家永井潜(1876—1957)1937 年 6 月撰文说"近来在日本,所谓日本精神的倡导盛极一时;而且为鼓吹日本精神,或在大学和专门学校为学生举行特别讲演,最近复创设直隶于文部省(即教育部)的日本精神文化研究所"[1]。显然《馆刊》的编者对来自日本官方的倡导是敏感的,而且做了积极的响应,这从《馆刊》刊载的有关"日本精神"的文章中可以看得出来。

最典型的是第 4 期上刊登的原载于《东京朝日新闻》上的一篇吹捧"日本精神"的文章,作者是一与日本官方有来往的西方人,到日本做了半个月的走马观

---

① 永井潜. 日本精神与近代科学[J]. 北平近代科学图书馆馆刊,1937(1):8.

花。他有如怀揣炽炭，用诗一般的华丽辞藻堆砌出对日本的赞歌，仅从题目即可见一斑：《自然与人融合一体之光荣美丽之国永远不变之日本容姿》。对于"日本精神"，他用"纯洁无垢"来形容，并用"无垢精神"形容日本的国民与军队。对于由1938年日军挑起的上海"虹桥机场事件"而引发的中国自卫抗战的"八一三事变"，故意隐去前因与发生地，含混地说成是日军以少胜多的光荣战例："日本陆战队，突然受到中国军的发炮攻击，以寡兵抵住了八万乃至十二万多数的中国军的兵力。结局，增援军全部登陆之后，便将三十万的中国军队驱逐了。"自称在荣幸地与日本政府长官晤面时、在各阶层人们当中都再一次看到了"日本精神"。①

《馆刊》创刊号上的一篇《空中怪物·航研长距离机》，称日本研制的"神风"号飞机持续航程将成为世界第一，这是《馆刊》所刊夸赞日本科技先进的代表性文章。显示日本科技水平与科研能力的文章还有同样刊在创刊号上的《人工培养之腐朽的研究》《温泉治疗的话》，第2期上的《华北之黑热病》，第3期上的《墨之物理的研究》，第4期上的《默照体验的科学的考察》等。

同样的，在《馆刊》编者心目中，日本的音乐是世上最"高级"的音乐，日本的教育也完美无瑕。1937年8月上旬，世界教育会联合会第七届大会在日本东京举行，《馆刊》第2期刊载了日本代表向大会提交的三篇论文，其中一篇为《日本教员的性格》。作者将这篇名为性格研究的学术论文写成了日本教师的一曲颂歌。

《日本教员的性格》的作者从理想或臆想出发，说日本教师的性格是"以道德为其基础"的，日本教师"不是依智说道的，是依靠以身行道而实行教育"。因为"教员之执教是为行道于天下"，所以教师"不是普通意味上的职业"而"带有非职业的性质"，加上"尊敬教员是日本古来的醇美的传统"，如此为人师者与社会环境，造成日本重人格与道德的文化，造就日本"不是单纯的文化国，乃是道德的文化国"②。完全罔顾月前日本刚刚发动了全面侵略中国的战争的事实。这次教育大会还因日本方面执意邀请其扶植的伪满洲国的代表列席会议，中国代表拒

①　Claude Farrere. 自然与人融合一体之光荣美丽之国永远不变之日本容姿[J]. 尤炳圻，译. 北平近代科学图书馆馆刊，1938(4)：68-69.

②　长田新. 日本教员的性格[J]. 北平近代科学图书馆馆刊，1937(2)：86-87.

绝出席大会。《馆刊》的编者似也不觉得文章与现实有何反差、现实对文章具何讽刺意味。

《馆刊》上其他反映日本在历史、法律、地理、文学、社会、哲学、民俗等方面的科研视角与触角的文章，有载于创刊号上的《京山李维桢传考》，第 3 期上的《唐律令与其历史的意义》，第五期上的《黄河之风土的性格》《从西湖三塔说到雷峰塔》《诗经的星》，第六期上的《北京的都市形态概报》《孔子在东亚史上的地位》《中国与武士阶级》《民船的船名》等。总之，《馆刊》编者着力给读者造成日本各项事业的建设与研究都处世界领先或正全面快速推进的印象，着力使各篇文章成为办刊宗旨服务、美化日本的工具。

其三，自褒立于贬他之上。

《馆刊》中的文章既然将日本描绘成地球上的理想国，自然也就觉得相较于世界其他国族，日本都是出类拔萃的。比如《日本精神与近代科学》认为日本"拥有为日本精神所创始所拥护下来的万邦无比之国体"①。《日本音乐发达之概观及其本质》认为日本音乐胜于西方，西方人在艺术中的情感显现近乎野蛮人，而日本人依恃武士道的修养与精神，对于情感的表现更加高级②。

睥睨天下，傲视西方，东亚诸国当然更不在眼里。日本人喜欢讲"地缘"，《馆刊》第 3 期上关于东洋科学杂史，第 6 期上关于东亚史上的孔子、东洋民族与日本等文章。其中最后一篇是将东洋三国——日本、中国、印度的文明文化作对比，作者的结论当然是日本的好：就造就文明的文化来说，认为中国与印度的文化都是属于一部分人的"阶级文化"，而日本文化则是全民性的"民族文化"③。

《馆刊》中既然不乏显示日本人强烈的民族自豪感与优越感的文章，作为一种伴生物，藐视、指责乃至痛斥中国人及其文化的文章当然不会缺席。日本颇负盛名的东方美术史家金原省吾（1888—1963）在《馆刊》第 5 期上的一篇《南画的位置》，对于中国古代画风的地域派别的研究不可谓不深入，但他又说："中国今

---

① 永井潜.日本精神与近代科学[J].北平近代科学图书馆馆刊，1937（创刊号）:14.

② 田边尚雄.日本音乐发达之概观及其本质[J].洪炎秋，译.北平近代科学图书馆馆刊，1939（6）:122－123.

③ 长谷川如是闲.东洋民族与日本文明[J].洪炎秋，译.北平近代科学图书馆馆刊，1939（6）:90.

日艺术家中不幸没有可观的人物。所以这个南画的问题,岂不是须由日本负责去做么?"①馆长山室三良在《馆刊》上以书信方式发表的文章中,就中日翻译对方的典籍数量存在巨大悬殊,一再指称是因为"中国人的怠惰",教训中国人"应当反躬自省",还说那种认为日本并无自己固有的文化、其文化不过是从中国传过去的认识,是许多中国人怀有的一种偏见,是"大错"②。山室三良批评中国人的态度,与其他一些日本人相比已算温和,但字里行间仍不免夹杂几分居高临下的气息。

《馆刊》第 4 期所刊盐谷温(1878—1962)③的《中国文学与日本文学之交涉》,则蛮横之气扑面而来。他在《中国文学与日本文学之交涉》一文中这样写道:"日本所以成为东洋的盟主,不仅是借武力的光,实是日本文化优秀的缘故。皇威照耀之处,皇军的连战连捷,决不仅是由于武力的强。完全不外乎为我精神文化所压倒。换言之,中国人因为弃掉了可宝贵的自国的精神文化,正在那里自掘墓穴。实在可怜之至。"④其言论与日本军国主义者如出一辙。

《馆刊》第 5 期上的一篇《日本语和日本精神》是哲学家谷川徹三(1895—1989)1937 年 5 月在日本东京国语协会第二届总会上的演讲速记稿,在反思汉语融入日语的历史与现状的言辞中,透露出对日语接受汉语的不以为然以及对汉语的蔑视⑤。

其四,为"中日提携"呐喊。

《馆刊》的文章中,有不少内容涉及中国,人、事、物要么属于中国,要么发生于中国,要么发明发现于中国而传至日本,要么中国与日本同样拥有悠久的历史,要么日本对于源自中国的事物存在继承关系,《馆刊》编者"醉翁之意不在酒",既强调对此做深入的科学研究而揭示其面貌、规律或本质的都是日本人,同时也可拿来作为"中日提携"的注脚。对于中国与日本文化源远流长的交流,《馆

① 金原省吾.南画的位置[J].洪炎秋,译.北平近代科学图书馆馆刊,1938(5):42.
② 山室三良.一封信[J].北平近代科学图书馆馆刊,1937(创刊号):76 - 78.
③ 盐谷温出身于日本汉学世家,是研究中国文学的著名学者。
④ 盐谷温.中国文学与日本文学之交涉[J].洪炎秋,译.北平近代科学图书馆馆刊,1938(4):38 - 39.
⑤ 谷川徹三.日本语和日本精神[J].张我军,译.北平近代科学图书馆馆刊,1938(5):4 - 11.

刊》的编者显然偏好持如此观点的文章:原属或源自中国的事物,多是由日本发扬光大或是被日本化腐朽为神奇的。且这类文章的论点常常与赞颂所谓"日本精神"相联系。山室三良的《一封信》,即称儒教、老庄、佛教虽传自中国,却是由日本"乳育成功"的,因为"日本委实有自家独特的精神",所以能将外来的文化"深进"为日本的文化①。

《馆刊》创刊号上,永井潜在《日本精神与近代科学》一文中,极力夸赞日本精神具有"伟大的包拥力、同化力":从中国引进的茶,是在"爱好古雅、闲寂、清静的日本精神"的作用下方得以"醇化",形成日本独特的茶道;同样传自中国的刀剑铸造法,是在日本得以"发达"而造出了日本刀,并成为日本武士精神的象征;源自中国的仁义忠孝的儒家教义也是"因为栽种于所谓日本和日本人这种良好的土地,才至于开了美花,结了好果";甚至说中国虽有"孝"但没有日本精神中的"忠"。岳飞、文天祥一类的忠臣,比不过日本国民对皇室的尊崇忠诚②。言下之意是鼓吹日本至上,日本优于中国。

与盐谷温一样,永井潜也是头脑中有军国主义思维的学者。"一战后,德国医学界兴起'优生运动'也漂洋过海来到了日本,1930年,从德国哥廷根大学归国的东京帝大教授永井潜效仿德国,成立'日本民族卫生学会',公然宣扬'人种优生论'、'劣等民族及残疾人应当被净化'等右翼思想。……1937年他前往台北帝大担当医部长,在他默允下,同为东大出身的细菌学教授细田省吾就利用台湾6名精神病患者进行立克次氏体伤寒感染的人体实验。"③1943年元旦,永井潜以伪北京大学医学院名誉教授身份,在新民会报刊上以《同心戮力完成圣战》为题发表新年感想。称"在过去之间,大东亚战争,获得有史未有的赫赫战果",而这得感谢日本在战争中死去的有名无名的"勇士",是他们用自己的牺牲使这年岁变得"伟大";称大东亚战争是"要保护亚细亚的土地、亚细亚的人民和文化,以防英美再来侵略、榨取的战争",是"解放东亚的圣战,也可以说是保存中国、救护中国的一役"。所以每一个中国人都应该"倾注全神全力,为大东亚战争效

① 山室三良.一封信[J].北平近代科学图书馆馆刊,1937(创刊号):78.
② 永井潜.日本精神与近代科学[J].北平近代科学图书馆馆刊,1937(创刊号):12-14.
③ 文嘉.日本医学界为何参与731部队人体实验,战后又拒绝反省[EB/OL].[2017-08-28].https://www.thepaper.cn/newsDetail_forward_1774323.

命!"并希望中国人"于文化战线上……提供资源,为经济战协力!"①

　　其他的,还有《黄河之风土的性格》对黄河作了全面、深入的研究,篇末有一段话是:"倘若'土木日本'的技术和智能,能使黄河几千年以来的水患与治水的困难告终,那么具有多年永耀之历史的中原农业,也许将与'四千年之百姓'走上飞跃而又隆盛之域罢。"②《北京的都市形态概报》的作者在对北京城的各种设施进行了细致全面的考察后,也表示希望用日本先进的科学技术"来协力于北京的形态完成"③。对发生于中国华北的"黑热病"疫情,在《华北之黑热病》一文中即特地说明是由日本方面先后请日本昆虫学家及其助手、上海自然科学研究所(日本人开办)的研究人员开展研究的④,等等。

　　其五,竭力助推日语传播。

　　北平近代科学图书馆非常热衷日语办学,除了开班教授日语、举办日语讲座,还编纂印行各种日语课本、日文补充读本。与此相配合,《馆刊》《书渗》成为日语学习的重要宣传窗口。《馆刊》上与日语学习相关的,不仅内容多,而且形式多样。

　　钱稻孙所作日本古代诗歌的诠译,分载于《馆刊》第1—3、6期。《馆刊》自第2期开始,即载有日语讲习会与日语教材发行的报道。自第3期开始,又开设了中日文对照的栏目,每期都安排两三个名家作品,如被誉为日本自然主义文学先驱的岛崎藤村(1872—1943)的作品;"白桦派"代表作家之一、被誉为"日本小说之神"的志贺直哉(1883—1971)的作品;被誉为"国民大作家"的夏目漱石(1867—1916)的作品;以及芥川龙之介(1892—1927)、北原白秋(1885—1942)、相马御风(1883—1950)等人的作品。第3期还刊载了在北平近代科学图书馆学习日语的中国学生用日语写的习作,分别写的是《心中的希望》《春天的景色》及《一天的生活》。第4期上同时载有两篇钱稻孙在北平近代科学图书馆日语学校授课的讲稿,同时也都是北平近代科学图书馆所编日语教材《高级日

　　①　同心戮力完成圣战[J].新民报半月刊.1943,5(5):18.
　　②　佐藤弘.黄河之风土的性格[J].张我军,译.北平近代科学图书馆馆刊,1938(5):92.
　　③　木内信藏.北京的都市形态概报[J].洪炎秋,译.北平近代科学图书馆馆刊,1939(6):52.
　　④　佐藤秀三.华北之黑热病[J].北平近代科学图书馆馆刊,1937(2):63.

文模范教科书》的课文,分别是岛崎藤村的一首新体诗的分析讲解、20 首日本小诗的讲译;载有北平近代科学图书馆实行日语教育的情况,包括该馆开设的西城分馆所办西城日语学校的介绍。在第 4 期与第 5 期《馆刊》中,刊有《在外国的日本语研究》《日本语和日本精神》《日本语的节读》等日语专论文章。第 5 期《馆刊》还分别载有钱稻孙选译的日本古代诗文、对北平近代科学图书馆日语学校的介绍等。

总之,《北平近代科学图书馆馆刊》的编者在与日本政府相同立场的思想指导下,转载各种来自日本书刊的包括颂扬日本及"日本精神"、日本科技文化,贬低中华文化及斥责中国人的文章,意使中国人丧失民族自尊、对日本产生敬畏而于精神上臣服。又希图通过形式多样的日语辅导,使中国读者在语言学习中接受日本文化浸润。该刊在日本文化侵略中扮演了积极的效劳者的角色。

四、独树一帜殊途同归的《北窗》

《北窗》主编为先后任"满铁"哈尔滨图书馆分馆馆长、哈尔滨图书馆主事的伪满洲国知名作家与编辑竹内正一(1902—?)。竹内是 1932 年创刊的《文学》(后更名为《作文》)的创办者之一,《作文》是伪满洲国时期存续时间最长、影响力首屈一指的日文文学杂志,并且围绕《作文》,形成了同样是伪满洲国影响最大的文化社团,其成员被称为"作文派",多"由移居中国东北的日本左翼知识分子所组成"。《作文》的一些作者在伪满洲国建立时已在东北生活多年,在思想感情上产生了中国东北与祖国日本孰为故乡的变异,在意识上与日本当时主流的殖民意识形态相左,竹内更出生于大连,其思想意识观念自不待言。《北窗》的创刊,似或成为《作文》的翻版,其编者也流露出希望刊物不受政治干扰的意愿。而实际上,《北窗》是没有重走《作文》老路的可能的。

首先是社会及战争环境发生了变化。《作文》创刊于伪满洲国成立刚逾半年的 1932 年 10 月,那时虽然正值日本军国主义情绪高涨、侵略与扩张言论甚嚣尘上之时,毕竟日本发动的侵华战争还停留在局部战争阶段,对于能否征服中国及其征服的方式,日本国内尚未统一思想;对于整个东北的社会思想控制也还未能做到完全彻底,这是《作文》有生存空间的原因。而《北窗》创刊时日本发动全面侵华战争已将近两年,日本政府与军界中的战争狂人思想占据了

文化と敬虔

森下辰夫

康診断の後に非れば乗車下車は出來ない。降る
彼の猛病定期襲來の最中とて、旅客は厳重な健
ペストで有名な農安の驛を通つた。時あだかも
仲秋の麗しい一日、王帝廟への途次、列車は

様な秋陽の下にナヨ〳〵と打震ふコスモスの花
紅白美しいプラットフォームの一隅に一沫の哀
愁を殘して列車は驛を離れた。月をさへぎる者
とては一つとしてない廣漠たる草原を、列車に

驚いて飛立つ鳥が翼を紫色に輝やかせて小さく
なつて行く先は、一碧の大空がコツボリと覆ひ
かぶさつてゐるのであつた。其時である。私の
月は一窯の大車に漆付けられた。白馬と支那服
の御者は忽ち後に見えなくなつたがその行く道
は枯蘆を縫ひ乍ら長く列車に從つて來る。やが
て小川に出遇ふと忽ち右に折れ川に沿つて蛇行

图16　"满铁"哈尔滨图书馆馆刊《北窗》创刊号首页

主导地位。日本帝国主义对东北社会、思想、文化的控制日益严苛,经过数年对东北"反满抗日"文艺运动的持续扫荡后,又大力扶植日语报刊,《北窗》是在这样的形势下诞生的。在这样的客观社会环境里,《北窗》不可能拥有《作文》的自由,不可能游离于日伪统治者的监视之外。比如关东军的哈尔滨特务机关就对《北窗》怀有别样兴趣,而文献的收藏与情报的利用,本即图书馆与特务机关的伴生关系。哈尔滨特务机关长土居明夫就参加了 1944 年《北窗》杂志社举办的"北方文献恳谈会",看似突兀实则自然,他还在会上提出了文化研究应该为政治服务的要求。

其次,主编竹内正一在《作文》时期就是"作文派"中偏向温和的一位,而不比《作文》同人中的那些思想态度清坚决绝者;他在"满铁"就任的那些职位不低的职务,也表明其并非一个执拗地不愿与政府合作的人,至少显现了其思想性格中的多面性。比如一面表示希望杂志与政治脱离,一面又提出了符合日本政府利益与心思的所谓"北方志向"的办刊宗旨,他针对边境上日苏冲突不断的形势,语含深意道:"对苏关系日益紧张,北方正值多事之秋,《北窗》的意义尤为重要。"《北窗》创刊号代"编辑后记"的"杂录",出自执行编辑佐佐木正(中川一夫)之手的开宗明义第一句是:"拥有伟大文化的国民能够进行伟大的战争,拥有高度文化的国民能够忍受高度的战争。"如此自觉地将"文化"与"战争"联系起来,更将一场侵略战争用"伟大"讴颂,主动将文化的功能用于为战争服务。有这样的思想主导,文化综合性杂志的《北窗》的内容也就不难想见了。

《北窗》作者共 236 人,绝大多数均为日本人,《北窗》各期(3 期例外)设有"执笔者介绍"栏目,共介绍了 170 个作者的职业或住址。

表 8　《北窗》作者职业分类

官衙机构	12 人	图书机构	21 人
情报机构	13 人	科研机构	7 人
新闻出版	12 人	广播机构	5 人
宣传部门	9 人	艺术场馆	7 人
大中学校	46 人	协会团体	18 人
司法机构	4 人	其他职业	16 人

资料来源:根据"满铁"哈尔滨图书馆馆刊《北窗》进行统计。

　　日本在向中国实行文化侵略中,非常重视情报机构及新闻出版宣传机构的设置与运作。从表8中可以看出,其中广播、新闻出版及宣传部门的作者共26人,占总数超过百分之十五;情报机构的作者虽只占总人数将近百分之八,但在《北窗》中分布却较广,在总共28刊期中,只有7期没有情报机构的作者,亦即四分之三的期数上都有情报机构的作者出现。《北窗》与一般馆刊不同,它不刊登馆务活动动态,也不刊登馆藏目录讯息,而如竹内正一所愿,办成为一份文化综合性杂志。也唯其如此,其于文化思想上所花费的气力和心思更大,对于日本进行侵略所发挥的作用与产生的影响也有其独特性。单以各卷期刊载情况来看,直接以"文化"为题的文章不但数量多而且分量重。

表 9 　《北窗》各卷期所载直接以"文化"为论题的文章或专辑

文题或特辑	卷期	文题或特辑	卷期	文题或特辑	卷期
文化的敬虔	1－1	文化的性格	2－3	日本文化特质	3－4
文化问题所在	1－2	满洲文化展望	2－3	北方俄国文化探究	4－2
生活与文化	1－3	满洲文化诸文题	2－6	"满洲国"文化推进	4－3
文化与土地	1－4	民族与文化	2－6	职域与文化	4－4
文化断片	2－1	满洲文化与青年	3－1	开拓地文化课题	5－4

资料来源:"满铁"哈尔滨图书馆馆刊《北窗》。

　　表9中,《满洲文化的展望》《满洲文化与青年》《北方俄国文化探究》均为汇集了一组文章的特辑。除上表所列综论文化的文章外,《北窗》所发表的文章还分从历史、地理、文艺、思想、哲学、科技、语言、政策、伦理、法律、政治、工业、出版、教育、民族、宗教、民俗、战争、移民、青年、学术、建筑、图书及图书馆等各个方面,对文化命题进行了符合日本主流文化侵略理论及需要的种种阐述。

第四章　图书馆参与文化侵略的主要活动

作为人类文明象征的文化机构,图书馆即便难以做到在特殊社会环境下保持自清自洁,至少不应乐于为虎作伥。但实际上,日本在华所创办的图书馆不仅先天带有缺陷,后天更甘于与侵略者沆瀣一气。为配合日本政府的殖民统治,图书馆积极开办日语短期培训班,从而变身为殖民教育基地。抗战爆发后,图书馆更积极参与文化侵略活动,不仅举办各种展览以宣传所谓"大东亚圣战",更以组织诸如"阵中文库"等活动送书上前线满足侵略者的所谓精神需求、提供地图等资料方便侵略者查询、参与整理从战区掠夺来的图书等各种方式直接为军事侵略服务,彻底沦为侵略的工具。

第一节　办日语学校推广日本语

一、三大图书馆开办的日语学校的共同点

文化侵略的一个显著特征是侵略者在被占领国强行输入本国语言。日本在华建立的图书馆参与传播和宣传日语的方式,一个是将日文书刊作为馆藏建设的重点之一,一个便是以举办日语讲座、开设日语学校的方式推广日语教育。在这些方面,天津日本图书馆、北京和上海两家近代科学图书馆都不同程度地参与其中。

"日本人在对天津教育进行疯狂摧残的同时,又为他们自己新建了一批学校,以解决大量的侵略者子女入学问题,并为其培养侵略工具,以达到长期统治的目的。"[①]1922 年,天津松岛日本高等女校由此成立,首任校长是加藤秀。加藤秀任天津日本图书馆(以下简称"天津馆")馆长达两年,在此期间,该馆于 1942 年 11 月实行日语教学试验。建立于"七七事变"前夕的上海近代科学图书馆(以

---

① 赵宝琪,张凤民.天津教育史(上卷)[M].天津:天津人民出版社,2002:380.

下简称"上海馆")、北京近代科学图书馆(以下简称"北京馆")为配合侵华形势
而更加注重日语推广。

考察三个馆的日语教育,从学校的名称上看各有不同:北京馆1937年9月先
开设的是"日语讲习会",后在学习日语人数猛增的情况下,分别在北京东城、西
城、北城设立了三所"日语学校";上海馆于1938年6月组织"日语学习班",后由
于学习班的规模不断扩大而于1939年4月改称"图书馆附属日语学院";天津馆
在一定的日语教学试验的基础上,于1943年7月开办"日语讲习课"。它们的共
同点是:第一,在教学对象方面。他们都将目光聚集在中国普通民众和学生的身
上。北京馆早期的日语讲习会,后来的日语学校针对的都是北平民众,而日语师
范科招收的大多是学生;上海馆最初的日语学习班,学员都是普通中国人;天津
馆最先开始的日语教学试验,将该馆雇佣的华人职员列为试验对象。之所以如
此,首先,普通百姓、华人职员身处社会底层,受教育程度低,社会认识水平有限,
容易被教育;而学生思想单纯,生活阅历少,容易被诱惑。其次,从普通民众自身
来说,温饱、生存是第一要务,极易被"学会日语容易找到工作"的说辞打动。事
实上,以北京馆日语学校的师范科来说,相对而言,自此毕业的学生就业率的确
比较高,而且其所任职的机构以教育部门为主。比如,1939年毕业于师范科的
18名学生,其中,2人任职于图书馆并兼任教员、4人任扶轮小学的日语教师、1
人任职于淑德小学、1人在宪兵教习队、1人去了印刷局、"满铁"聘用了3人、"新
民会"接收了2人。故而,这样的日语学校被认为是"一个就职口的保证"[①]。

第二,在教学方式和教员配备方面。除了初期的"日语讲习会""日语学习
班""日语教学试验",以上三个馆都在正式开设日语学校的时候,按照受学者的
日语程度进行分等级教学。北京馆分初级班、中级班、高级班;上海馆分初级班、
中级班;天津馆设初等部、中等部,每周进行两次教学[②]。而教员主要来自于两个
方面:本馆的日方职员及外聘日语教员。初办日语学习班或日语讲座时,上海
馆、北京馆、天津馆的日语教学人员都由该馆馆员担任,如北京馆职员菊池租、安

---

① 徐佳峰.论解构主义翻译理论下的"忠实"原则——以《北京近代科学图书馆与〈日
本〉》翻译实战为例[D].南京:南京信息工程大学,2017:54.

② 天津日本图书馆.华人佣人日语讲习实施[G]//天津居留民团.昭和十八年事务报告
书.[出版者不详],1943:76.

田正明、吉野裕等人都曾兼任教员①。对图书馆来说,任用本馆职员充当日语教员,既省事又省钱,而且,图书馆的工作不限于图书编目、书刊整理、读者接待等,也承担社会教育的义务。

但是,教育毕竟含有较强的专业性,当日语学校规模逐渐扩大、受教育人数增多后,特别是中、高级班设立后,馆员进行日语教学显得有些力不从心,外聘人员遂成为首选,而外聘的日语教员有日、中两方教育文化界人士。以北京馆为例,日方人员有伊藤千春(国立北京大学工学院讲师)、栗田直躬(早稻田大学研究员)、永岛荣一郎(国立北平女子师范学院教授)、岛村义雄和袴田克己(北京中央广播电台特聘人员)、满石荣藏(中国驻顿日本宪兵教习队教官特聘人员)等;中方人员有苏民生(国立北平女子师范学院教务长)、张我军(国立北京大学工学院日语主任讲师)、尤炳圻(国立北平女子师范学院讲师)、沈启无(国立北平女子师范学院教授)、柯政和(北平师范大学教授)、钱稻孙(清华大学教授,后任北京大学图书馆馆长)等②。

显然,外聘的日语教员不乏精通日语和日本文化的中国学者。比如,柯政和曾于1919年赴日本攻读音乐,后在北京师范大学从事音乐教学;钱稻孙在日本完成了中学学业,1927年以后一度在清华大学教授日语等课程。他们的日本留学经历是他们被聘请担任日语学校教员的原因,但日方更看重的是他们教育家、翻译家、大学教师、文化学者的身份,他们与日本人的往还以及愿意为日本人所用,是日本人求之不得的向中国人做宣传的好材料——他们往日本人设立的讲台上一站,本身就是"中日提携合作"的鲜活实例,更何况还可以让他们在授课中现身说法地传达"中日亲善"的情意。

第三,在教材使用方面。既然是图书馆自己开设的日语学校,适合做教材的文献资源俯拾皆是,只需组织人力择而编之。北京馆编写的日语教材有《初级日文模范教科书》全六卷、《日文补充读本》全六卷等。其中,《初级日文模范教科书》里选用的文章,作者都是日本人。比如,北原白秋的《独神》、菊池宽(1888—1948)的《极乐》、菊池大麓(1855—1917)的《几何学的说明》、岛崎藤村的《隔

---

① 日语学校状况[J].北京近代科学图书馆馆刊,1938(5):146.
② 日语学校状况[J].北京近代科学图书馆馆刊,1938(5):145-146.

扇》、狄原井泉水的《知命之书》、松本亦太郎（1865—1943）的《候鸟》和《松叶仙人》、森鸥外（1862—1922）的《高濑舟》、德富卢花（1868—1927）的《自然和人生》等。无论体裁还是内容均庞杂丰富，既有古典文学，也有现代小说；既有俳句，也有散文。在开设日语"高级班"后，北京馆又于 1938 年 2 月编纂了《高级日文模范教科书》全三卷。与《初级日文模范教科书》的"对话体"不同，《高级日文模范教科书》则是"文章体"，其中有岛崎藤村的《千曲川旅情的歌》、谷崎润一郎（1886—1965）的《麒麟》等①。

　　另外如《日文讲读（二）》《会话》《日本文化史》等教材的作者也都是日本人，依次为夏目漱石、岩井尧男、村冈典嗣（1884—1946）。而《习字》与《日本事情》均为日本文部省所编，只有《文法》出自中国人张我军之手②。

　　上海馆除了使用自编的教材外，还使用其他日语学校的教材，如日本东亚学校的《日本语读书》、上海大松日语专修学校的《日本语讲义》等，同时也使用中国人编的教材，如蒋君辉的《现代日语读本》、丁卓的《中日会话集》等③。

　　从教材书目可以发现，以上图书馆所办的日语学校除了传授日语语言外，也很注重日本文化的灌输，即不单是将单词、语句、文法等作为教学目标，更注重对于日本文化的宣扬。

　　第四，在学员人数方面。"七七事变"后，出现了学习日语者众多的局面，这是日本威逼利诱推行日语教育的结果。北京馆由开办临时日语讲座发展到创设由各层级组成的日语学校；上海馆开始时创设的日语学习班一步跨越到附属日语学院，最直接的原因便是就学人数的迅速增加。以北京馆为例，从 1937 年 9 月首开日语讲座到 1938 年底，"卒业生达 555 名"④；参加基础讲座、补充讲座、师范科、日语研究会的所有学生，总数达 1325 人。而在其中，青少年成为日语学习的主要群体，比如，北京馆 1938 年 3 月初、中级班的 189 名学员中，学生有 132 名，

　　①　徐佳峰.论解构主义翻译理论下的"忠实"原则——以《北京近代科学图书馆与〈日本〉》翻译实战为例［D］.南京：南京信息工程大学，2017：53.
　　②　日语学校状况［J］.北京近代科学图书馆馆刊，1938（5）：145.
　　③　参见：日本语学习指导概况：昭和十三年十至十二月［R］.上海日本近代科学图书馆，1939.
　　④　参见：日本外务省外交史料馆藏《北京近代科学图书馆关系杂件（第四卷）》之《北京图书馆日语学校学级担任者选任报告：昭和十四年一月》。

占总数的 69.8%①。1938 年 10 月至 1939 年 3 月,在上海馆日语学校学习的 49 名正式学员中,14—29 岁的有 37 人,占总数的 75.5.%②。显然这种状况的出现深合日本人的愿望。

二、北京近代科学图书馆日语学校的规模化

作为图书馆开设日语学校的典型代表,北京近代科学图书馆的日语学校无论从规模、时间,还是人数等方面来说都堪称成效显著。首先,图书馆先后开设了三所日语学校,分别是:1937 年 9 月上旬开办的东城日语学校,坐落于王府大街 9 号;1938 年 3 月 5 日开办的北城日语学校,坐落于地安门内黄化门大街 4 号;1938 年 6 月 7 日开办的西城日语学校,坐落于小酱坊胡同 18 号的"西城分馆"。其次,图书馆开设的日语学校授课方式以"讲座"为主。讲座从开始到发展依次分为"日语讲习会""补充讲座""基础讲座""音乐讲座"等。另外,还开办了专门培养日文教员的"师范科",增设了便于日语更高层次人才交流、具有专业日语学校性质的"日语研究会"。

1. 日语讲习会

依日本人的解释,北京近代科学图书馆最初开设日语讲习会是为了使中国人能够流利顺畅地阅读馆内收藏的大量日语图书③。能够阅读日文书刊的确能够成为理由,但那不过是日本人为了达到让中国人从口齿到心肺接受日本文化的目的而已。北京馆对于从语言入手的文化侵略,既意识明确又态度积极,早在 1936 年 12 月开馆时便有"开办一日本语讲习会"、将其作为该馆的一项事业的打算。该计划之所以在"七七事变"之前始终未能付诸实施,图书馆的借口是"无室可辟"④。实际上是受当时社会环境的形格势禁,所以在"七七事变"后方两月,讲习会就开设起来了。而馆方也承认,"事变的勃发"成为北京馆日语讲座兴起

① 参见:日本外务省外交史料馆藏《北京近代科学图书馆关系杂件(第三卷)》之《日语基础讲座第二期开讲:昭和十三年四月》。
② 石嘉.抗战时期日本在上海的文化侵略——以上海日本近代科学图书馆为例[J].江苏社会科学,2015(1):223.
③ 徐佳峰.论解构主义翻译理论下的"忠实"原则——以《北京近代科学图书馆与〈日本〉》翻译实战为例[D].南京:南京信息工程大学,2017:53.
④ 日本语讲习会[J].北京近代科学图书馆馆刊,1937(2):186.

的"契机"①。

所谓"契机",一是日本占领了华北,造就了可推行日本语言学习教育的社会环境;二是北京广播电台从 9 月初起开播了一档日语节目,每周一、三、五日下午 5 时开始,持续 30 分钟。这个时间段正好是图书馆闭馆时间,没有读者,阅览室处于闲置状态。于是,图书馆辟出一间小阅览室,又准备了一台收音机,供读者集中收听日语广播。为鼓励更多的人前来接受日语教育,图书馆为每位前来参与收听的人免费发放一份《日本语讲座教材》。9 月 8 日,日语讲习会正式开张,首批读者只有 24 人,但随后陆续增加到 60 人②。

2. 日语补充讲座

只用收听广播的方式显然无法满足日语学习需要,学生既没有开口实践机会,又不能获得老师面对面地指点。况且,图书馆临时辟出一间小阅览室作为收听场所也不是长久之计。于是该馆决定,专门腾出一间阅览室,配备必要的桌椅板凳,自 10 月 8 日起,每周五下午在日语广播结束后,由该馆选出的一位日本籍职员充作讲师,再为学习者讲授三四十分钟,同时解决学生提出的学习中的问题。此为"日语补充讲座"③。

3. 日语基础讲座

北京馆自编的日语教材《初级日文模范教科书》在日语热初起时非常受欢迎,故一再编印,一直编到第六卷。其中第一卷"在三年间反复印刷了二万九千四百册,在各界各学校都得到了广泛的利用"④。这可以从另一个侧面看出当时的确有很多人自觉抑或无奈地将日语作为首学外国语。也正是因为求学者渐众,北京馆开始办日语学校,最主要的授课模式是日语基础讲座。该讲座首期招收 60 名学生,并聘请专门教师前往授课。北平师范大学音乐教授柯政和是北京馆最先请去开设日语讲座的中国学者,紧随其后的是清华大学教授钱稻孙。从 1937 年 11 月到 1939 年 12 月,北京馆共举办了七期日语基础讲座,受众甚广,影响甚大。

---

① 　参见:1939 年北京近代科学图书馆编《北京近代科学图书馆概况》。
② 　日本语讲习会[J].北京近代科学图书馆馆刊,1937(2):187.
③ 　北京近代科学图书馆.北京近代科学图书馆概况[M].1939:24.
④ 　徐佳峰.论解构主义翻译理论下的"忠实"原则——以《北京近代科学图书馆与〈日本〉》翻译实战为例[D].南京:南京信息工程大学,2017:53.

表 10 北京近代科学图书馆日语学校七期日语基础讲座概况

期序	日期与时间	班别	人数	任课教师	课程
第一期	1937 年 11 月 11 日— 1938 年 2 月 20 日	第一班	60	柯政和	
	1937 年 11 月 13 日— 1938 年 2 月 20 日	第二班	60	钱稻孙	
第二期	1938 年 3 月 5 日— 1938 年 6 月 7 日	初级一班	50	苏民生/尤炳圻/钱稻孙 /永岛荣一郎/竹内好/满石荣藏	译读/会话/日语学习法
		初级二班	42		
		初级三班	44		
		中级班	53		
第三期	1938 年 6 月 18 日— 1938 年 9 月 17 日	初级一班	49	钱稻孙/苏民生/尤炳圻/ 洪炎秋/张我军/竹内好/ 永岛荣一郎/满石荣藏	讲读/文法/会话/翻译法/日语学习法
		初级二班	55		
		初级三班	48		
		中级二班	87		
		高级班	47		
第四期	1938 年 9 月 26 日— 1938 年 12 月 21 日	初级班	47	苏民生/胡焕奇/洪炎秋/ 张我军/尤炳圻/戎春田/ 山本正一/河村行家/安田 正明/满石荣藏/清田研 三/伊藤千春	讲读/会话/文法/翻译法/听写
		中级班	61		
		高级班	36		
		补充讲座	57		
		中间级	40		
第五期	1939 年 1 月 5 日— 1939 年 3 月 30 日	初级一班	45	张我军/尤炳圻/胡焕奇/ 戎春田/河村行家/清田研 三/满石荣藏/稻垣春吉/ 佐藤三郎/山本正一/安田 正明	讲读/会话/文法/翻译法/听写
		初级二班	47		
		中级一班	38		
		中级二班	43		
		高级班	35		
第六期	1939 年 4 月 8 日— 1939 年 7 月 21 日	初级一班	52	张我军/胡焕奇/戎春田/ 苏民生/清田研三/满石荣 藏/河村行家/山本正一/ 小木曽爱三/菊池租/梅田 利/佐藤三郎	讲读/会话/文法/日文作文/日本事情/听写
		初级二班	47		
		中级一班	45		
		中级二班	36		
		高级一班	20		
		高级二班	36		
第七期	1939 年 9 月 18 日— 1939 年 12 月	中级一班	31	张我军/苏民生/河村行 家/木藤武俊/安田正明/ 小木曽爱三/菊池租/梅田 利博/岛村义雄	讲读/会话/文法/日文作文/听写/音乐
		中级二班	31		
		高级班	24		

资料来源:1939 年北京近代科学图书馆编《北京近代科学图书馆概况》。

表 10 显示,这七期基础讲座,每期时间在三个月左右,即学制基本固定。从第一期只粗略地按人数分为两个班,逐步发展到按听课群体的日语程度划分初级、中级、高级三个不同层次班别;从开始时课程设置的注重会话,渐渐过渡到更高要求的文法、写作,日语学校的办学渐趋体系化、规范化。

4. 日语师范科

在开设日语基础讲座期间,有一个问题一直困扰着主办方,那就是中国籍日语教员的严重缺乏。事实上,日本籍日语教员并不难寻找,但他们更需要的是由中国籍日语教员充当"日中友好"的榜样。在他们的意识里,中国籍日语教员的加入可以使习日语者更能"理解学习日语的真实目的是把它作为日中民族提携的楔子"①。这是北京馆在日语讲座之外又开设日语师范科的动机。

师范科的生源自然是有一定日语基础的中国人,主要是该馆日语基础讲座高级班的毕业生,以及其他在各种日语学校学习过一年以上的学生。在招生阶段,应考者须经过"笔记试验"(包括中文日译、中文作文、中国国文、日文作文、日文听写、地理历史、英语)、"口头试验"(包括阅读方法与会话、人物考查)②。考官中,中方人员有钱稻孙、钱端仁(钱稻孙长子)、张我军、苏民生、洪炎秋;日方人员有竹内好、满石荣藏、柄泽井、永岛荣一郎、安田正明、山本正一、菊池租。经过考核,最终录取了 21 人,其中"外来者"12 名(男生 11 人,女生 1 人),本馆日语基础讲座毕业生 9 人(均为男生)。从学历看,21 人中有 2 人大学毕业,其余 19人高中毕业或肄业。从年龄看,大部分人在 30 岁以下,计 17 人③。应该说,该批学生年轻且文化程度较高。

从 1938 年 9 月 10 日至 1939 年 2 月 18 日,师范科的学制是六个月。考察师范科的教学过程可以发现,无论从形式上还是课程设置等方面看,都透露出浓重的奴化教育成分。这其实也是图书馆所办日语学校的共性。

1938 年 9 月 10 日下午 3 时,北京馆东城日语学校同时举行日语基础讲座第一批高级班毕业和师范科开学典礼。其程序是升国旗、敬礼、馆长致辞、来宾祝

---

① 日语学校状况[J].北京近代科学图书馆馆刊,1938(5):142.
② 日语学校状况[J].北京近代科学图书馆馆刊,1938(5):143.
③ 参见:1939 年北京近代科学图书馆编《北京近代科学图书馆概况》。

词、毕业生代表答词、新生代表答词等。"国旗"不限中国国旗,也有日本国旗;
"来宾"即日伪人员:日本大使馆参事官堀内干城、国立北京大学名誉教授永井
潜、日本文部省图书监修官大冈保三、伪教育部总长汤尔和等。"祝词"无非"日
中亲善""大东亚共荣""文化提携""同文同种""东亚友邦""共存共荣"之类。
汤尔和曾经在日语基础讲座毕业祝词中这样表达他的观点:"中日隔膜,当借语
言打破。"①

　　为培养日语教员的师范科设置的课程除了一般的"音声学""听写""会话"
"习字""译读""古文选读""作文实习""翻译法""文法演习""日语教授法""中
国古文选读""言语学""教育""心理""体育""音乐"等师范生必修的专业课程
外,也有"日本文化史""日本国语学""日本文学史"等旨在宣扬日本文化的课
程,还有要求学生了解日本的"风俗、习惯、年中行事、趣味、日式礼仪作法、地理、
风土、名著解说、日中文化交流"的"日本国情"课程,以及政治类的"世界事情"
课程,更有要求中国学生认同"日中亲善、东亚新秩序的建设、保持坚定信念"的
"修身"课程。

　　与日语基础讲座一样,师范科的教员也是由中日两国学者组成。其中,中国
教员负责专业课程,比如,钱稻孙讲授"古文选读"、苏民生讲授"译读"、尤炳圻
讲授"翻译法"、张我军讲授"文法演习"和"日语教授法"、沈启无讲授"中国古文
选读"等。而"日本文化史""日本文学史""日本国语学""日本国情""世界事
情"等则由日本教员承担。奴化教育意味明显的"修身"课的主讲人是北京近代
科学图书馆馆长山室三良。

　　由此可见,师范科不但致力于培养中国籍日语教员,以扩大日语教育范围,
从而达到最大限度上用日语取代汉语的目的,更企图在语言学习同时灌输日本
文化,期望更多的中国人认同、臣服日本而甘心做亡国奴。

　　5. 日语研究会

　　在连续办了四期日语基础讲座后,日语受学者的层次出现分化。尽管仍然
有初学者欲跨进日语初级门槛,故馆方觉得基础讲座的初级班还是有继续存在
的必要性,毕竟"初步日语普及率已略显饱和状态"。另一方面,很多经过高级班

_____

① 　日语教育状况[J].北京近代科学图书馆馆刊,1938(4):117.

学习的人则希望在日语方面有更高一级的提升,北京馆也有将日语教育从业余提升到专业的打算①。在这种情况下,1939 年 1 月 31 日,北京馆的日语学校又组织一个日语研究会。研究会成员以基础讲座的高级班毕业生为主,每周活动一次,时间是 90 分钟,每三个月为一期。显然,从这里走出去的人日语程度已经相当高,能够胜任日语教学的工作。而且他们的思想也已受过相当训练的毕业生,馆方当然期望并相信这些人能担负起"日中文化提携"的责任了,而这正是北京馆大力推广日语教育的初衷。

6. 日本音乐讲座

所谓音乐讲座,即用欣赏日本音乐的方式强化日语学习。北京馆的日语学校于 1939 年 7 月 26 日增设音乐讲座。以《日本名歌曲选》第一辑作为教材;首期招生对象为日语基础讲座第六期毕业生;讲座每周举办两次,每次两个小时,每三个月为一期②。实际上,这与基础讲座和师范科中设立"日本文化"课程一样,都是一种将语言学习与文化宣传相结合的文化输送方式。

在日本在华所办图书馆开设日语学校推广日语教育方面,北京近代科学图书馆的确用力最猛,成效也最明显。从人数上说,据不完全统计,参加北京馆日语学习的学员超过千余人;从教材发行量来说,其自编的《初级日语模范教科书》一再加印,总数达数万册,《日文补充读书》也一度成为抢手货,不仅有不少中学将它作为教材使用,而且"各宣抚处、西苑青年训练所、工程队、天津爱善日文协会等,有的采用 200 部、500 部,或 3000 余部"③。

北京馆办日语学校的成效,不仅体现为日语在中国人群体中得到一定程度地普及,更在于日本文化、日本精神的宣传与灌输多少影响了部分中国人的思想与情感。从他们所交的作文来看,受影响与蛊惑的情况已经出现。其一,崇拜日本:"日本的武士道精神主张在正义面前应该无所畏惧,为国家的利益而献身。日本人的日本陆军强大的理由就在于此。"其二,民族自卑感产生:"想到日本的情况自己就惭愧无比,日本明治维新还不足六十年,却已跻身世界强国,在工业、

① 日语学校状况[J]. 北京近代科学图书馆馆刊,1939(6):197.
② 参见:1939 年北京近代科学图书馆编《北京近代科学图书馆概况》。
③ 本馆纪事:三、出版物状况[J]. 北京近代科学图书馆馆刊,1938(3):109.

商业等方面取得了世界强国也不能轻视的快速进步,实在是让人惊叹不已。"其三,恨中国不如日本努力:"我们参考日本的快速发展,研究中国为何没有达到这个程度。当初日本和现在的中国一样。但是日本维新以后取得了与日俱增的繁盛,中国却没像日本那样发展起来。我对日本的看法就是他的努力。"最终将语言学习提到亲近异族文化的高度:"我们学习日语最大的目的就是为了了解日本文化。"①至此,可以说日本在华兴办日语学校的目的完全达到。

第二节　办展览、开演讲宣传"圣战"

一、名目繁多的"大东亚共荣"展览

日本全面侵华后,中国人民奋起反抗,中日关系陷入冰点。为给中国人民群情激昂的反日情绪降温,减少日本侵华的阻力,日本在华所办的几大图书馆通过办展览、开讲座、做报告和演讲等各种活动,以及制造舆论的方式为日军侵略行为辩护,竭力宣传"圣战",美化"中日亲善"。

"满铁"图书馆的展览从来都是紧跟侵略形势的,早在 20 世纪 20 年代,该馆为配合日本对中国东北和内蒙古的侵略,先后于 1924 年 11 月举办了为时 3 天的图书展,参展图书 30 种;1926 年 11 月,举办了一次"满蒙研究资料展览会",参展文献 70 余种;1929 年 6 月,举办"中国文化研究资料展览",参展文献 20 余种;同年 11 月,举办"中国民族研究资料展览会";1930 年 10 月 30 日,举办"中国地图展览",展出地图 451 幅等。"九一八事变"爆发后的几年内,又举办过反映关东军占领热河的"热河文献图绘展览会"(1933 年 5 月)、"热河写真展"(1934 年)等,还有展示日军侵略华北的"华北文献展览会"(1935 年),展出文献 50 种等。从 1931 年到 1936 年,该馆还举办过一次时局座谈会、两次史谈会等②。

"九一八事变"后,尤其是抗战全面爆发后,天津日本图书馆变得异常活跃起

---

① 徐佳峰. 论解构主义翻译理论下的"忠实"原则——以《北京近代科学图书馆与〈日本〉》翻译实战为例[D]. 南京:南京信息工程大学,2017:54.

② 叶勇."满铁"两大图书在日本文化侵略中扮演的角色[J]. 山东图书馆学刊,2013(3):20;李娜,王玉芹. 满铁图书馆的职能及其在东北的侵略活动[J]. 日本学论坛,2008(3):65－66.

来,配合军事侵略的活动明显增多。从 1937 年 7 月到 1938 年 7 月,该馆一度被日本军部所占,其间,图书馆设备多有损失。图书馆重归天津日本居留民团后,馆舍得到了全面修缮,工程直到 1938 年 10 月 14 日方才完成。之后全馆随即又进行了一个多星期的大整理、大扫除,于 10 月 24 日结束。10 月 25 日的"馆记"中有这样的记载:"这次馆内的全面整理,依靠全体职员的不遗余力,仅用一周时间就完成了。在闭馆一年三个月之后居留民盼望重开之时,恰逢攻陷广东的喜庆日子,特于午后休馆。"

彼之所谓"攻陷广东",在我则为"广州陷落",即 1938 年的"广州战役"中,国军十二集团军不敌日军第 21 军,广州于 10 月 21 日下午沦陷。日军进攻广州本是为了策应"武汉会战",广州一失,粤汉铁路被切断,国民政府被迫放弃武汉,10 月 26 日至 27 日,日军先后占领武昌、汉口、汉阳,即"武汉陷落"。国民政府自南京西迁,政府机关的大部以及军事统帅部置于武汉,日本政府预期攻下武汉将使国民政府屈服而使中国停止抵抗,故而攻陷武汉后日本举国欢庆。天津日本图书馆继以闭馆半日的方式庆祝"攻陷广州"后,又于 10 月 29 日决定午后闭馆庆祝"攻陷武汉"。

11 月 10 日至 13 日,天津日本图书馆举办了为期 4 天的图书展览,其主题的关键词为:"中国事变""中国情况""日本精神""国民精神的唤起",参观者达249 人[1]。馆方选择"广州战役""武汉会战"刚刚结束之时举办此展览,其用心十分明显。随后,1939 年 5 月,该馆又举办了一次"河北省地方志展览"和一次"山东地方志展览"。不仅如此,在"日俄战争"结束 35 周年的 1940 年,该馆选择在 3月 10 日"陆军纪念日"那天又办了一场展览以示纪念,陈列了关于这场战争的相关图书 120 部,以及印章、书画、图片、明信片等 100 余件实物,吸引了 900 人前来参观,次日又应几所中学要求续展一天,接待了各校学生 600 人[2]。

"七七事变"拉开了日本全面侵略中国的序幕,随之而来的是日本在军事、经济、政治、文化等各方面对中国进行研究的迫切要求。在此形势下,北京近代科

---

[1]　特记事项—日记杂抄[G]//天津居留民团. 昭和十三年民团事务报告书. [出版者不详],1938:150.

[2]　日俄战役资料展览会[G]//天津居留民团. 昭和十五年民团事务报告书. [出版者不详],1940:559.

学图书馆即于 1937 年 12 月 7、8 两日在馆内阅览室举办"北京研究图书资料展览
会"。为了这次展览,馆方可谓煞费苦心,下了大功夫。展品除了该馆馆藏的图
书 73 种(89 册),还特地从北京图书馆、古物陈列所、东方文化事业总委员会、北
京市立第一普通图书馆、燕京大学图书馆、辅仁大学图书馆、中法大学图书馆、法
文图书馆借来图书 419 种(1665 册)、图片 446 幅,借来私人藏书 112 种(178
册)、图片 71 幅,分为地图及地志、向导·旅行记、研究及资料、"义和团事件"相
关文献、照片与绘画五个部分。还在馆内参考室陈列日语研究图书 97 种、汉译
与欧译的日本文艺图书 185 种。两天的展览共吸引了 309 人前往参观①。

　　1938 年 12 月 10 日至 15 日,北京馆在北京中央公园内的新民堂与水榭亭举
办日本中小学生儿童书画展览会与日本生活风景图片展览会。该馆宣称,前者
是要通过美术作品向中国大众介绍日本现代教育的一个侧面;后者则欲通过图
片反映日本的风物与生活,使中国人在艺术鉴赏中增加有关日本的知识、增进对
日本的亲和感。展览中有日本风景风俗图书 309 种、书画 915 幅、图片 346 帧,另
外还有供中国人与外国人学习日语的图书 138 种、日本文学的翻译作品 131 种、
其他参考图书 578 种②。

　　值太平洋战争爆发一周年之际,北京馆于 1942 年 12 月 6 日至 11 日在馆内
举办"大东亚战争一周年纪念展览会",展出的图书分为"大东亚共荣圈记"、战
记、"大南洋圈总记","大东亚"经济、地政学、民族、文化、医学卫生、战争文学,
日本发展史、欧美东亚政策史三类共 29 小类 450 册。之后该馆还相继举办过
"日本艺术图片展览会""华北全貌展览会"等③,无不是在为美化日本发动的战
争、鼓吹东亚共荣、掩饰经济与文化侵略的实质而尽力。

　　上海近代科学图书馆于 1940 年 12 月 14 日至 27 日举办了"近代日本文学展
览会",分作总说、歌人、小说家、俳人及参考五部分。看似这是一场以文学为主
题的展览,其实隐含了主办者很大的政治目的,即"发扬日本民族精神的优秀性

　　① 北京近代科学图书馆. 开馆一周年纪念事业报告[J]. 北京近代科学图书馆馆刊,1938
(3):102 - 103.
　　② 纪念展览会[J]. 书渗,1939(1):2 - 3.
　　③ 石嘉. 抗战时期日本在华北的文化侵略——以北京近代科学图书馆为例[J]. 首都师
范大学学报(社会科学版),2017(4):28 - 29.

和日本国民道德,打破彼等呼号的'武力的日本''侵略的日本'反日观"。此次展览不仅时长近两周,而且广做宣传,不仅在各大报上刊登广告,还向诸多工企商业官衙学校发送宣传画,甚至向个人发送请帖与明信片,因此总共吸引了近6000名参观者。除此以外,上海馆还举办过华北武汉摄影展览会、日本观光图片展览会等①。

　　电影在当时是一种新鲜的且因呈现活动影像而最接近生活原样的观赏方式,日本人自然懂得这种方式更有利于"语言不通的中国人对作品内容的充分理解",拿来作为宣传的工具当然效果更符合期待,故日本在华办的各图书馆也都乐于加以利用。如北京馆1937年12月7、8两日在举办"北京研究图书资料展览会"的同时,就在北平真光电影院举办了"电影大会",每天放映三部影片。影片除为该馆馆藏,还分别由日本大使馆与"满铁"北京事务所提供。影片《娘娘庙祭》与《吉林庙祭》反映的本是中国东北民间的宗教祭祀活动,却被描绘成"'满洲国'王道政治下民众的快乐美满生活";影片《岚山》展示的是以春樱秋枫著名的日本京都岚山的"花之都的烂漫"景色;影片《现代日本》则从产业、教育、国防等方面介绍"跃进中的日本的现状";影片《少女之悦》以天真无邪的少女为中心表现现代日本的家庭生活。馆方向"在北京的日本方面的各机关团体、军队、一般居留民以及中国方面的要人、主要机关团体、学校等"赠送了5000张电影票,观影现场果然如主办者所愿,显现出了中日两国观众"和气暧暧"的气氛②。

　　天津日本图书馆1940年5月11至13日在天津召开的全国日本居留民团团长会议期间,也曾举办"讲演和电影之夜"活动,由天津居留民团团长臼井忠三演讲"山东的人物",天津日本高等女学校教师小林悟一郎演讲"山东的自然景观与资源",继而放映了影片《孔子圣庙大观》与《崂山大观》③。

①　石嘉.抗战时期日本在上海的文化侵略——以上海日本近代科学图书馆为例[J].江苏社会科学,2015(1)222.
②　北京近代科学图书馆.开馆一周年纪念事业报告[J].北京近代科学图书馆馆刊,1938(3):104-105.
③　特记事项[G]//天津居留民团.昭和十五年事务报告书.[出版者不详],1940:559.

二、五花八门的演讲

通俗亲民的群众性语言表达方式常被用作宣传工具,既具诱惑性又富煽动性的演讲便成为首选。在大力宣扬"皇道精神""东亚圣战"方面,"满铁"图书馆、天津日本图书馆等都大量运用演讲的方式。其中,"满铁"图书馆在"九一八事变"以后到"七七事变"之前的五六年时间内举办过九次演讲。而最热衷主办演讲活动的是天津日本图书馆。

1940 年,天津日本图书馆筹划成立了天津读书会,成立仪式于 11 月 18 日假居留民团会议室举行。该会既被天津日本图书馆视为它的"附属事业",其组织、制度、管理与运营,自然依照天津日本图书馆的样式。比如同样采用会员制,也设评议员。读书会会务由会长、干事长及数名干事负责;会员分为"维持会员"与"定期会员"两种,1941 年时前者 32 名,后者 215 名,而到 1943 年时,前者只剩 11名,后者也降到 111 人,与该年度举办演讲会场次急剧减少的状况相合。

天津读书会的政治倾向也是早在成立之前就被框定了的。首先,它是由日本领事馆与警察署批准的[①];其次,读书会评议员系由图书馆评议员全班人马兼任。馆方宣称成立读书会的目的是:"振兴日本居留民的读书热情,增其涵养。"[②]由此可见读书会是只为租界的日本人而存在的,与天津日本图书馆的服务宗旨及状况一致。

由史料来看,附属于天津日本图书馆的天津读书会虽只存在三年,但也曾热闹过。它的主要活动方式便是举办演讲会,三年时间里,共举办了 30 场演讲,可见活动频率之高。

表 11　1940—1941 年天津读书会所办演讲会概况

场序	演讲人	职业身份	演讲题目
01	三角武雄	天津读书会长	白河今昔物语
02	小林德	日军少将	黄河源头之昆仑山脉(黄河研究之一)

---

① 天津读书会[G]//天津居留民团. 昭和十五年事务报告书. [出版者不详],1940:559.
② 天津读书会[G]//天津居留民团. 天津居留民团最近十年史. [出版者不详],1942:53.

续表

场序	演讲人	职业身份	演讲题目
03	大矢信彦	《庸报》社长	中国小说概说
04	井冈大辅	民俗学者	中国的中心思想四神论
05	佐久间鼎	语词学者	论日本语的构造
06	中野义照	图书馆馆长	中国的宗教（一）
07	小林德	日军少将	黄河百害一宝（黄河研究之二）
08	大矢信彦	《庸报》社长	从地域看《三国志》
09	加藤三郎	天津总领事	论近东形势
10	中野义照	图书馆馆长	中国的宗教（二）
11	牧尚一	共益会代理事长	北清事变之居留地的沿革
12	常盘大定	佛教学者	论中国佛教
13	安藤更生	历史学家	佛教美术概论

资料来源：《天津居留民团1941年事务报告书》。

表12　1942年天津读书会所办演讲会概况

场序	演讲人	职业身份	演讲题目
01	林文龙	汪伪官员	论大东亚建设
02	寺西秀武	学堂总教习	对美英战争后的日本经济
03	野崎诚近	风俗研究者	论中国的旧历正月
04	郑梅雄	日伪盐官	论河北的盐
05	柳泽米吉	港工专家	港
06	林房雄	右翼作家	西乡南洲之明治维新
07	立神弘洋	建筑学者	论华北惠民土木事业
08	中山渔夫	历史学者	内鲜一带的古代观
09	野崎诚近	风俗研究者	中国的端午节
10—1	花井重次	地理学者	第一次山西学术调查报告·地学
10—2	清栖幸保	动物学者	第一次山西学术调查报告·动物学
10—3	馆协操	植物学者	第一次山西学术调查报告·植物学
10—4	江户为藏	历史学者	第一次山西学术调查报告·人物学
11—1	吉田茂	前拓务大臣	必胜之路

续表

场序	演讲人	职业身份	演讲题目
11—2	鹿子木员信	哲学家	世界新秩序建设与皇国国体
12	河野省三	神道学者	皇道精神与海外同胞的重大使命
13	金子英辅	铁路官员	大陆交通的现在及将来

资料来源:《天津居留民团1942年事务报告书》。

表13　1943年天津读书会所办演讲会概况

场序	演讲人	职业身份	演讲题目
01	久米秀雄	文学学者	论中国的通俗文学
02—1	富田达	大学教授	黄土时代
02—2	加藤静夫	大学教授	害虫的生物防治
03	振越喜博	地质学者	"论满支招牌"
04	山崎靖纯	经济学者	战时经济的核心

资料来源:《天津居留民团1943年事务报告书》。

由表11-13所列可以发现:

(1)从演讲者的身份职业来看,重要人物与厉害角色不时出现,比如曾任天津总领事、日本拓务大臣,出席过日本首相田中义一(1864—1929)召开的东方会议并参与拟订侵华政策,1928年在外务次官任上竭力促成日本政府以"保护日侨"为借口两次出兵山东、河北造成"济南惨案",战后任五届首相的吉田茂(1878—1967);以办厂为掩护搜集情报、后被八路军俘获而处决的日本少将特务小林德(? —1946);战后被定为甲级战犯的鹿子木员信(1884—1949);后来成为老牌极右分子的林房雄(后藤寿夫);曾任长芦盐务管理局副局长、带领日军劫夺了整个河北长芦区盐务的特务郑梅雄等。这样的演讲者所持观点不难想见。

(2)从演讲的内容来看,有政治目光下的世界大势与格局,有对"皇道精神"的宣传,有"日本必胜"、在华日本人负有重大使命、建立世界新秩序的鼓动,有如何进行"大东亚建设"的讲解等。除了这些直接宣扬侵略的演讲,另外一些演讲内容,也大多着眼于中国的各种自然与经济资源,比如山河、港口、食盐等,其觊觎之心显而易见。还有一些由学者所做的演讲,内容涉及中国的地理、生物、农业、文学、美术、宗教、历史、习俗等,对于在华日本人了解中国、掌握中国人的思想生活大有裨助,主办方并不隐讳其为侵略服务的目的。

第三节　直接为军事侵略提供服务

一、为军事侵略者提供地图服务

抗战全面爆发后,日本在华所办图书馆从配合政府殖民统治发展到直接为日本侵略军提供服务。也就是说,"七七事变"后,日军人成为图书馆重要的服务对象。以天津日本图书馆为例,据天津日本居留民团的年度报告书披露的 1936、1939、1940 年天津日本图书馆的读者统计,在其划分的宗教人士、官吏军人、教育家、记者、事务人员、科学人员、工艺家、实业家、妇女、学生、儿童、外国人以及其他共 13 类读者中,头一年官吏军人排名第 8,后两年排名都位列第 6。从读者百分比来看,中间一年官吏军人占总读者人数 1.5% ,另两年都在 2.5% 左右,似乎占比不很高,但若以日均接近 2 人次、年均逾 660 人次的接待量来看,军人读者数量还是相当惊人的。

在接待军人读者时,图书馆提供地图参考是其中重要的服务。无疑地,地图是军事侵略中必不可少的情报资料。早在"九一八事变"前,"满铁"图书馆就曾向"满铁"会社提供过从中国抢夺的中国陆军测量局制作的比例尺为五万分之一乃至十万分之一的地图,"满铁"将其复印了 2000 份,分发到各省。日本制造"九一八事变",这份地图起了很大的作用①。"满铁"奉天图书馆馆长卫藤利夫亲口说过一个故事:"'九一八事变'后,张学良东北政府所在地临时迁往锦州,日本军队紧追不舍。一天夜里,一位关东军青年参谋来到奉天图书馆,要求查找中国出版的辽西地图。该馆平日积累的中国东北各地方志此时派上了用场,那上面的地理形势,虽然描画得不够科学,但山川古迹、庙宇佛阁都标志得清楚。这让那个查找者,亦即关东军青年参谋高兴得拍案呼叫。"②

---

①　李娜,王玉芹.满铁图书馆的职能及其在东北的侵略活动[J].日本学论坛,2008(3):65.

②　王中忱.满铁图书馆遗事[J].博览群书,2005(6):48.

二、为侵略者提供查阅资料便利

战前,图书馆积极为日本政府殖民统治、军事侵华准备提供情报服务;战时,图书馆又积极为日军的侵略提供资料查阅便利。"满铁"奉天图书馆馆长卫藤利夫很得意于他的一次"服务":一天夜里,奉天图书馆来了三个日本男子,前来查阅有关"黑龙江教育制度"的资料,要求在图书馆阅览室彻夜工作。卫藤利夫竭力给予方便,不仅为他们彻夜开着暖气、电灯,还在拂晓时分他们完成工作后亲自将他们送走,"望着他们的身影在零下三十度的寒冷中远去"。他从他们三人的衣着中判断他们具有特殊身份肩负特殊使命,但他知道利害关系而并不说破①。

编辑相应的"文库"、编制有关的"目录"是为侵略者提供资料查询便利的主要方式。文库有"满蒙文库""时局文库"等;目录即《全满二十四图书馆共通满洲关系和汉书件名目录》。"九一八事变"后,为了向国际社会宣传有关中国东北及蒙古与日本特殊关系的"正确认识","满铁"奉天图书馆特别设置了"满蒙文库",即将有关中国东北、蒙古的文献汇集一室。"满铁"图书馆馆刊《书香》第34号专门刊登了这个文库的照片,照片下的说明文字是:"对满蒙的正确认识从图书馆开始"。与此同时,奉天图书馆"按关东军司令部第四课(主要负责调查、情报、宣传)所需,以1500册日、中、西文图书组成'时局文库',设特别阅览室"。不仅如此,"馆长带队亲赴现场搜集资料,各馆亦纷纷效仿,在大连、辽阳、鞍山、长春等地召开'时局资料展览会'"。而编制一套《满洲关系和汉书件名目录》,目的就是"为关东军、满铁等机构查阅资料提供方便",如大连图书馆馆员大谷武男所言"这目录完全服务于关东军"②。这是以"满铁"大连图书馆为中心的24个图书馆联合参与的一次大规模行动。奉天图书馆馆长卫藤利夫曾经如此夸耀:"这部目录,不仅按日语的五十音序分门别类排列,还注明了馆藏所在。你所要查找的题目,比如说矿山,或者大豆……只要用电报把书号传出去,下一次列车无论停靠何处,都可以拿到书。"他在将其称之为"'满洲事变'带来的新鲜的文

---

① 王中忱. 走读记[M]. 北京:中央编译出版社,2007:186-187.
② 李娜. 满铁对中国东北的文化侵略[M]. 北京:社会科学文献出版社,2015:85-87.

化现象"①的自得中,却暴露了其图书馆与军事、经济、文化侵略的联系。

三、为侵略者提供精神慰藉

书籍的功能之一本即为心灵的安慰剂,图书馆由此可以说是以抚慰心灵为职能的机构。而由日本掌控的图书馆,在日本侵华的背景下,以从事侵略的军人为安慰对象,使图书馆的这一社会作用走向负面,且变得荒诞。"满铁"图书馆一直都有以书籍作为精神慰藉产品的传统,其慰问的对象当然是长期离乡背井的军人。早在 1918 年 10 月,图书馆便建立过"战时巡回书库"用以慰问西伯利亚派遣军。当时,他们广泛征集图书,并将其称为"勇士的图书"。在 10 个月的时间里,他们共发送了 10 次图书,计 11 066 册。"九一八事变"期间,"为解除社员在工作中的无聊和困苦状态",该馆又推出"派遣社会慰问书库"等图书征信活动②。天津日本图书馆也在抗战期间组织过"巡回文库"活动,打的是"流动图书馆的旗号,从 1939 年开始,除了送书到学校、公司、洋行、工厂、协会外,屡次送书到部队③。

"阵中文库"是最典型的精神慰藉军人方式。对于"满铁"图书馆来说,这样的慰藉活动早在"九一八事变"后便开始了。12 月 19 日,图书馆发出募集图书馆杂志倡议,其目的如《阵中文库》"宗旨"所言:"为了那些在战争中受伤的伤病员以及更多的战斗在第一线的将士、警察、官员、满铁社员等精神慰安,以消解征战沙场的疲劳、身体创伤的痛苦。"④短短半年时间,"满铁"所属各图书馆共收到捐赠书刊 12 万册。经过军部的审查筛选,最后确定将 109 800 册组成"阵中文库"送往前线⑤。

北京近代科学图书馆在"七七事变"后也即刻启动"前线慰问文库",精心挑选了文学、时局、娱乐、实用等几类图书,也是用来"满足皇军诸将士战斗闲暇之

①　王中忱.满铁图书馆遗事[J].博览群书,2005(6):50.
②　冷绣锦."满铁"图书馆研究[M].沈阳:辽宁人民出版社,2011:75.
③　天津日本图书馆.巡回文库[R]//天津居留民团.昭和十六年事务报告书.[出版者不详],1941:103;昭和十八年事务报告书.[出版者不详],1943:76;昭和十九年事务报告书.[出版者不详],1944:159.
④　阵中文库倡议书[J].书香,1932(35):373.
⑤　李娜,王玉芹.满铁图书馆的职能及其在东北的侵略活动[J].日本学论坛,2008(3):66.

余阅读,以了解有关中国的基本知识,增进对本邦历史、文化等的再认识"①。

四、参与整理军队掠夺的图书

抗战全面爆发后,日军在破坏中国图书馆的大量图书的同时也大肆掠夺珍贵古籍文献。"满铁"图书馆和天津日本图书馆都参与了对掠夺来的图书的整理工作。

1937年下半年,上海、南京相继沦陷后,在日军特务部的直接安排下,由15名委员组成的"占领地区图书文献接收委员会"和"占领地区学术资料委员会"成立,专门负责对华东沦陷区日军掠夺来的珍品古籍、有价值的文献资料进行接收和保存。其后,"满铁"图书馆派出6名图书馆员和调查员于1938年7、8两月到南京对接收图书进行整理,其中包括"满铁"大连图书馆书目部主任大佐三四五(1899—1967)、馆员青木实等。这表明该图书馆已经由辅助文化侵略转化为直接为军事侵略服务了。

1941年12月,太平洋战争爆发,日军一时取得重大胜利,其间掠夺了无数财产,包括大量的文献资料。1942年10月,天津防卫司令部出面,于天津日本图书馆组织成立"军队管理图书整理委员会",由司令部参谋世良田中佐任委员长,堀越喜博、臼井忠三等4人任委员,任务是对太平洋战争前英国工部局图书馆约13000册图书、英租界维多利亚道上的天津俱乐部图书室约9000册图书、商务印书馆附设的上海东方图书馆约22000册图书以及来自所谓"敌性仓库"的287册图书进行甄别处理并向天津日本图书馆移交。至1943年年底,该馆完成了对上列图书19000册的处理,占总数41000册的46%;其中有356册图书被军队没收,有57册图书被军队"利用"②,1944年前者升至494册,后者升至89册③。这是该馆直接参与日军军事侵略下的文化掠夺的标志,且对于掠夺来的图书付诸了整理的实际行动。仅此一点,就对中国的文化侵略来说,天津日本图书馆就已由附属角色而变为合谋者了。

---

① 参见:日本外务省外交史料馆藏《寄赠图书报告(昭和十三年八月)》。
② 天津日本图书馆.军队管理图书整理[R]//天津居留民团.昭和十八年事务报告书. [出版者不详],1943:75.
③ 天津日本图书馆.军队管理图书整理[R]//天津居留民团.昭和十九年事务报告书. [出版者不详],1944:156.

下篇:在中国境内破坏中国图书馆

第五章　对中国图书馆的蓄意损毁

在长达14年的侵华战争中,无论公共、私人图书馆,还是教会、学校图书馆,均遭遇了人类文化史上最严重的破坏,馆舍或坍圮或倾覆,书刊或焚毁或散秩,其损失难以弥补。除了迁徙、盗窃、劫掠外,纵火、轰炸是造成图书馆大量毁损的主要原因,尤其是轰炸,直接摧毁了东方图书馆、南开大学图书馆、湖南大学图书馆,使包括珍贵典籍在内的图书报刊化为灰烬。抗战结束后,日本政府在递交给驻日盟军的"追查中国被劫文物的调查详报"中,将战争中中国图书与文物遭到损毁的原因归结于"战火殃及",企图否认日军的蓄意破坏行为。而从日本毁坏图书馆的过程、所依寻的无法成立的借口、对抗日运动所行报复的思想动机与心态等方面进行分析,日本军国主义者所造成的中国图书馆事业的灾难完全出自故意。

第一节　抗战期间中国图书馆及图书损失概述

判断日本侵略者对中国图书馆事业的破坏程度,精确的数据当然是最好的证明。但在残酷混乱的战争环境下,数据难以收集统计完全,加上被战争祸及的中国图书馆数量太多,而馆藏的清理也十分烦琐复杂,故而在整个抗战期间,中国图书馆尤其是馆藏文献的损失,数量究竟几何,难以有准确答案,图书馆学者严文郁所言"损失之巨,殊难估计"①,固然是指思想结晶文化产品乃无价之宝,金钱无法衡量,同时也未必不是狭指书籍损失之数清点的繁难,难到连大致的推断都无法得出。尽管如此,但这并不意味着对于图书馆事业所遭破坏的研究完全无法进行,因为日本进行破坏的证据大量地、以各种方式存留于各种文献,我们仍可以从局部与侧面研究出发,逐步接近总体事实。

---

① 严文郁. 中国图书馆发展史:自清末至抗战胜利[M]. 台北:"中国图书馆学会",1983:119.

图 17 抗战中被日军夷为平地的同济大学图书馆"遗照"

图片来源:1934 年《国立同济大学二十七周纪念刊》。

对于我国图书馆在战火中遭受损失的统计,在抗战全面爆发后不久即已开始,系由唯一的全国性图书馆行业协会——中华图书馆协会主持。其一方面委托西方人士对全国各地图书馆进行调查,一方面向各地方图书馆协会下发"通启",函征图书馆损失事实与数据。从 1938 年 7 月起,协会所属的《中华图书馆协会会报》不间断地刊文公布图书馆及其图书受损情况,至 1946 年 12 月,该会报刊登的直接涉及图书馆及图书损毁的文章 50 余篇,其中比较重要或列出损失数据的,见表 14:

表 14 中华图书馆协会会报 1938—1946 年所刊图书馆损毁情况部分文章

年份	卷(期):页	文章题名	涉及图书馆	损失情况与数据
1938	13(1):18	南京贵重图书七十万册均被敌军劫去	南京各图书馆	图书被敌方搜去 70 万册
1938	13(1):20	集美学校图书馆惨遭敌人炮轰坍塌	集美小学图书馆(福建)	三楼图书馆"中弹坍塌"
1938	13(2):20	江南藏书被敌焚劫数十万册	国学图书馆	被日"接收"15 万册
			内政部图书馆	图书大部分已散失
			中央大学图书馆	藏书"已不复存"
			南京市立图书馆	"与夫子庙同毁于火"
			暨南大学图书馆	"殆已散失"

年份	卷(期):页	文章题名	涉及图书馆	损失情况与数据
1938	13(2):21	杭州图书馆图书遭敌焚烧	各校图书馆	"均焚烧无余"
1938	13(2):21	汕市立图书馆遭敌机炸毁	汕市立图书馆	规矩堂"楼宇尽毁"
1938	13(3):5-6	上海各图书馆被毁及现况调查	上海市图书馆	藏书大部分散失
			国立上海商学院图书馆	馆舍被毁,图书损失5000,占总数四分之一
			光华大学图书馆	近16000册毁于战火,占总数46%
1939	13(6):19	八一三后上海市图书馆图书损失四十万卷	市各公共图书馆与学校图书馆	总计损失图书40万册
1939	14(2-3):19	广州图书损失情况	中山大学图书馆	数十万册图书只运出7800册及部分珍藏
			广州市立图书馆	四十万册书"毁于劫"
		粤省广雅典籍全数被敌劫走	广雅图书馆	"全部运走"
1940	14(6):13	清华大学图书馆劫后经过概述	清华大学图书馆	"不下十数万册"
1945	19(4-6):8	浙省立图书馆损失甚大	浙江省立图书馆	馆藏散失十万册
1946	20(1-3):11	河南省图书馆损失情形	河南省立图书馆	书籍15000册,挂图500张,文卷300宗,器具500件
		河北省立女子师范学院图书全部损失	河北省立女子师范图书馆	"所有图书古物,全部被劫,荡然无存"

资料来源:1938—1946年中华图书馆协会会报。

表14只做了简单列举而未能覆盖所有受损图书馆,图书损失的数据也未能做到详尽细致,但也已可从中看出以下几点:

　　第一,从时间上看,日军对中国图书馆的破坏贯穿侵华战争始终,即开始于1931 年"九一八事变"之后,一直持续到抗战结束。1931 年 10 月,黑龙江省立图书馆西书库遭到日军炮击,库中所藏许多从关内收集来的珍善本图书毁于一旦①。虽然这与中国另外一些图书馆在抗日战争中同样由日本人一手造成的损失相比几乎是小巫见大巫,但它毕竟是一个标志性事件,是抗日战争爆发后,中国图书馆首次遭受日本侵略者的荼毒,而中国图书馆的厄运期由此开始,且以1937—1945 八年全面抗战时期遭受破坏最为严重。

图 18　大量图书被日军付之一炬的
浙江省立图书馆总馆

图片来源:1933 年第 50 期《学校生活》,徐雁影摄。

　　第二,从地域来看,除了东北和西北偏远省份外,"七七事变"后,中国大部分省份大小不一的图书馆都遭到过程度不等的侵害,包括北平、天津、山东、河北、河南、湖南、江苏、安徽、浙江、福建、广东、广西、四川等省市。总之日军锋镝所至,图书馆之灾如影随形:卢沟桥事变,战争突起,日军随即进攻北平、天津,两地图书馆损失严重;"八一三"淞沪抗战,上海的图书馆在炮火中遭到重创;12 月初

_____

　　① 　农伟雄,关健文.日本侵华战争对中国图书馆事业的破坏[J].抗日战争研究,1994 (3):84.

南京保卫战打响,12 月 13 日首都沦陷,南京城陷于火海,图书馆在劫难逃。华东地区因为包含了商业文化中心上海和政治中心南京,以及富庶的浙江、福建,而在战争中受损最重,相应地,图书馆的损毁程度也最严重。

抗战后期,国民政府教育部组织"清理战时文物损失委员会"。该会工作细致而严谨,不仅表现在按清理对象类别分组,也体现在划区域进行调查清理。包括东北地区在内,全国被划分为五个大区并分别设立区办事处,而将各省市纳入其中。见表 15:

表 15　清理战时文物损失委员会的清理区域划分

区域	所含省市	代表和副代表
京沪区	南京、上海、江苏、浙江、安徽、江西、福建	代表:徐鸿宝 副代表:余绍宋(浙江)、黄增樾(福建)、江彤侯和程复生(安徽)
平津区	北平、天津、河北、河南、山东、山西	代表:沈兼士 副代表:唐兰 助理代表:王世襄(北平)、傅振伦(山东)、郭子衡(河南)
粤港区	香港、广州、广东、广西	代表:罗香林、简又文
武汉区	武汉、湖北、湖南	代表:章树帜
东北区		代表:金毓绂

资料来源:胡昌健.国民政府教育部"清理战时文物损失委员会"[N].中国文物报,2007 - 08 - 22(6).

清理战时文物损失委员会最后编辑而成的《我国战时文物损失数量及估价总目》根据的是来自于以上 20 多个省市的调查与清理,未将西北地区的甘肃、陕西、青海、新疆;西部地区的四川、西藏;西南地区的云南等列入。可见日本侵略军对图书馆的破坏覆盖了大半个中国。

第三,从各类图书馆遭受的破坏方式来看,仅就表 12 而言,被破坏而造成损失的中国图书馆包括公共图书馆、学校图书馆、政府机关图书馆、学会图书馆、私立图书馆等,即全国范围内各种类型的图书馆都遭受了戕害。被损毁的图书,不但来自于图书馆,也包含大量私人藏书。而日军损毁图书、破坏图书馆的方式主要有偷窃、盗卖、焚烧、轰炸、掠夺。很明显，焚烧、轰炸是毁灭性的。

焚烧包括两种情况，一种是完全出于损毁、消灭的目的。如，继黑龙江省立图书馆西书库被轰炸、库存珍藏本被焚毁之后，为实现对东三省的奴化教育，日军搜缴与焚毁一切具有抗日爱国思想及有关中国历史、地理的教科书，仅在1932年3—7月的5个月里，便焚烧书籍达650余万册①。1937年12月，杭州沦陷后，"浙江省立图书馆，及各校图书馆藏书，均焚烧无余"②。一种是肆意蹂躏、糟蹋。或将图书作火引，或将图书当柴烧。1932年"一·二八"淞沪抗战后，上海交通大学校长黎照寰（1898—1968）在4月10日致教育部的报告中称："自日军犯境，淞沪沦为战区，所存各大学或遭炮火轰击而毁坏无余，或为敌军的占领，虽房屋仅存，而书籍木器供其炊薪。"③华南女子大学内迁后，图书馆在战火中被焚毁，大量图书有的化为灰烬，有的被日军"拿去当柴烧"④。举世震惊的南京大屠杀后，"满铁"上海事务所所长伊藤武雄（1895—1984）的一段话透露了日军一度将书籍作"燃料"的野蛮行径："目睹日战区图书文献类惨状，尤其是日本兵将图书'燃料化'、'灰烬化'的行为，就要求上海派遣军特务部长采取'善后措施'。"⑤在这"燃料化"的用场中，就包括日军士兵用焚烧书籍来取暖⑥。

另外，在我国政府机关、大学慌乱南迁西移过程中，受到环境气候、道路运输等影响，图书因遗失、水浸、雨淋、发霉等保管不当而遭受不同程度损失。从图书馆的数量和图书总量来说，内迁的机构主要是大学图书馆。尽管内迁使相当数量的书籍避免落入敌手，却又难免在迁移途中不遭遇其他变故，这方面的损失情况也十分严重。

虽然明知会遭遇千难万险，但相较于任由侵略者随意决定高校从人到物

---

① 史全生. 中华民国文化史[M]. 长春：吉林文史出版社，1992：1066.

② 杭州图书馆遭敌焚烧[J]. 中华图书协会会报，1938，13（2）：21.

③ 日寇侵略上海各校呈报战事损失情况的有关文件[G]//国民政府教育部档案. 南京：中国第二历史档案馆，卷号五（5282）.

④ 华惠德. 华南女子大学[M]. 朱峰，王爱菊，译. 珠海：珠海出版社，2005：120.

⑤ 孟国祥. 对日本学者研究日军掠夺南京图书若干问题的辨析[J]. 江苏行政学院学报，2008（3）：123.

⑥ 伊藤武雄，冈崎嘉平太，松本重治. われらの生涯のなかの中国六十年の回顧[M]. 阪谷芳直，戴国煇，编. 东京：みすず书房，1983：173.

（包括图书馆馆藏）的命运，我国高等院校充满悲壮色彩的大规模内迁，仍然不失为保存中国文化、保护知识分子及中华教育基础的良策，也是抗日救亡的迂回方式。而此重大举措的实施，出自国民政府"战时须作平时看"的教育方针，也是基于"一切仍以维持正常教育为其主旨"的教育为上的基本认识。蒋介石也因此在 1939 年 3 月 4 日第三届全国教育会议上这样说："总而言之，我们切不可忘记战时应作平时看，切勿为应急之故而就丢却了基本。我们这一战争，一方面是争取民族生存，一方面就要于此时期中改造我们的民族，复兴我们的国家。所以我们教育上的着眼点，不仅在战时，还应当看到战后。"①

除了位于沈阳的东北大学早在"九一八事变"后即迁往北平外，抗战时期的大学内迁主要分为两个时段：一是 1937 年 7 月"七七事变"，全面抗战开始；二是 1941 年年底"珍珠港事件"，太平洋战争爆发。前者主要涉及平津沪宁杭，以及武汉、长沙、广州、福州等地区的公立和私立大学；后者主要涉及有英美背景的教会大学。内迁方向分为南迁和西迁。对于大多数东部地区的大学来说，西迁是它们的唯一选择。在教育部的统一安排下，同样地处京津地区的大学，北京大学、清华大学、南开大学组成联合大学南迁长沙；北洋工学院（前身是北洋大学）、北平师范大学、北平大学组成联合大学西迁西安。它们是最早的一批内迁的大学。其后，中央大学、金陵大学、金陵女子大学、复旦大学、武汉大学、齐鲁大学等西迁四川，岭南大学南迁香港，厦门大学、福建协和大学、华南女子大学等迁往福建山区，华中大学迁至中缅边境。

太平洋战争爆发后，美日全面开战，所有教会大学原来因为有美国背景而保持了四年的相对安宁被打破。自抗战爆发后在校长司徒雷登（1876—1962）的紧急处置下，一直悬挂美国国旗而暂时安全教学得以维持的燕京大学也不得不仓促西迁成都；在上海，没有了租界保护，暨南大学不得不南迁福建北部；从杭州迁来的之江大学二次迁移；沪江大学、东吴大学先停办，再西迁重庆；香港沦陷，已经迁至此地的岭南大学不得不重踏逃亡之路，回迁广东韶关。

① 蒋介石.第三届全国教育会议开会训词.抗战建国论[M].上海：现代文化出版社,1939:92.

也有一些大学比较特殊，像山东大学，它先迁川东万县，后解散。而华西协和大学和圣约翰大学自始至终没有离开过原地：前者因为地处偏僻西部的成都，它不但无须搬迁，反而接待容纳了另外几所逃难来的大学；后者是唯一一所在整个抗战时期完全在沦陷区继续开门办学的教会大学。

作为大学不可或缺的教学科研辅助单位，图书馆随所在大学南移西迁颠沛流离是自然的。甚至于如同部队开拔的"兵马未动，粮草先行"，图书馆的图书仪器搬迁往往作为学校迁徙的首要考虑。比如，河南大学在决议迁往豫南后，图书馆馆长李燕亭（1893—1964）率先前往镇平挑选馆舍。对于大多数大学来说，随着战事的不断变化而不得不辗转迁徙，图书馆也随之一再搬迁。如河南大学图书馆的部分图书先迁豫南鸡公山，豫南被日寇侵犯，它只得又迁汉口，政府政策有变后，再迁镇平，然后是豫西嵩县、豫西淅川、陕西宝鸡；浙江大学图书馆历经浙西建德、赣中吉安、赣南泰和、桂北宜山、黔北遵义等地；中山大学图书馆先后在粤西罗定、云南澄江、粤北坪石镇、粤北连县、粤北仁化、粤东兴宁、粤东梅县落脚；"七七事变"后，东北大学图书馆在北平也无法立足了，先是迁往开封，后迁西安，最后停留在川北三台。同济大学图书馆先迁上海市区，接着辗转金华、赣州、昆明、川南宜宾和南溪。

重庆、成都、昆明是抗战时期大学和大学图书馆的三个主要集中地。中央大学、复旦大学、交通大学、沪江大学、之江大学落脚重庆。燕京大学、金陵大学、金陵女子大学、齐鲁大学、北京协和医学院、东吴大学、华西协和大学寄身成都。北京大学、清华大学、南开大学在昆明组成著名的西南联合大学。同样在昆明办学的还有中法大学。除了华西协和大学，无一例外地，它们在分别抵达重庆、成都、昆明之前，都经历了辗转迁徙的曲折过程。以之江大学和东吴大学为例，前者历经建德、屯溪、邵武、贵阳；后者则先后在湖州、屯溪、上海、金华、邵武、南平、曲江、桂林停留。

俗话"三搬当一烧"，烽烟起时才止又行的仓皇内迁，抗战胜利后长亭更短亭的回迁，千山万水构成的图书馆馆藏的九九八十一难，注定了损失的必然性。

表 16 迁徙途中遭受损失的部分大学图书馆和公共图书馆简况

馆名	地点	原因	图书损失
东北大学图书馆	第一次:南迁北平途中;第二次:西迁四川三台	丢失	约 4 万册,占总数 40%;约 1 万册,占总数的 33%
厦门大学图书馆	迁往福建长汀,途经汀江	书被洪水冲走	53 箱
武汉大学图书馆	西迁途经宜昌长江江面;1939 年 2 月,巴县三峡附近	图书落水受潮后起霉腐烂;触礁	97 箱;2 万余册
金陵大学图书馆	历时三个月,行程 4000 余里抵达成都	长途运输生霉破损	
河南大学图书馆	转移途中	图书被水浸透	部分
中央大学图书馆	西迁重庆,舟行川江	沉没江中	10 余箱
复旦大学图书馆	西迁重庆北碚	遗失	34 箱
浙江大学图书馆	西迁贵州	辗转迁徙	图书 31800 余册,期刊 3500 册
浙江英士大学图书馆	前后六次搬迁		250 箱图书中损失 100 箱
中山大学图书馆			20 多万册
广西医学院图书馆	先迁桂林,再迁融水、田阳等地		9088 册剩 4026 册
国立中央图书馆	1940 年迁重庆江津县白沙镇时		十几箱书刊
广西大学图书馆	1944 年迁融县转贵州榕江	山洪暴发	损失殆尽

续表

馆名	地点	原因	图书损失
同济大学图书馆	1946年从四川回迁上海途中	沉船	近千册
金陵大学图书馆	1946年回迁南京时雇船一艘运载	被水浸毁	3箱

资料来源:

1.冯志.抗战时期我国的图书及图书馆事业[J].四川图书馆学报,2006(2).

2.邓珞华,林生.励精图治,屡厄屡兴——1893—1949年间的武汉大学图书馆[J].武汉大学学报(哲学社会科学版),2005,58(6).

3.孟国祥.烽火薪传:抗战时期文化机构大迁移[M].北京:商务印书馆,2015.

4.朱庆祚.上海图书馆事业志[M].上海:上海社会科学院出版社,1996.

5.霍学雷.东北沦陷时期日本对图书馆事业的统治和破坏[J].东北史地,2009(2).

仓促逃难,自然难以对校址和馆址做仔细斟酌与选择。在困境中,有些大学不得不分散迁徙,甚至于图书馆的图书有时也不得不拆分搬迁。比如,1937年8月抗战爆发初期,山西大学将文学院迁往运城,法学院迁往平遥,校部和理工学院迁往临汾,图书馆的藏书按文学、法学、理学分为三个部分随三个学院迁移[①];河南大学在1937年12月底将校本部和文学院、理学院、法学院迁往豫南的鸡公山,将医学院、农学院迁往豫西南的镇平,图书馆的藏书分装打包后,分别运往两个地方。为便于保管,运至鸡公山的图书又不得不分为两部分,一部分运到山上,一部分放在山下农村。豫南战事吃紧时,鸡公山的藏书又随文、理、法学院迁往镇平,与镇平的医、农学院藏书合并。镇平所在的南阳沦陷后,河南大学再迁嵩县。除医学院留在县城外,文、理、农三个学院继续前行至潭头镇。图书馆的总馆设在潭头镇的上神庙,另设四个分馆,即医学院分馆、理学院分馆、农学院分馆、文学院分馆(在总馆内)[②]。

炮火连天下的辗转迁徙、分散搬迁也是图书损失的一个重要原因。但即便如此,就像大多数大学从未放弃过教学一样,大学图书馆始终坚持开馆为教学科

---

① 李嘉琳.山西大学图书馆史[M].太原:三晋出版社,2012:23.

② 李景文.河南大学图书馆史[M].郑州:河南大学出版社,2012:21.

研服务。一旦脚跟稍稳,图书馆即刻开门迎接读者。而师生们此时对于图书馆,并未因生命朝夕受威胁而无法安心就座,反倒趋之若鹜,因为在国族的大难面前,个人对于未来的责任感都更加真切分明,而同时人生的飘忽、命运的无常、生命的脆弱等伤感与心灵创痛的累累瘢痕,也多可以在领受先哲智慧的教诲中找到慰藉,即使在昏暗的光线下、烟熏火燎的气息中、水渍漫漶的纸张上。

图 19　国立北平师范大学图书馆

抗战时期,该馆随着学校被日伪一再折腾:1938 年北师大被易名为"国立北京师范学院",1941 年更被迫与易名为"国立北京女子师范学院"的原女师大合并,改组为"国立北京师范大学"。图片来源:1937 年第 1 卷第 1 期《教育改造》。

第四,从数据上来看,"表14"只显示了少则一两万册,多则数十万册的图书损失,以及部分馆舍被占、被炸,远远无法反映中国图书馆在整个抗战期间真正具体的损失状况。据 1946 年中国代表团向联合国教科文组织巴黎大会递交的《报告书》所称,中国"各省市之公私立图书馆因战事影响,损毁停顿者,达百分之五十以上。其能幸存者亦均损失甚多。"①国民政府教育部战后所做

———————————

①　参见:中国第二历史档案馆藏国民政府教育部档案《一九三七年以来之中国教育》[卷号五(2038)]。

的统计则更较具体:1936—1937 年度,全国图书馆数为 1848 座,1937—1938 年度即降至 1123 座,少了 40%;而到 1945—1946 年度则只剩下 704 座[1],比上一年度又少了 37%,亦只占抗战全面爆发前图书馆总数的 38%,可见损失惨重的程度。

在这个问题上,《中华图书馆协会会报》有另外几篇文章涉及,如《继续调查全国图书馆被毁状况》(1938 年 13 卷 2 期)、《抗战一年来我国图书馆的损失》(1938 年 13 卷 3 期)、《抗战建国时期中之图书馆》(1939 年 13 卷 4 期)、《教部发表全国高等文化机关受敌军摧残之下所蒙损失统计》(1939 年 13 期 6 期)、《七七事变后北平图书状况调查》(1942 年 16 卷 3—4 期)等,比较全面地、完整地述及图书馆的受损情况,也有了更具体的数据:

《抗战一年来我国图书馆的损失》是对全国范围内各种类型图书馆受损情况的统计,时间截止到 1938 年 7 月:就受损图书馆数量而言,南京,53 所;上海,173 所;江苏,300 所;浙江 377 所;安徽,111 所;北平,96 所;天津,36 所;河北,176 的;青岛,12 所;山东,276 所;山西,127 所;河南,392 所;察哈尔,13 所;绥远,19 所。共 2166 所。而据重庆青年会蟾秋图书馆所藏《全国机关公团名录》第 12 卷记载,截至 1936 年 4 月,全国除东四省、冀东 22 县、察北 6 县外,图书馆总量为 3744 所。也就是说,全国抗战爆发仅一年,58% 的图书馆遭受损失。就图书损失数量,该文用自己的方式进行了演算——以南京地区 53 所图书馆中的 43 所共藏书 1712238 册,每馆均藏 4000 册为基准,全国有 2166 所图书馆受损,按照每馆藏书平均数是"南京每馆藏书平均数的十分之一——4000 册计算,2166 所,即达 8664000 册之巨"[2]。

《抗战建国时期中之图书馆》一文引用教育部 1935 年的统计,认为战前全国大小图书馆共计 4000 余所,战时遭到日军损毁的"估计已达 2500 余所"[3],即占总数的 63%。其中受损严重的图书馆集中于东南沿海诸省,而馆舍精美、馆藏丰富的图书馆比比皆是,更显得损失严重。

---

① 王春南. 侵华战争中日本对中国文化的摧残[J]. 抗日战争研究,1993(1):165.
② 抗战一年来我国图书馆的损失[J]. 中华图书馆协会会报,1938,13(3):21 - 22.
③ 抗战建国时期中之图书馆[J]. 中华图书馆协会会报,1939,13(4):2.

《教部发表全国高等文化机关受敌军摧残之下所蒙损失统计》的统计截止到
1938 年 12 月底,涉及的主要是全国范围内教育系统,主要是大学及专科以上的
学校的图书馆,还有文化机关的图书馆。对于学校的损失,该文以"对比"的研究
方式对"损失大半"的现状加以论证:战前,全国专科以上学校共 118 所,短短 18
个月内,有 14 所"受极大之破坏",18 所"无法续办",73 所"迁移……不能利用其
原有之设备"。仅从图书馆的角度说,就图书损失而言,国立学校"损失 1191447
册",省立学校"104950 册",私立学校"1533980 册",总计 2830386 册。但此数据
并不全面,因为只涉及沦陷区的学校,而没有包括战区内的学校,更不含学校迁
移中的损失。至于 2500 余所文化机关图书馆,图书损失当在"1000 万册以上"。
除了图书以外,仅"昔日刻书之木板板片",南京的中央图书馆损失 7 万余片,浙
江省立图书馆损失 10 万余片,"全国所藏木版几损失十分之七八"①。

以上数据只是反映"七七事变"后两年之内的中国图书馆损失状况。尽管数
字已经十分让人惊骇,但抗战尚在继续,日军对图书馆的摧残远没有结束,而另
一个高峰发生在 1941 年年底太平洋战争爆发香港沦陷之后。图书馆学者杜定
友(1898—1967)在抗战中期对图书的损失所做的估算为"1100 万册以上",至于
因香港沦陷而损失的具体图书数量和珍贵程度,他列举道:

> 我国图书文献,藏于香港者,为数不鲜。据作者所知,有国立××两大图
> 书馆之善本图书。××两大学图书馆的一部分。其中善本书一万一千余册,
> 志书一万三千余册,而以碑帖三万张,尤为希世之珍。广东藏书家徐××的×
> 洲书楼②,港大之×山图书馆③,以及李×壤莫××之藏书④,对于岭南文献,
> 搜藏为全国之冠。简××之太平天国遗物,黄××之革命文献⑤。数年以

---

① 教部发表全国高等文化机关受敌军摧残之下所蒙损失统计[J]. 中华图书馆协会会
报,1938,13(6):13 – 14.

② 此句还原应为"徐信符的南州书楼"。徐曾是杜定友的老师,曾任中山图书馆特藏部
主任,兼广东省立图书馆董事。

③ 所指应为香港大学的"冯平山图书馆"。

④ 前者当为李文田,后者应为莫伯骥。

⑤ 此句中"简××"应是指太平天国研究专家、人称"太平迷"的简又文;"黄××"应是
指辛亥革命领袖黄兴(字克强)。

来，英美为协助国内各大学图书馆，捐赠图书四百余箱，其他英美出版品，因港粤交通断绝，而积存香港邮局者，不可胜计①！

像杜定友这样的以图书馆事业为生的图书馆学家，在他们心目中，相对于一般物件，图书的损失根本无法简单地用非人性的数字进行考量，因为它们难以复原复得，尤其是那些经数百年传承下来的中华典籍更不是用金钱就可以购得的。但在日军野蛮的炮火中，"隋唐志所著录，宋志十不存一"这样万万不可发生的事情却真真实实地发生在眼前，那种锥心之痛不难想象。

国立中央图书馆馆长蒋复璁（1898—1992）也以图书馆学人的身份表达了对图书遭损的痛心："七七事变以后，我们在东南各省损失了近二千所的图书馆，图书损失总在一万万册以上，并且所损失的多是在战前最完善的图书馆。这个损失岂是一个简短的时期，可以恢复？"②

对于抗战时期中国图书馆和图书损失具体情况进行调查的组织机构，除了中华图书馆协会以外，比较重要和权威的还有国立中央研究院社会科学研究所、国民政府教育部等。1946 年出版的由社会科学研究所研究员韩启桐撰写的《中国对日战事损失之估计（1937—1943）》是对抗战六年间的财产损失进行的统计，也涉及图书馆。据他引用的"全民通讯社"的调查，图书损失主要来自于劫掠，包括公共图书馆和私人藏书，前者如"北平约 20 万册，上海约 40 万册，天津、济南、杭州等处约各 10 万余册"等；后者如"海盐、南浔、镇江、苏州等地，或被捆截而去，则散失无踪"。从图书损失总数来说，他依据的是"美籍人士实地考察"后的说法，即，"估计中国损失书籍当在 1500 万册以上，内含不少衡珍古书在内"③——1940 年 3 月，美国在华人士考察后撰写并出版了《日本在中国的文化侵略》一书，指出中国的图书损失在 1500 万册以上（The American Information Committee：*Japan Cultural Aggression in China*，美国国会图书馆藏）④，超出杜定友

① 杜定友. 香港沦陷后我国文献之巨厄[J]. 中华图书馆协会会报，1942，16（5－6）：6.

② 蒋复璁. 最近中国图书馆事业之发展[J]. 社会教育季刊（重庆），1943（创刊号）：63.

③ 韩启桐. 中国对日战事损失之估计（1937—1943）[J]. 国立中央研究院社会科学研究所丛刊，1946（24）：56－57.

④ 张玉娥，王皓杰，李昌田. 文献史话[M]. 北京：知识产权出版社，2010：84.

所说之数达 400 万之多。

国民政府教育部从 1937 年 10 月便开始了图书损失调查,一直持续到抗战后期。1945 年 4 月,该部为保存战区文物,成立了"战区文物保存委员会"。日本无条件投降后,9 月,保存委员会拟定组织规程;12 月 26 日,经国民政府行政院批准,该会更名为"教育部清理战时文物损失委员会"。

然而,颇让人意外的是,一开始,清理委员会并没有明确将"图书"列入清理范围。这从"组织规程"中规定的"任务"、委员会附设的几个小组可以看出来。首先,从"任务"上说,它"为调查收复区重要文化建筑、美术、古迹、古物被劫及被毁实况,并设法保护之"[1];其次,从委员会附设小组上说,它只有建筑组、美术组、古物组、古画组。

但其实,一来清理委员会 27 名委员中,有两位来自于图书馆,一是中央图书馆馆长蒋复璁,一是北平图书馆馆长袁同礼(1895—1965),还有一位是图书版本鉴定家张凤举(1895—1986);二来在后来的清理工作中并没有将图书排除在外,在清理报告中也含有图书损失数据,甚至将书籍列于诸类之首——"书籍、字画、碑帖、古物、古迹、仪器、标本等各项损失总共三百六十万另七千六百七十四件,又一千八百七十箱七百四十一处(古迹)"[2];若仅以图书论,共损失公私图书"300 多万册"[3]。后来古画组改为图书组,而对于古画的调查改由美术组负责。显然"300 多万册"的说法只是一个大概。

在清理战时文物损失委员会编撰的《我国战时文物损失数量及估价总目》中,对于图书的损失,具体数据是:

公方:2253252 册,另 5360 种、411 箱、44538 部,合计 3804014 元。

私方:488856 册,另 18315 种、168 箱、1215 部,合计 1204766 元[4]。

如果将公私两方所损失的图书合并计算,总数超过 500 万。之所以这与杜

① 胡昌健.国民政府教育部"清理战时文物损失委员会"[N].中国文物报,2007-08-22(6).
② 清理战时文物损失委员会结束[J].教育通讯(汉口),1947,复刊3(6):26.
③ 李晓东.民国文物法规史评[M].北京:文物出版社,2013:172.
④ 中央党史研究室第一研究部,中国第二历史档案馆,李忠杰.国民政府档案中有关抗日战争时期人口伤亡和财产损失资料选编2[G].北京:中共党史出版社,2014:881.

定友所说的"1100 万"和韩启桐所说的"1500 万"存在一定差距,主要原因在于前者来自清理战时文物损失委员会只对"具有历史艺术价值且查有实据者"的图书进行了统计,而未将"不具有历史艺术价值,或虽具有此种价值,由于申报手续不完备者"①计入在内。显然,只从"价值"角度进行统计,无法全面反映图书损失程度。但至少可以说,十四年抗战,中国图书损失量至少 500 万册,而从《抗战以来一年来图书馆的损失》一文所说"866 万"、《教部发表全国高等文化机关受敌军摧残之下所蒙损失统计》一文所说"1000 万"到杜定友所说的"1100 万"、蒋复璁所说的"一万万册",以及《中国对日战事损失之估计(1937—1943)》一文所说"1500 万"来看,1000 万—1500 万册的统计数据应该更接近事实。

第二节　对中国图书馆的轰炸

一、遭到轰炸的图书馆超过八成

仅就藏书量最为丰富的全国各地的大学图书馆而言,战后统计,在大约 108 所大学中,有 91 所遭到严重破坏,"其中全部受敌人破坏者计 10 所……截止到 1938 年 8 月底,我国高等教育机关之损失,就其可知者,已达 3360 余万元之巨数"②。对于一所大学来说,除了教学办公的建筑本身、一般办公用品、实验用的仪器设备,物性最强的便是图书馆,而图书文献资料是其中最大最宝贵财富。因为如此,大学一旦遭遇破坏,图书馆往往损失最大。据 1945 年 5 月教育部统计处的统计数据,大学图书馆的图书损失,国立大学中文书与外文书合计 270 余万册,省立大学中文书 27842 册,私立大学中文书与外文书合计近 24 万,总计约 297 万③,而战前图书总量大约 600 万册。也就是说,短短几年,损失近一半。造成如此巨大损失,无疑地,日军有目的有针对性地蓄意焚毁和轰炸是最主要原因。而轰炸主要来自三种情形,一是抗战初起时图书馆未及撤

<hr />

① 戴雄. 抗战时期中国图书损失概况[J]. 民国档案,2004(3):116.
② 顾毓琇. 抗战以来我国教育文化之损失[J]. 时事月报,1938(5):20.
③ 中国第二历史档案馆. 中华民国史档案资料汇编. 第 5 辑. 第 2 编:教育[G]. 南京:凤凰出版社,1997:383.

离而在原地遭到轰炸;二是在图书馆迁徙途中被轰炸;三是图书馆迁至大后方
又不幸遇到空袭。

1. 第一种情形

随着侵华战争步伐的加快,日军紧锣密鼓地开始了摧毁中国图书馆事业的
罪恶活动,目的是截断华夏文明、毁灭中国文化,以助其更有效地推进军事进攻
并遏制中国人民的反抗。上海商务印书馆附设的东方图书馆、天津南开大学的
木斋图书馆等中国现代图书馆的代表率先成为轰炸目标,均与中国军队奋起抗
击日军有直接关系。这两座图书馆被损毁的惨烈过程,集中而典型地暴露了日
本人对中国图书馆所持的真实用心与扭曲心理。

1932 年"一·二八"淞沪抗战与东方图书馆:中国第十九路军总指挥蒋光鼐
(1888—1967)、军长蔡廷锴(1892—1968)率部与来犯日军于上海闸北激战,日军
即派多架水上飞机从泊于黄浦江中"出云号"巡洋舰起飞,向坐落于闸北的商务
印书馆先后投弹 6 颗,引发全馆大火,与商务印务馆一街之隔的东方图书馆被波
及,造成部分馆藏损失,上海市市长吴铁城(1888—1953)对记者谈话中因而有
"古籍孤本尽付一炬"之语①。隔了一天后,东方图书馆忽又起火,火势异常迅猛,
显系人为纵火。

对于纵火者,当时多指称为日本浪人②。而纵火也的确是日本人战时惯常手
段。仅在"一·二八事变"期间,上海私立持志学院图书馆同样被日军机关枪队
纵火焚毁,所有图书 3 万册损失殆尽;上海法学院在江湾路的新校舍被日军纵
火,焚烧两昼夜③;在天津南开大学木斋图书馆遭日机轰炸的次日下午,"日方派
骑兵百余名,汽车数辆,满载煤油,到处放火……图书馆、教授宿舍及邻近民房,
尽在火烟之中……烟云蔽天"④。这座建造时"务求坚固美观合用且能避免火
患"⑤、建成后被外界盛赞为"采用最新图书馆建筑法,藏书绝无焚毁之虞"⑥的图

　　① 吴铁城之谈话[N].申报.1932 - 01 - 30(2).
　　② 参见:《大公报》1932 年 2 月 2 日及《大美晚报》《新闻报》1932 年 2 月 3 日之新闻。
　　③ 参见:中国第二历史档案馆藏国民政府教育部档案《日寇侵略上海各校呈报战事损失
情形的有关文件》[卷号五(5282)]。
　　④ 日机继续轰炸南开[N].申报,1937 - 07 - 31(4).
　　⑤ 陆华深.南开大学木斋图书馆概况[J].图书馆学季刊,1929,3(1 - 2):267.
　　⑥ 木斋图书馆概况[N].益世报,1928 - 10 - 23(4).

书馆终究还是抵御不了人为纵火；1941 年 12 月，日军纵火湖南的湘雅医学院，焚毁图书 3376 册①。

东方图书馆与商务印书馆一样，因地处战区，救火车无法施救，只能任其延烧。大火肆虐了一天，其间"纸灰飘扬，甚至南市和徐家汇一带，上空的纸灰像白蝴蝶一样随风飞舞"②，连十里开外的法租界都能拾到"风吹来的烧焦了的《辞源》和《廿四史》的残页"③。当天傍晚时，这幢被誉为"东方第一图书馆"的五层大楼已烧成一具空壳，主办者苦心筹集三十年而拥有的"廿六万八千册中文书、八万册外文书、五千册图表照片、近三万册经史子集，另有四万册善本书、近二万五千七百册方志，以及四万册中外报刊"④的傲世馆藏全都化为灰烬，其损失难以估量。

1937 年中国第二十九军三十八师副师长兼天津市警察局局长李文田（1894—1951）率驻津部队和天津保安队，向天津日军发动进攻。日军因措手不及加上兵力不足，一度处于不利状态。日军华北驻屯军司令官香月清司（1881—1950）为改变被动局面，提出由飞行队出动进行空袭，驻屯军参谋长桥本群（1886—1963）不同意，认为"天津情况特殊不可空袭"。香月清司虽不听劝阻，但也设法对轰炸目标做了限制，他"叫来了航空主任参谋塚田中佐，对天津市区地图上的敌军占领地做了红色标注，提醒对外国租界无关区域不要狂轰滥炸，并下令航空兵团司令德川［好敏］中将实施轰炸"。日本驻天津总领事堀内干城也反对实施空袭，且以 1932 年"淞沪抗战"中因日军空袭引发重大外交问题的例子相劝："考虑外国租界的关系，恳请务必停止对天津实施轰炸"。香月执意不听，反倒要求堀内向各国租界做解释工作："命令轰炸的目标只限于敌现占领地以及建筑物，并非肆意对天津市区进行轰炸，特别是对于外国租界以及属于其权益内的东西一概非我方轰炸之目标，望就此能对外国方面加以说明"⑤。

---

① 参见：湖南省档案馆藏 1943 年 8 月至 1948 年国立湘雅医学院《本院抗战损失的上报材料》（档案号 67 - 1 - 332）。

② 郑逸梅. 前尘旧梦［M］. 哈尔滨：北方文艺出版社，2009：5.

③ 梁雪清. 淞沪御日血战大画史［M］. 上海：文华美术图书公司，1932：31.

④ 何炳松. 商务印书馆被毁纪略［J］. 东方杂志，1932（4）：5.

⑤ 小林元裕. 中日战争爆发与天津的日本居留民［J］. 抗日战争研究，2014（2）：97 - 98.

7 月 29 日下午,共有 15 架日机对天津市实施空袭[1],其中有两架日机飞至南开大学投弹,前后又夹有炮火轰击,木斋图书馆被毁[2],损失图书近十万册,其中不少珍善本。木斋图书馆系由辛亥革命前曾任直隶、奉天提学使的藏书家、实业家、教育家卢木斋(1856—1948)捐建,于十年前建成,其馆舍及设施堪称一流,设计藏书可超过 30 万册。它是国内最早的由中国人创办的建筑事务所的创办者关颂声(1892—1960)的杰作,外形呈"T"形,砖木结构,整体两层,局部四层。阅报室、杂志阅览室、办公室、教员研究室置于一层;二层有东西两大阅书厅,可容纳超过 500 人;三层有两间特别图书室;尤其是立面中部体现欧式风情的大圆顶设计,透露出设计者教会大学与美国大会的教育背景,圆顶下设计为会议室与书库。大圆顶凸显的标志性,却也成了日军炮口与飞机投弹的显著目标而首先被毁。

图 20　新建成的南开大学木斋图书馆

图片来源:1928 年第 5 卷第 233 期《北洋画报》,秋尘供稿。

---

① 据日本防卫厅防卫研修所战史室《中国事变陆军作战》所述。
② 南开大学损失奇重[N].申报.1937 – 07 – 30(4).

图 21　被日机投弹炸毁的南开大学图书馆

图片来源：1937 年第 2 卷第 7 期《战事画刊》。

　　日军作恶之后还不无得意地宣称其对包括南开大学在内的建筑"进行了准确无误地轰炸和炮击"。"准确无误"一词暴露了日军轰炸木斋图书馆的蓄意性。日本众议院议员山本实彦（1885—1952）1937 年 8 月 15 日在日军一参谋长的带领下参观南开大学被炸的废墟。他以前曾到过南开大学，如今却看见木斋图书馆等原本"漂亮的建筑都已经烧毁"；在木斋图书馆外的地上，他看到图书珍本的碎片在初秋的风中飘散。他还写道：在南开大学"投下这么多炸弹，我看到只有两颗投偏了，让人觉得我军的目标非常准确"①。由此亦可见日军轰炸木斋图书馆非为误炸，而是具有针对性的精准打击。

　　湖南大学图书馆也是日军瞄准的轰炸对象。1938 年 4 月 10 日，日军飞机飞临长沙上空，实施自 1937 年 11 月 24 日第一次轰炸长沙以来的第四次轰炸，而此次的主要目标为湖南大学，甚而直指图书馆。湖南大学图书馆除拥有丰富而珍

————————

　　① 万鲁建.津沽漫记：日本人笔下的天津［M］.天津：天津古籍出版社，2015：205－206.

贵的馆藏外，一度还负有特殊使命——北京故宫为免文物落入日本人之手，之前一路西迁至此，将文物存于图书馆底层。自日军开始轰炸长沙，护送文物人员料湖南大学图书馆朝夕不保，遂先已将文物迁往贵阳，从而避免了灾祸。出于同样的担忧，湖南大学校方也早在 1937 年冬季，在沅陵太子庙设置转运站，将 14919 册古籍善本装箱用民船运往湘西①，一说时任湖南大学教务长的任凯南（1884—1949）事先将馆藏珍本善本书籍装箱移置爱晚亭青枫峡一带山谷中②，在一定程度上减少了损失。

湖南大学图书馆 1929 年 12 月动工，1933 年 11 月落成开放，从馆舍建筑到内部设施完成，整整花费了四年时光，其间五任校长接连为此耗费心血方得玉成。图书馆由自日本学成归来的蔡泽奉教授设计，取西方古典主义建筑风格。整幢建筑前低后高，前部二层，用作阅览室与办公室；后部四层，作为书库。"大门正面耸立着 4 个高大的古罗马爱奥尼式花岗岩石柱，中央穹顶。屋顶建有八方塔，作观象台用"③，十分气派，是当时华中华南规模最大、外表最壮观、内部设施也最好的图书馆。可是在这次空袭中，湖南大学图书馆大楼被炸垮塌，计有 54091 册图书化为灰烬④。湖南省主席张治中（1890—1969）给国民党中央有关部委的电文及该校自治会给国民党中央党部和国民政府的"快邮代电"这样写道：4 月 10 日 14 时半，日机 27 架侵袭长沙上空，对湖南大学投燃烧弹五十余枚，"其重者在千公斤以上"，"该校的图书馆、第五学生宿舍全毁……"⑤如此疯狂而集中的轰炸，若非目的明确，万不可能如此。

---

① ④　沈小丁.民国时期湖南大学图书馆发展演变［J］.高校图书馆工作,2011(3):21.

②　黄曾甫.一代宗师高山仰止——记湖南大学前校长任凯南先生［G］//中国人民政治协商会议长沙市西区委员会文史委员会.长沙市西区文史资料第 9 辑.长沙:长沙市西区政协文史委员会,1991:180.

③　沈小丁.民国时期湖南大学图书馆发展演变［J］.高校图书馆工作,2011(3):19.

⑤　参见:中国第二历史档案馆藏国民政府教育部档案《湖南大学被日机轰炸情形等文件》［卷号五(5322)］。

图 22　湖南大学图书馆

由蔡泽奉设计、1935 年建成的湖南大学图书馆,1938 年在日机的定点
轰炸下倒塌,四根古罗马爱奥尼柱式花岗岩石柱横陈于废墟之上。图片来
源:1932 年第 7 期《湖南大学期刊》。

除此三大图书馆之外,其他遭到轰炸的图书馆还有很多。见表 17:

表 17　全面抗战前半期在原址遭到焚毁、轰炸的部分图书馆

城市	图书馆名称	被毁时间	损失情况
上海	南市区文庙图书馆	1937 年 8 月 13 日	3 万册,占总数的 60%
	复旦大学仙舟图书馆		藏书 5 万册,馆舍被击毁。
	上海法政学院图书馆		4575 册中文图书、420 册西文图书、1994 册中西文杂志
	私立诚明学院图书馆		5.4 万册图书杂志藏书全部被毁
	私立新华艺术专科学校图书馆		藏书全部被毁
	持志学院及附属中学图书馆		所有的 3 万册图书
	中国公学图书馆		所有馆藏全部被毁
	国立中央大学驻江湾商学院		4 万册图书(内有宋明善本)
	暨南大学图书馆	1937 年 8 月 19 日	馆舍被损毁

城市	图书馆名称	被毁时间	损失情况
南京	中央大学图书馆	1937 年 8 月 15—26 日	国学书版 150 种
	市立图书馆		全部毁于大火
	中央研究院生物研究所图书馆		馆舍被炸起火,3 万册图书尽毁。
北京	清华大学图书馆	1937 年 7 月	整套中国近代史料被焚毁
天津	市立图书馆	1937 年 7 月 23 日	炸毁馆舍 5 间;损失图书 5 万册
广东	肇庆中学图书馆	1938 年	先后被炸 5 次,图书馆被焚毁
	汕头市公立图书馆	1938 年 7 月 1 日	4 万多册书刊化为灰烬
	省立图书馆	1938 年	图书 15637 册,日报 33 种被焚毁
江苏	省立图书馆	1937 年 8 日	寄存在兴化县的木刻图书及各省方志 6803 册被焚毁
	苏州图书馆		图书 2038 种,12798 册
	江阴南菁中学图书馆	1937 年 10 月 12 日	清代著名学者王先谦大量宋版书 1 万余卷被焚毁
山东	齐鲁大学图书馆	1937 年 7 月	12 余万册图书被焚毁
	省立图书馆		"海岳楼""宏雅阁"被焚,图书大部被焚毁
浙江	省立图书馆	1937 年	10 余万册图书
四川	重庆市立图书馆	1939 年 5 月	馆舍被炸
	重庆大学文学院图书馆	1940 年 7 月 4 日	
	隆昌中学图书馆	1940 年 8 月 2 日	
安徽	省立图书馆	1943 年 1 月	馆舍焚毁,20 万册藏书荡然无存
广西	省立桂林图书馆	1944 年 11 月	馆舍焚毁,20 万图书被毁
福建	厦门集美学校图书馆	1938 年 5 月 22 日	馆舍炸塌,3 万余册书刊被焚毁
	厦门大学图书馆		损失中西文图书 1.1 万余册
湖南	省立图书馆	1938 年 10 月 19 日	馆舍被炸,馆藏 5 万多册书刊和 30 多种版片被焚毁
河南	省立图书馆	1938 年 7 月	两幢书库炸毁,损失书刊 1.5 万册,挂图 5 千余张,档案 3 千卷

续表

城市	图书馆名称	被毁时间	损失情况
广西	广西大学梧州校区图书馆	1938 年 8 月	书库倒塌,4 万余册图书炸毁
甘肃	省立图书馆	1939 年 10 日	馆舍 7 间被炸毁,损失图书 8 千余册,期刊 2 万多

资料来源:

1. 庄虹,张冬林. 我国抗战时期古籍、图书损失略述[J]. 科学经济社会,2013(4).

2. 罗衍松. 抗日战争时期高校图书馆藏书损毁情况研究综述[J]. 长春金融高等专科学校学报,2014(2).

3. 官丽珍. 抗战期间日本对广东的文化侵略述论[J]. 广东社会科学,2002(6).

4. 李超. 日本侵华战争对中国图书馆事业的摧残[J]. 山东图书馆学刊,2005(2).

5. 杨子竞. 日本侵华战争(1931—1945)对中国图书馆事业的摧残[J]. 高校社科信息,2005(5).

6. 农伟雄,关健. 日本侵华战争对中国图书馆事业的破坏[J]. 抗日战争研究,1994(3).

据《中国图书馆协会会报》记载,仅"七七事变"后一年内,全国就有 2166 所县级以上图书馆遭到日军轰炸,超过八成损失惨重,直接损失各类书刊在 800 万册以上。由此可见,轰炸给中国图书馆造成的损失何等巨大。

2. 第二种情形

最早内迁的大学是位于沈阳的东北大学。"九一八事变"后,东北沦陷,东北大学不得不离开故土迁至北平,仓促之下,大量图书资料被遗留在原地而陷入敌手。随后,黑龙江省立图书馆遭到轰炸、"一·二八事变"之后东方图书馆被摧毁。此时,日本人的侵略野心显露无遗。为防图书典籍再遭日人荼毒,1933 年,北平故宫博物院按照国民政府的指示,挑选了一部分珍贵古籍和文物内迁南方。随后,中华图书馆协会在年会上呈请教育部请求各地方图书馆早做迁移安排以保存珍善本图书。率先响应的是国立北平图书馆,它先在北平西南山区建造临时书库以备不测,继而将该馆数千种善本图书和历代重要地图分别南运于上海公共租界和南京的中央地质调查所①。

---

① 孟国祥. 烽火薪传:抗战时期文化机构大迁移[M]. 北京:商务印书馆,2015:139.

　　战火遍燃中华大地之时,图书馆内迁之路险阻重重,迁徙途中不时遭到轰炸。国立山东大学图书馆于 1937 年 10 月西迁四川万县,"惟于铁路运输之时,适逢敌机来袭,竟被轰炸,损失不少。所存以西文书籍为多,中文书约占三分之一,尚有若干善本,合约万数千"①。同年底,上海复旦大学图书馆西迁时途经江西萍乡时也被敌机轰炸,后来发现遗失了 34 箱图书。河南大学图书馆一再迁徙,在 1939 年不得不从镇平县迁往嵩山县途中被日军飞机扫射,损失图书 60 多箱②。武汉大学图书馆西迁时数次遭到轰炸:1938 年 11 月 11 日,日机轰炸宜昌,停泊在宜昌江面的装有图书馆图书资料的船只被炸毁,140 余箱 7400 册图书沉没江底,另有 97 箱图书落水霉烂;1939 年 7 月,幸存的图书好不容易安全运抵四川嘉定,但一个月以后的 8 月 19 日,日寇出动 36 架飞机,轰炸嘉定,7483 册图书被炸毁③。广东省立图书馆于 1944 年 5 月中旬日军进攻粤北时便开始着手搬迁,将占总数十分之四的图书分装 89 箱后于 6 月 11 日出发运往连县。第二批图书于 7 月 2 日觅到船只后连夜装船,4 日开船,7 日下午三时左右行至湟江老鸦沙附近时不幸遭遇 3 架日机轰炸和机枪密集扫射,船主被炸死,船只被射穿漏水下沉,"书物尽湿"。无船不能再运,无奈之下,这批已经浸湿的图书被暂时安放在当地甲长处。14 日,该地陷敌,所有图书遭日军破坏并焚毁,计损失图书 15639 册,报纸 33 种,三年的全部档案一箱,空白目录卡 600 张,箱只家具 105 件,估值约 50 余万元④。

---

　　① 国立山东大学图书馆由中央图书馆接管[J].中华图书馆协会会报,1938,13(1):19.

　　② 河大图书馆随校迁嵩之经过及现状[J].中华图书馆协会会报,1940,14(5):19.

　　③ 邓珞华,林生.励精图治,屡厄愀兴——1893—1949 年间的武汉大学图书馆[J].武汉大学学报(哲学社会科学版),2005(6):876.

　　④ 广东省立图书馆消息[J].中华图书馆协会会报,1945,19(1-3):8.

图 23　日机轰炸后的复旦大学图书馆

图片来源:1939 年第 1 卷第 6 期《今日中国》。

3. 第三种情形

即便一路侥幸安然迁至大后方,图书馆有时仍然摆脱不掉炮弹的追随。1939 年 9 月,内迁湘西辰溪的湖南大学辰溪垅头堉校区的图书馆再次遭遇轰炸,好不容易抢运出来的图书又损失了不少。1940 年 6 月,储藏在重庆北碚的清华大学图书馆 12764 册古籍遭到日军飞机轰炸焚毁,仅抢救出 2300 余册[1]。1944 年 5 月 15 日,日军扫荡了辗转至河南嵩县潭头镇的河南大学。没有来得及逃走的河大学生有 6 人被敌机枪扫射而死,几名女生不甘受辱投河而死,掌管图书馆钥匙因此最后离开的馆员石如灿和其他师生二十多人被俘罚做苦力。占据了图书馆后,日军实施了疯狂的破坏,纵火焚烧了理学院图书馆,"不但全部原版科学和工程参考的图书、杂志付之一炬……二十多年来惨淡经营的理学院的设备竟被日寇破坏无余"[2]。内迁至昆明的北京大学、清华大学、南开大学等组建的西南联合大学于 1941 年 8 月 14 日也遭到轰炸,日军出动轰炸机 27 架次,针对图书馆投弹 18 次,大书库被击中倒塌,损失图书数百册;阅览室的期刊被水淹而全部损毁[3]。比较幸运的是位于大后方成都的华西协和大学图书馆。在 1939 年 6 月的

---

①　百年清华图书馆编写委员会.百年清华图书馆[M].北京:清华出版社,2012:64.

②　李燕亭.日寇对河南大学的浩劫[N].河南日报,1951 – 03 – 07(4).

③　吴晞.北京大学图书馆九十年纪略[M].北京:北京大学出版社,1992:90.

一次轰炸中,该校及借居在此的几所大学的师生多人死伤,其中金陵大学校长陈裕光一家也被炸伤。所幸日军投掷的炸弹中有几颗是哑弹,其中一颗距离图书馆仅 30 公尺,图书馆算是逃过一劫①。

二、日军轰炸中国图书馆乃蓄意行为

整个抗战时期,日军反复多次有目的地针对中国图书馆进行打击乃至摧毁,投降后却狡辩称"战火殃及"。其对于战争责任的推卸与抵赖,原不足为怪,而"殃及"还是"蓄意",亟须甄别清楚,因为它是判定事件性质的重要依据,也是判定文化侵略事实具体责任的关键。事实上,仅就日军轰炸东方图书馆、南开大学木斋图书馆等图书馆的过程(目标明确、打击精准)来看,便已经可以做出"蓄意"的结论,而日本人所怀的政治目的、无法成立的借口、对抗日运动的竭力报复、所持的思想动机和心态等都更增加了"蓄意"的成分。

首先,战争最直接的表现是双方的军事对抗,而一方以军事手段打击另一方的经济文化机构设施,多出自政治目的。不只在图书馆人眼里,上海东方图书馆被炸毁是"日本人毁坏图书文物方面最大的罪行"(李芳馥,1902—1997)。日本人之所以不惜冒天下之大不韪,显系怀有"政治上的动机",就因为"中国文化深入人心,日本人要征服中国,一定要破坏中国文化"(顾廷龙,1904—1998);同时也有日军炸毁东方图书馆系经济缘故之说:"商务印书馆最初有日本人的股资,日本人占大约 20%,后来有人有意见,说是中日合资。商务印书馆创办者之一的张元济很气愤,决定退股,强迫日本人退股。日本人很不高兴。就在签约那天,商务总监夏瑞方就被日本人暗杀了,他是商务印书馆发起人,所以'一·二八'一开始,首先炸商务印书馆"(林斯德,1994—1995)②。可见日本人炸毁东方图书馆是有目的的行动。

其次,从日军打击文化目标所寻借口来看。日军对中国图书馆等文化机构实施摧毁,多以其有中国军队占据或被中国军队用作阵地、工事作为借口,几成

① 黄思礼.华西协和大学[M].秦和平,何启浩,译.珠海:珠海出版社,1999:99.
② 陈潮.侵华日军对上海等地图书资料的破坏和占夺——往事访谈录[J].图书馆杂志,2002(8):76.

惯例。比如对于商务印书馆被日机投弹炸毁、东方图书馆同遭焚毁，日本报纸宣传说馆内藏有中国便衣士兵武器；日本海军司令盐泽幸一（1883—1943）也说商务印书馆被用作中国军队的阵地；之后又有日本基督教8位传教士赴上海视察，问及商务印书馆等文化设施被日军破坏，上海日本侨民联合会会长河端回答说，商务印书馆在双方交战时，"为闸北中国军队主要防御阵地。轰击日军而落入公共租界内之炮弹即大都由此方面发出。故商务印书馆之被毁……在当时固绝对必要者也"①。而就在河端回答传教士的当天，日本军事当局的言辞更为直接了当："日本军队对于商务印书馆、东方图书馆及江湾劳动大学之轰炸，绝不踌躇，因为其皆为军事要塞，布有沙袋与炮垒故也。"②

对此，商务印书馆随即发表声明，称"谓本馆为中国军队用作主要防御地，亦属因果倒置。在日军飞机掷弹轰炸之前，本馆总厂及各附属机关中绝无军队或便衣兵士踪迹。……至于既毁之后，中日两军屡进屡退，各据以为壁垒，当亦事属可能。"③而后又有美国人在上海创办的一份英文周报就此发表评论道："就本报所知，当沪变期间，凡沿租界边界观察闸北战事的各中立国的军事观察者，均能证明该馆厂房并未被中国军队用作堡垒。……后来中国军队被迫后退时，确曾用该馆颓垣为战壕，但在战事初起时该馆厂房并未被用，则是明显的事实。"④

日军在轰炸木斋图书馆之前数小时，曾于日本报业会召开外国记者会，一个队长毫无顾忌道："先生们，今天我们要轰炸南开大学。"其所持借口也是"因为暴乱的中国人在这儿有队伍"。当有记者表示早上才从南开大学那里来，并没看到一个中国军人的时候，这位队长又改口道："但是该建筑是很坚固的。它们很适于防守。中国人将利用它们。"⑤卢木斋当年捐建图书馆时提出"务求坚固"，馆舍坚固竟成了它遭受厄运的借口。而在对木斋图书馆等处实施空中轰炸与炮击后，日方仍然宣称轰炸南开大学是因为校内"被敌兵占据"。而翌年日机轰炸

---

① 参见：大美晚报,1932 – 03 – 18.
② 参见：上海泰晤士报,1932 – 03 – 19.
③ 参见：时事新报,1932 – 03 – 19.
④ 参见：密勒氏评论报,1932 – 03 – 26.
⑤ 爱泼斯坦. 人民之战[M]. 刘莲等,译. 上海:新人出版社,1940:45 – 46.

湖南大学图书馆,借口也是该校为军事基地①。

对于日本人屡番蓄意损毁以图书馆为代表的中国文化教育机构与事业以及精神财富还要找寻借口的行径,1937 年 11 月,中央研究院院长蔡元培与北京大学教授胡适、北平研究院院长李煜瀛(字石曾,1881—1973)、南开大学校长张伯苓(1876—1951)、同济大学校长翁之龙(1896—1963)、北京大学校长蒋梦麟、中央大学校长罗家伦(1897—1969)、沪江大学校长刘湛恩(1895—1938)、清华大学校长梅贻琦(1889—1962)等 102 人联名发表题为《发表日本破坏我国教育机关之英文事实声明》,揭穿日本人的真实用意与拙劣手法:"日方此种举动,每以军事必要为借口,殊不知此种教育机关……绝与军事无关。日人之蓄意破坏,殆即以其为教育机关而毁坏之,且毁坏之使其不能复兴,此外皆属遁辞耳。"更历数日军罪行:"……日方此种举动,系以有计划,有系统,故如中央大学,即为日本空军所圈定之轰炸目标,嗣果陆续惨被轰炸四次。又如南开大学,则轰炸不足,继以焚烧,全成焦土。"②

再次,早在抗战爆发前,日本就对中国的抗日风潮畏之如虎视作仇雠,抗战一爆发,久抑的报复之心即趁机释放,急欲运用军事手段置抗日活动及其相关者于死地。而文化机构包括学校中人,向来是对日本侵略野心看得较为清楚、抗日思想的敏锐度与觉悟都较高、参加抗日活动也最踊跃的群体,自然为欲行思想文化控制而使中国人顺从以利奴役的日本军国主义者所不能容忍。一如 1946 年11 月中国代表团向联合国教科文组织第一届大会递交的《报告书》所云:"抗战八年间,我国教育文化,曾受敌人之重大摧残,日人认为各级学校均为反日集团,所有智识青年,均系危险分子,为欲达到其长期统治中国之目的,故极力奴化我青年之思想,摧毁我教育及文化机关,欲以消灭我固有之文化。"③而图书馆作为知识、文化、思想的聚藏与传播中心,被日军列为欲毁之首也就是必然的了。对于商务印书馆暨东方图书馆被毁,上海日本侨民联合会会长河端就直言其为"排

①　叶建国.侵华期间日本对中国图书馆事业的破坏[G]//张民选.现代图书馆建设论丛2.上海:上海师范大学图书馆,2005:336.

②　发表日本破坏我国教育机关之英文事实声明[N].大公报,1937 - 11 - 06(2).

③　参见:中国第二历史档案馆藏国民政府教育部档案《一九三七年以来之中国教育》[卷号五(1695)]。

日宣传之中心"①,另有人说商务印书馆"有翻印西方书籍,煽动反日之行为"②。

有日本学者在专著里写道:"1937年7月29日,日本轰炸机连续4小时轰炸了天津,其轰炸的目标集中在南开大学。这是因为日本军认为南开大学是抗日运动的据点。"③日本众议院议员山本实彦则说南开大学:"最近几年间该大学的学生和年轻的教授成了抗日的中坚,这也可能是事实。此次事变,南开大学是抗日分子的中心、根据地也是不能否认的。因此,可以说我军进行轰炸也是不得已的措施。"④

可以看出,日军轰炸图书馆,既是对抗日运动的报复,也是对抗日运动的釜底抽薪之策,意欲销毁促使民族觉醒、增加抵御外侮信心与勇气的思想智库。而侵略者也深知,毁灭一座图书馆的意义,要远远大于其他破坏行动。"一·二八"事变期间任日本第一外遣舰队司令官兼驻上海特别陆战队司令官的盐泽幸一有句"名言":"烧毁闸北几条街,一年半年就可以恢复。只有把商务印书馆、东方图书馆这个中国最重要的文化机关焚毁了,它则永远不能恢复。"⑤其所寄予的毁灭性打击的期望,不仅仅指对图书馆设施与馆藏永久的破坏,还包含民族精神依托与抗日思想源泉的彻底的摧毁。

最后,从思想动机与心态上说。日军轰炸与焚毁商务印书馆、东方图书馆,举世震惊,而当此行动的指挥者面对记者时却显得若无其事。《字林西报》是英国侨民在上海创办的中国最有影响的英文报纸,其记者1932年2月7日赴游弋于黄浦江上的日本巡洋舰出云号采访盐泽幸一,回来对人说盐泽:"此短小人物固最近数日来火烧闸北惊动世界之主动人也。然察其神色,竟似全不知有此事云。"⑥木斋图书馆被毁后,日本陆军报道班成员向井润吉也曾有天到南开大学校园闲逛,竟这样写道:"先前抗日学生据守在这里,不断制造骚乱,如今这里一片狼藉,让人心情痛快。"⑦

① 参见:大陆报,1932-03-18.
② 参见:密勒氏评论报,1932-02-06.
③ 石岛纪之.中国抗日战争史[M].郑玉纯,纪宏,译.长春:吉林教育出版社,1990:60-61.
④ 万鲁建.津沽漫记:日本人笔下的天津[M].天津:天津古籍出版社,2015:205-206.
⑤ 张人凤.为国难牺牲 为文化而奋斗——抗日时期的商务印书馆[G]//商务印书馆一百年.北京:商务印书馆,1997:509.
⑥ 参见:字林西报,1932-02-08.
⑦ 万鲁建.津沽漫记:日本人笔下的天津[M].天津:天津古籍出版社,2015:154.

在发动战争作为一种全国体制的状态下,日本一些知识分子参与到为侵略战争服务中来。他们收集军事、政治、经济、文化等各方面的情报,以自己的专业知识进行研究后,提供给政府或军队。他们一面为侵略鼓噪,诸如对侵略政策进行颂扬式诠释,对侵略活动进行肯定性分析,一面又能动地制造侵略理论,指导侵略活动。研究中国抗日宣传的日本学者粟屋义纯曾数次亲往中国进行现场调查,之后写出《战争与宣传》一书。他对于学校教育与图书内容颇为敏感,在他看来,中国青少年"去学校上学接受的是抗日教育,回家读的书一伸手拿起来的就是以抗日为主题的书",这是他们成为"反日分子"的重要原因。言下之意当然要对学校与图书采取措施。他还将中国知识分子视为排日抗日思想的源头、民众排日抗日风潮的鼓动者,"……中国的排日、抗日思想的策源地是中国各地的大学,这些大学的教授和学生怀有最炽烈的抗日思想,在持续从事抗日运动的同时,竭尽全力将民众推入汹涌澎湃的抗日思想浪潮中"。他的逻辑是,中国的各个大学是抗日思想的"温床",而这个温床既是"中国政府的宣传机关,同时也是抗日军队"。自然也是"强有力的抗日据点……是重要的军事设施……因此皇军对此军事设施进行空袭,一点儿也不奇怪"。在他眼里,奇怪的反倒是中国人,"他们对中外进行了恶毒的宣传,说暴虐的日本空军,轰炸与军事毫无关系的无防卫的文化设施,使多数的文化资料化为乌有"①。

显然粟屋义纯的思想比一般日本军人走得更远,在他的理论里,文化机构与军事设施根本就是一体的。他甚至认为学校是军队,空袭于是成为必要。这就不仅是思想偏激的问题,对于日军来说更成了一种鼓动,也使他们在伸出犯罪之手的时候因毫无愧怍而无所顾忌,甚或觉得理所当然。

通过对日本军国主义者从毁坏中国图书馆事业的实际行为到思想根源及民族心理的考察,我们可以看出中国图书馆事业在抗日战争中所遭受的重创完全不是战火不可避免的殃及,而根本是侵略者处心积虑的蓄意破坏。也因此,对给中国图书馆造成的物质的损失、事业的损害、精神的创伤乃至给人类文化遗产造成的毁灭性后果,日本须承担的罪责无可推卸。

---

① 粟屋义纯.战争与宣传[M].东京:时代社,1939:153.

第三节　被挪作他用的沦陷区图书馆馆舍

从东北到华北,从江南到华南,日军次第占领各个城市,所有的公共图书馆、私立图书馆、政府机关图书馆、学校图书馆无一幸免而纷纷落入魔掌。日军对于沦陷区的图书馆,首先是霸占——河北省立第一图书馆 1937 年 9 月被日军占领,他们在门前挂出招牌:"中国人禁止入内,入内者严惩。"①北平政治学会图书馆"自美日开战后,其馆址即被日军占驻"②。河北女子师范学院图书馆于 1937 年 7 月日军攻陷天津后被占领,一直到抗战胜利,持续时间长达 8 年,"所有图书古物,全部被劫,荡然无存"③。然后根据不同需要采取不同的"改造"措施,或将图书馆改名——如 1939 年江苏省立国学图书馆被伪维新政权更名为南京国学图书馆,1940 年后又被汪伪政权更名为"国立中央图书馆";1942 年国立北平图书馆被更名为"国立北京图书馆";设在徐州市快哉亭公园内的铜山县图书馆在 1938 年 5 月 19 日徐州沦陷后被汪伪政权改建为"淮海省图书馆","原房屋经敌伪改动,图书用具大半损失"④。或将图书馆挪作他用——浙江省立图书馆大学路馆舍"为敌拆筑仓库"⑤。江苏省立图书馆"原有房屋改办伪国立师范学校"⑥。国立交通大学图书馆被日本人所创办的上海东亚同文书院占用,"馆内设备、书刊亦遭劫夺"。武汉大学图书馆主楼一度被日军划归"华中皇军东湖疗养院"⑦。上海市图书馆侥幸在"八一三"轰炸中受损较轻,馆舍尚可利用而被"伪机关占用办公"⑧。天津南开学校图书馆"被改为车房"⑨。

---

① 平津图书馆近讯[J].中华图书馆协会会报,1938,13(2):19.
② 北平政治学会图书馆即可恢复[J].中华图书馆协会会报,1945,19(4-6):10.
③ 河北省立女子师范学院图书全部损失[J].中华图书馆协会会报,1946,20(1-3):11.
④ 陈忠海.中国图书档案损毁史实的调查与书厄观研究[M].武汉:武汉大学出版社,2014:49.
⑤ 浙省立图书馆损失甚大[J].中华图书馆协会会报,1945,19(4-6):8.
⑥ 国学图书馆复馆近况[J].图书季刊,1946,新7(1-2):102.
⑦ 农伟雄,关健文.日本侵华战争对中国图书馆事业的破坏[J].抗日战争研究,1994(3):92.
⑧ 上海各图书馆被毁及现况调查[J].中华图书馆协会会报,1938,13(3):5.
⑨ 南开学校在津图书尽被盗去[J].中华图书馆协会会报,1945,19(4-6):11.

图 24　武汉大学图书馆

日军司令部设于武汉大学校园内。因图书馆地处位置较高，
其建筑顶端呈八角八边形，可以居高四下瞭望，便被日军改建成了
瞭望塔。图书馆主楼还一度被日军改作"华中皇军东湖疗养院"。
（王一心摄）。

因为特殊的宽绰广敞的建筑构造，图书馆最常被日军挪作司令部、兵营、关押中国人的临时监狱，或是改作接收前线下来的伤病员的军医院。这是日军对于人类文明的嘲弄和践踏，同时也给自己的历史记下了可耻的一笔。

最早于"九一八事变"后被日军挪作兵营的图书馆是有着"中国图书馆史上第一所专业图书馆"之称的东三省陆海军图书馆。该馆于 1910 年由东三省督军徐世昌（1855—1939）等人捐建，其目的是"增进军人之智识而养其精神"，图书馆建成后，"凡关于军事学术国内外之图籍，无不搜罗购置，藉供军人研究之需"①。"七七事变"后，日军进入内地，原本是人类精神文明之所在的图书馆屈辱地成为侵略者的栖身之地和军事指挥部。如北平市立图书馆驻扎了日军的一个中队②；

---

① 　奏办陆海军图书馆［J］. 直隶教育官报，1909（5）：116.
② 　农伟雄，关健文. 日本侵华战争对中国图书馆事业的破坏［J］. 抗日战争研究，1994（3）：92.

私立福建学院乌山图书馆 1941 年 4 月福州第一次沦陷时,馆址被日军所占,"书架被锯作床铺"①。广州沦陷后,中山图书馆被迫闭馆,馆舍"被日本海军武官府霸占"②。被改了馆名的江苏省立国学图书馆"书刊被敌人劫掠了大部分之后,空出的 10 多栋馆舍成了日军新兵兵营"③。

图 25　曾被日本海军武官府占据的广州市市立
中山图书馆

图片来源:1934 年第 1 卷第 3 期《三民画刊》。

东北沦陷后,东北大学撤离沈阳,逃难北平,因此成为第一个流亡大学。大学校园随即被日军占领变身兵营,图书馆大楼是他们关押、枪杀抗日志士的魔窟,图书馆一侧的红砖墙上留下累累弹痕④。有着同样遭遇的还有前北京大学图书馆所在地的沙滩红楼,它在北平沦陷后成为日本宪兵本部,地下室成为残害爱国人士的"留置场"(拘留所)⑤。太平洋战争爆发后,燕京大学、辅仁大学多名师生被捕被关押在此,包括燕京大学研究院院长陆志韦(1894—1970)、宗教学院院

①　萨兆寅. 乌山图书馆简史[G]//福建政协文史资料编辑室. 福建文史资料:第 16 辑. 福州:福建人民出版社,1987:56.
②　官丽珍. 抗战期间日本对广东的文化侵略述论[J]. 广东社会科学,2002(6):33.
③　农伟雄,关健文. 日本侵华战争对中国图书馆事业的破坏[J]. 抗日战争研究,1994(3):93.
④　孙成德. 东北大学图书馆的变迁[N]. 中国档案报,2009 - 06 - 12(1).
⑤　苗作斌. 北京沙滩大院百年风云录[M]. 北京:红旗出版社,2012:24.

长赵紫宸（1888—1979）、哲学教授张东荪（1886—1973）、历史地理学教师兼学生福利主任侯仁之（1911—2013）、学生孙道临（1921—2007）等。武昌沦陷后，日军司令部设在武汉大学校园内。由于图书馆位置较高，顶端建筑形态呈八边八角形，可以居高临下俯瞰一切，是天然的观察哨所，因此，日军在楼顶修建了瞭望塔①。

图 26　由张学良捐资、杨廷宝设计的东北大学图书馆

"九一八事变"后，校园被日军占为兵营，图书馆用来关押抗日人士（王一心摄）。

变身日军军医院的典型代表是清华大学图书馆。1939 年春，日军将清华园改建成 152 陆军伤兵医院，即骨伤病医院。在将图书馆内残存的家具、仪器、图书毁损、焚烧、劫掠后，他们将野战医院本部设在图书馆，职员办公室、电话交换室以及 X 光室均设在这里。另外，日军还在图书馆正门口修筑水泥柜台一座，用作接待处②。1942 年，远在昆明的梅贻琦校长在《抗战期中之清华》（三续）中转述了图书馆的悲惨现状："清华园仍为敌人占作伤兵医院。……图书馆之出纳部分为会客室，阅览室为食堂，书库内藏书，西文书之贵重部分被掠一空，运往敌国；中文部分近年出版之各种期刊，悉遭焚毁……"两年后，梅贻琦在《抗战期中之清华》（四续）中又对改

①　傅欣.浅谈武汉大学历史建筑的建筑历史[J].华中建筑,2009(10):148.

②　韦庆媛,邓景康.清华大学图书馆百年图史[M].北京:清华大学出版社,2013:174.

建为军医院的图书馆格局进行了描述:"清华大学图书馆被占用后,即作为病院之本部,除新扩充之书库外,其他部分,殆全被利用,楼上大阅览室为普通病室,研究室为将校病室,办公室则为诊疗室、药房之类。病者多系骨伤,故病室多标为'骨伤病室第几××'等字。各阅览室、研究室、办公室内之参考书及用具多被移集一处,有移入书库者,有焚毁者,亦多有不知下落者。"①

图 27　清华大学图书馆(王一心摄)

更具体地说,西部大阅览室变成了日军的伤兵病房,病房内摆满了病床,住满了日本伤兵,原阅览桌椅荡然无存;东部阅览室被作为日军医院本部办公室,原有阅览桌椅均行烧毁,日本人利用残留之学生书桌来办公;一楼原文科各系研究室隔成许多小间作为将校病室,有些房间还装上了日式火炕。原馆内各股办公室变成诊疗室和药房,大书库变成手术室主药库。书库中的西文书贵重部分多被掠去日本,中文书及期刊遭到焚毁,在书库后面设有专门的"书类烧场"。另外,图书馆中樟木书案被盗卖,木地板被破坏,原阅览室内安装了厕所,而楼中下水道被改建,日式水槽替代了原来的卫生设施②。总之,图书馆可以用"面目全非"来形容。

① 梅贻琦.中国的大学[M].北京:北京理工大学出版社,2012:84-90.
② 韦庆媛,邓景康.清华大学图书馆百年图史[M].北京:清华大学出版社,2013:174-176.

曾经受伤入住清华园的日本兵市川幸雄的回忆证实了梅贻琦的说法:"这里不是临时搭起来的简陋病房,而是些很漂亮的、砖造的或钢筋混凝土结构的西洋古典式建筑。这些严整地布置在宽阔的校园里的建筑被当成了病房。……日本军以胜利者自居,把中国的英才们从这里赶出去,把它们变成了野战医院。……也许是战争的宿命吧,这样一所漂亮的大学竟然变成了战地医院。在即将出院时,我突然想到,从这所大学被赶出去的学生们流落到何处了呢? 他们现在在干什么呢?"①这本名叫《悲惨的战争——我的回忆》的回忆录,1994 年时由作者市川幸雄赠给了清华大学图书馆②。

相对来说,保存完好的是北京大学图书馆。尽管从保存馆藏、维持图书馆功能来说,战时它维系了图书馆的属性,仍然能以"图书馆"的面目示人,但因为校名前多了一个"伪"字而使其身份显得有些尴尬。也正因为如此,它比清华大学图书馆幸运得多,至少在整个抗战时期,客观上得以存续甚至发展。换句话说,如果没有伪华北政务委员会在北大原址成立"国立北京大学",成立"北京大学图书馆"。汤尔和、钱稻孙先后出任"总监督"和"校长",周作人(1885—1967)出任"馆长",并修缮馆舍、清查藏书、搜集其他大学撤离后散落在民间的图书,北大图书馆未必不会像清华大学图书馆那样一方面大量损失馆藏,一方面馆舍被挪作他用。它不但保存了自己的大部分原有馆藏,也在客观上保全了清华大学图书馆遗留在清华园的部分馆藏——1941 年 5 月,它接收了清华大学图书馆没有来得及搬迁的剩余的二十万册图书③。

---

① 市川幸雄.悲惨的战争——我的回忆[M].北京:清华大学外事办公室,1990:23-26.
② 百年清华图书馆编写委员会.百年清华图书馆[M].北京:清华大学出版社,2012:69.
③ 战前,清华大学图书馆藏书约 34 万余册,除抢运走 4 万余册外,其余均遗留在原处。北平沦陷后,日军进驻,焚毁抢掠后,仍剩 25 万余册。在日本华北军司令部(多田部队本部)的安排下,多田部队本部、兴亚院华北联络部、华北政务委员会、新民会、"满铁"华北经济调查所、华北交通株式会社、华北开发株式会社七个部门瓜分了 1 万册,其中华北军司令部拿走了军事图书;新民会拿走了所谓的"禁书"。另外的 4 万余册交由日本文化事业总委员会设立的北平近代科学图书馆。最后剩下 20 余万册,全部由伪北大图书馆收藏保管。(韦庆媛,邓景康.清华大学图书馆百年图史[M].清华大学出版社,2013:76-77.)但据《伪北京大学档案》第 34 卷记载,伪北京大学实际接收清华大学图书馆图书 11.8 万册。

图 28　始建于 1918 年的北京大学红楼

图书馆曾设在其一层。北平沦陷后,红楼成为日本宪兵本部,地下
室改为关押爱国人士的拘留所(王一心摄)。

　　相对于其他大学图书馆的千疮百孔,沦陷区的北京大学图书馆虽然同样受困于经费不足而购书量并不大于西南联大,但因为原北京大学南撤时基本没有抢运走多少图书,以至于大部分馆藏遗存了下来,加之后来又接收了包括日本兴亚院在内的机构的赠送,以及清华大学图书馆的图书,所以相对来说馆藏还是比较丰富的——1940 年的馆藏达 30 万册;1946 年复校时馆藏总计 34.9 万册①。另外,图书馆的组织机构相对也很完善。周作人的“馆长”之职只是名义上的,实际主持馆务的是钱稻孙;馆长外另有工作人员 30 人,下设编目、典藏、采录、事务四股,分别由四个股长负责;图书馆与教务处、秘书处及各学院行政级别平行,都由校长直接管辖。还有,规章制度(《国立北京大学图书馆阅览规则》《国立北京大学图书馆研究室规则》)的建立也显示了日伪统治下的北大图书馆的管理常态化和规范化。

　　若论日伪的北大图书馆和原北大图书馆最大的不同,在于前者重视分馆的

---

　　①　北京大学五十周年纪念·北京大学图书馆善本书录 1948［M］//吴晞.北京大学图书馆九十年纪略.北京:北京大学出版社,1992:97.

设立,而后者在抗战前全面取消了分馆和系图书室。伪北大设置有文、理、法、农、工、医六个学院,相应地设立了六个图书馆分馆,经费独立,业务上接受总馆指导和监督,而分类编目由总馆统一实施。各学院所设分馆实际上是专业图书馆,不仅使该院师生利用专业文献更方便,也使学院对分馆建设更有责任心,对经费投入更有积极性。而总馆统领各类业务,这种"分馆—总馆"模式,彼此分而不离,有利于资源共享,客观上起到促进图书馆发展的作用。在清华大学图书馆等图书馆悲惨地变身兵营或军医院而被迫改变图书馆功能的时候,北京大学图书馆却因为校名前的一个"伪"字而成为战时图书馆的"另类"。

　　抗日战争结束后,内迁的图书馆纷纷回归,但原校原馆原址已是满目疮痍。山西大学"校中屋舍园木,大半毁伤,破屋数百间,污土灰渣而外,别无长物"①;浙江大学图书馆返回杭州后由于馆舍被拆连个落脚的地方都没有;清华大学图书馆战时被征为军用的事实使其早已失去了图书馆的功能:书柜搁板不翼而飞、书库铁书架不知去向、阅览桌椅不知所踪。工作人员不得不边拆边找边安装:拆除日军在馆内安装的隔板、木隔、水泥池台、便池、水箱、医用铁床等;寻找丢失的书架、书柜、搁板、桌椅等;安装书架、修理门窗、摆放阅览桌椅等。沪江大学图书馆原有设施大部分被毁损,回迁后,学校一方面拆除日本人留下的三个铅皮屋顶的木头飞机棚,一方面重做了图书馆的 86 个大书架、30 张阅览长桌、420 张凳子②。福建协和大学福州魁歧校舍也面目全非,原图书馆所在的文学院楼顶被大火烧光,回迁后的图书馆只能将图书暂存理学院,待文学院楼顶修好后才恢复了阅览室,又建成了新书库。因为杭州校舍毁损严重,之江大学只能回迁到上海复校,直到美国长老会筹款修复了校舍,图书馆才得以在原址开馆。最尴尬的是浙江大学图书馆,它因为没有馆舍可供修缮,不得不出资 6000 万将浙江图书馆大学路馆舍修复,与其共用③。由此可见,日本侵略者不仅损毁图书文献资料古籍文物,还蛮横地摧毁作为中国建筑艺术组成部分的图书馆馆舍,而毫不掩饰其蓄意破坏中国图书馆事业、欲截断中华文明的居心。

---

① 李嘉琳.山西大学图书馆史[M].太原:三晋出版社,2012:34.
② 海波士.沪江大学[M].王立诚,译.珠海:珠海出版社,2005:185.
③ 缪家鼎,夏勇,竺海康.浙江大学图书馆百年发展历程——为浙大百年校庆而作[J].浙江高校图书情报工作,1997(1):2.

图 29　浙江大学图书馆

　　费银二十余万元、建成于 1929 年的浙江大学图书馆,于抗战中被日军拆毁。图片来源:1930 年第 2 卷第 12 期《中国学生》(上海 1929),宝沙摄。

图 30　沪江大学图书馆大楼

　　现为上海理工大学公共服务中心。抗战中沪江大学校园被日军改作飞机机库,图书馆大部分设施被日军毁损(王一心摄)。

第六章　劫掠中国图书馆的计划性、组织性和规模化

十四年抗战,日本侵略者在对中国图书馆进行破坏,对书刊进行直接损毁之外还犯下偷窃、盗卖、查禁等恶行。更有甚者,他们利用战争之乱将长期以来对中国古籍文献的觊觎转化为公然抢夺而造成大量珍贵图书的散佚流失。事实上,日方的图书劫掠并非始于抗战之始,只不过在"九一八事变"和"七七事变"之后达到峰值。无论是回望日本早年有关掠夺图书的政策,还是考察抗战爆发后日军劫夺图书的方式、组织、利用等种种行态,都可以发现,日本对于中国图书馆的劫掠并非一时兴起,也不是如他们所标榜的那样出于"抢救、保存"之需要,而是有计划、有组织地据他人之物为己有,既以此达到破坏中国数千年传统文化的目的,又可以将其作为服务于军事侵略的工具。

第一节　偷窃、盗卖、查禁图书

一、偷窃的图书成为贩卖标的物

综合各方数据,目前可以基本确认的是抗战期间中国图书的总损失量在1500万册左右,而战前中国图书馆的馆藏量约为2500万册①。尽管1500万册中应该包含私人藏书,但图书馆毕竟是藏书大户,因此即便撇除私人藏书损失,仅就图书馆而言,图书损失也有一半以上。早在抗战期间,便有学者分析"我国著作有名数可稽者约400万卷,存于今者不及其半",虽然其中自秦始皇焚书之后在国家变乱中"散失之数达114万5千余卷之多",但"二千载累积之率,实不及今日倭寇所施于我者之烈且广也。九一八及七七之变,沈阳文溯阁、北平文津阁

---

① 农伟雄,关健文. 日本侵华战争对中国图书馆事业的破坏[J]. 抗日战争研究,1994(3):10.

先后沦贼,此也人所共知;而战区图书馆之损失,实三百倍于二阁之书,而数十倍于历代散亡之率"①。

对于大多数图书馆来说,它们的图书损失多在于来不及抢运和藏匿而置于原地,在日本军队进入后被肆意毁损、查禁、偷盗,甚至大规模地劫掠,成为除焚毁、轰炸遭受重大损失的另外原因。

以图书馆及藏书量最集中的大学为例,抢运、藏匿图书早在全面抗战爆发前几年就已经开始了。比如,清华大学图书馆早在1935年11月的时候就在馆长朱自清(1898—1948)的主持下,将一批馆藏古籍,包括全部宋元版本以及明清两代的众多古籍共12764册装箱秘密运至湖北汉口,藏于上海银行第一仓库②。"七七事变"后,清华大学图书馆将本馆及各系预装的图书仪器五十余箱及馆中目录卡片和文件等,想方设法运往北平城内存放③。广州沦陷前,中山大学图书馆将图书化整为零,分藏各院地下室,特别是学校新建的牢固的工程馆地下室。华北风云起始,上海交通大学将重要图书藏匿于贝当路715号及福履理路747号汽车间,后又迁大量图书至海格路911号储藏,再迁社会科学类、自然科学类、应用技术类书籍至震旦大学新厦东西两五楼④。1937年8月13日清晨,上海沪江大学校长刘湛恩接到时任虹江码头建造工程总指挥凌宪扬(1905—1960)的电话,告诉他日军可能马上有行动。时值暑假,刘湛恩赶紧组织留校人员对图书、实验设备等进行封存,亲自与一胡姓工人花了一上午时间,将图书馆约2.5万册书籍藏入图书馆铁质楼梯下面的一堵假墙后面⑤。武汉大学将近15万册藏书分装476箱,其中283箱紧急运往宜昌暂存,169箱转移至汉口怡和洋行,另外24箱封存

———————————

① 杨家骆.战区图书文化之损失及其补救法[J].东方杂志,1939,36(8):49-50.

② 刘蔷.清华大学图书馆馆藏焚余古籍的整理与研究[J].清华大学学报(哲社版),2001,16(6):88.

③ 百年清华图书馆编写委员会.百年清华图书馆[M].北京:清华大学出版社,2012:53.

④ 图书馆年报1937—1938[G]//交通大学校史撰写组.交通大学校史资料选编1927—1949:第二卷.西安:西安交通大学出版社,1986:321-322.

⑤ 王细荣.大世界里的丰碑——湛恩纪念图书馆的前生今世[M].上海:上海交通大学出版社,2014:55-56.

于图书馆地下室①。东吴大学法学院避难租界时,"原图书馆所藏大量各国法律书籍被分别寄藏于盛振为院长及校友艾国藩(律师、瑞士驻沪总领事署秘书)家中"②。

随着战事的变化,藏匿的图书不得不再三迁移。上海沦陷后,交通大学藏于海格路、福履路的图书又先后迁至震旦旧址第三号房间和中华学艺社,而贝当路的藏书也迁至震旦旧址第三号房间,大部分报纸收藏在震旦博物院书库。中山大学将藏匿于地下室的全部的善本书、志书两万余册,碑帖三万余张共装了 199 箱,移存于香港九龙的货仓③。

像清华大学、中山大学一样,因为时间紧迫,大学图书馆最先抢运和藏匿的往往是图书馆里的珍稀善本、古籍等。随着大规模内迁开始,逃难情形下,图书馆紧急搬迁的也以必需教学参考书、古籍善本、珍贵图书为主,而无奈地将大量图书资料留在了原馆。也就是说,大多数大学,像清华大学、山西大学、浙江大学、湖南大学等,随同内迁的图书只是图书馆里的一部分,有的甚至占比很小。比如,中山大学除了早年藏匿在香港货仓的 2.5 万册珍善本,以及决定内迁时抢运出来的 5 万册图书外,尚余图书近 14 万册,杂志 9 万余册,总计近 23 万册④。华南女子大学仅运走最新的、比较有价值的英文书,占藏书的四分之一⑤。拥有10 万册藏书的华中大学仅带走 1 万册⑥。金陵大学根据教学需要选择了 17000册,装了 139 箱,但实际运走的只有 103 箱,只占总藏书量的十分之一⑦。厦门大学图书馆内迁时只带走一半的馆藏⑧。

这些不得不留在原馆又在轰炸中侥幸"生存"下来的图书资料却又成为日军

① 邓珞华,林生. 励精图治,屡厄屡兴——1893—1949 年间的武汉大学图书馆[J]. 武汉大学学报,2005(11):876.

② 王国平. 东吴大学简史[M]. 苏州:苏州大学出版社,2009:138.

③④ 黎洁华. 抗日战争时期中山大学图书馆遭劫记[J]. 广东党史,2006(6):47.

⑤ 华惠德. 华南女子大学[M]. 朱峰,王爱菊,译. 珠海:珠海出版社,2005:119.

⑥ 教育部教育年鉴编纂委员会编. 第二次中国教育年鉴[M]. 上海:商务印书馆,1948:665-666.

⑦ 刘国钧. 金陵大学图书馆迁蓉经过及工作状况[J]. 中华图书馆协会会报,1942,16(3/4):11.

⑧ 陈艳芬. 抗战时期的福建私立大学图书馆(1937—1945)[J]. 农业图书情报学刊,2010,22(10):278.

偷盗、查禁和劫掠的对象。仅就偷窃、盗卖而言,日本的随军记者就发现他们的
"军队有些上层人物则像纳粹把欧洲的名画作为战利品一样,把中国的文化、瑰
宝盗往日本"①。其实,偷盗主体不仅是个人,也有团体和组织,既有日本人,也有
美国人。

　　个人偷窃图书文献的典型是日本人甲斐隆敏和水野梅晓。甲斐隆敏是日军
驻津长官甲第1800部队澄山队陆军中尉,他窃取了北洋大学图书馆的珍贵图书
资料并运回了日本②。水野梅晓的身份很多面:日本高僧、学者、《中国时报》主
编、"大陆浪人"。他在中国的一系列行为很复杂:清末时他便来到中国,1904
年,他"帮助湖南长沙的寺僧办起了湖南僧学堂,抵制官府及地方士绅占寺夺产,
此举成为中国僧寺办学保产之始,湖南僧学堂由此成为中国近代最早的佛教学
校"③;1905年,他邀请长沙岳麓山麓山寺的笠云禅师东渡日本传播中国佛教文
化④;1908年,他"鼓吹中国寺僧可投其保护"⑤;1923年,他出面调停日军在长沙
制造的"六一惨案"。"九一八事变"后,他在《谈"满洲"文化》一文中将日军在沈
阳的文化掠夺行为归于"保存"和"保护"。或许正因为持此观点,所以他似乎心
安理得地"带"走了玄奘法师的部分舍利和文献并藏于三番町自己的家里。之
后,为躲避空袭,他又把这些东西转移至埼玉县饭能市饭能银行总经理平沼弥太
郎府中。在水野梅晓死后,人们在平沼家的一间屋子里看到了惊人一幕:"10张
榻榻米大小的室内展开了满满一屋的贵重书籍。据说这一件件都是宋、唐的书。
这些文献收藏在模仿正仓院建造的校仓型建筑物内,玄奘法师的舍利祭祀在白
云山后山中的祠堂里。"⑥

　　① 小俣行男.日本随军记者见闻录:南京大屠杀[M].周晓萌,译.北京:世界知识出版
社,1985:59.
　　② 北洋大学—天津大学校史编辑室.北洋大学—天津大学校史:第一卷　1895年10
月—1949年1月[M].天津:天津大学出版社,1990:335.
　　③ 释诚信.菩萨行者　后世楷模——寄禅和尚诞辰160周年纪念[C]//圣辉法师.佛慈
祖德茶道学术研讨会论文集.北京:宗教文化出版社,2012:64.
　　④ 李道林,龚莎,雍青云.云岭翠峰:长江流域的名山[M].武汉:武汉出版社,2006:88.
　　⑤ 明旸.圆瑛法师年谱[M].北京:宗教文化出版社,1996:13.
　　⑥ 小俣行男.日本随军记者见闻录:南京大屠杀[M].周晓萌,译.北京:世界知识出版
社,1985:60.

　　监守自盗的代表人物则是新民会图书馆馆员曲传政和福建协和大学的美国人沙惠隆(Surton)。北平沦陷后,政治学会图书馆的图书全部被新民会、日本军部所属各机关瓜分。曲传政利用负责保管图书之便私自盗取了一部分①。新民会以查禁名义取走国立北平图书馆的 30 箱图书,曲传政也从中盗走了一部分②。战后,清华大学从曲传政家中发现他偷盗了该校图书馆馆藏图书 277 册③。太平洋战争爆发后,福建协和大学本部迁往邵武,留守原址负责保管校产的沙惠隆将学校多年来收藏的古铜器、瓷器、陶器,以及包括明版《八闽通志》《闽大记》和手抄的《金门县志》原稿在内的福建志书等装了二十几箱偷运回了美国④。

　　图书遭遇偷盗的有南开学校图书馆——抗战胜利复校后,主任喻传鉴(1888—1966)对外公布学校图书馆"所有图书仪器,已尽为盗去"⑤。上海市图书馆的藏书"除一部分善本及伍连德、丁福保赠书于事前迁存安全地点外,其余几乎全部散失,闻书库中钢铁架板都告盗窃一空"⑥。

　　偷盗的图书一度出现在市面上被叫卖,比如,淞江设有民教馆和图书馆,规模都很宏大,藏书也甚丰富。沦陷后,两馆所藏中西书籍一小部分焚于火,大部分则被偷盗、转手而流入流氓地痞之手,他们"沿街设摊,公开销售"⑦。北平沦陷后,北京大学图书馆的一批政治书籍被新民会以查禁之名掠走,其中 3700 余册俄文书被日本宪兵队变卖⑧。1945 年春,日军在广州和香港公开拍卖从广州中山大学图书馆掠去的 1500 种图书⑨。损失最惨重的是南京的金陵女子文理学

　　① 政治学会图书馆损失图书大部寻回[J].中华图书馆协会会报,1946,20(4-6):14.
　　② 北京图书馆业务研究委员会.北京图书馆馆史资料汇编(1909—1949)[G].北京:书目文献出版社,1992:811.
　　③ 清华大学校史研究室.解放战争时期的清华大学(1946—1948)[M]//清华大学史料选编:第四卷.北京:清华大学出版社,1994:160.
　　④ 郑贞文.在福建教育厅任职的回忆[G]//中国人民政治协商会议福建省委员会文史资料研究委员会.福建文史资料:第 12 辑.福州:福建人民出版社 1986:32.
　　⑤ 南开学校在津图书尽被盗去[J].中华图书馆协会会报,1945,19(4-6):11.
　　⑥ 存训.上海各图书馆被毁及现况调查[J].中华图书馆协会会报,1938,13(3):5.
　　⑦ 淞江沦陷后公私图书被盗窃一空[J].中华图书馆协会会报,1939,13(4):20.
　　⑧ 李忠杰.北京市抗日战争时期人口伤亡和财产损失[M].北京:中共党史出版社,2014:318.
　　⑨ 邹华亭,施金炎.中国近代图书馆事业大事记[M].湖南人民出版社,1988:66.

院,它是"我国最具规模之女子大学,藏书向称丰富"。南京沦陷后,该校成为日军司令部,校舍成了马厩。战后,除了建筑尚存,其他的一切,包括图书在内星点皮毛也不剩,空留一座校园。日军投降前后,"擅将该校图书约十万册,以伪币一千五百万元出售",幸好图书馆职员发现后及时向市长马超俊(1885—1977)报告,马超俊随即派警察局警员四处查访书铺,终于追回图书约 5 万册,但仍有包括百科全书在内的"不少价值无限之珍藏"不知所踪①。

图 31　原金陵女子文理学院图书馆

日本人偷窃的中国图书文献有的被运回了日本,有的则还留在原地。之所以未及搬走,很大程度上应该是他们没有料到日本在战争中失败投降。或者为了筹措归国资金,或者只单纯地为了变现,这些失窃的图书便成为变卖的标的物。但从另一个角度说,尽管历经偷窃、贩售,终究还是有一部分图书留在了中华大地而没有流入日本,这是不幸中的万幸。

①　金陵女子学院图书被敌盗卖[J].中华图书馆协会会报,1945,19(4－6):8－9.

二、新民会是查禁图书的主体之一

日军对于占领区中国图书馆的图书处理,主要集中于三个方面,简言之,报复性的直接损毁、查禁、劫掠。就查禁和劫掠而言,"反动的"有碍"大东亚共荣"具有或明显或隐含抗日倾向的,一律查禁;珍稀贵重的古籍线装书、能为其所用的历史文献资料类书籍,一律劫掠。限于语言、人力、精力等因素,日军查收所谓"禁书",更多地利用治安维持会、"中华民国临时政府""华北政务委员会"等伪政权,而新民会是其中一个重要组织。

新民会的"新民"之名取自于《大学》开篇,"大学之道,在明明德,在新民,在止于至善"。该会是在日本华北方面军特务机关长喜多诚一的推动下于1937 年 12 月 24 日成立,成员以中国人为主,首任会长由中国人(王克敏)担任,日本人被聘为顾问。它打着"新民主义,建设新中国,实现东亚文化同种族之中日满三国共存共荣"的旗号,实际上是日军控制的"上意下达、下情上报的政府专用机关"①。其纲领共有五条:一,护持新政权,以图畅达民意;二,开发产业,以安民生;三,发扬东方之文化道德;四,于剿共灭党之旗帜下,参加反共战线;五,促进友邻缔盟之实现,以贡献人类之和平②。这就意味着该组织的任务必定是一方面配合日军的奴化政策而大力宣传"大东亚共荣",一方面在反国民党、反共产党的基础之上大肆搜缴、查禁抗日进步书刊。换言之,它以宣传教化为己任,其方式既有创办《新民报》等"新"刊物,开设具有简易图书馆性质的"新民阅览室"、"新民茶馆"(或称"新民茶社")和用脚踏三轮车改造的"巡回图书车",也有演讲、戏剧、音乐、电影、广播、日语讲习会等,更有对与之宣扬的思想相悖的书刊的查禁。

新民会中央指导部调查科于 1938 年 7—9 月编印的《禁止图书目录》显示,当时,由该会查禁的图书,从数量上说,有 1841 种;由于《目录》分为"抗日之部"和"社会主义之部"两辑,因此从内容上说,有抗日图书、社会主义图书之分。两

---

① 张宪文.日本侵华图志:第 24 卷:生态破坏与社会控制[M].济南:山东画报出版社,2015:224.
② "教育总署"编审会.兴亚读本:第 2 册[M].北京:新民印书馆,1944:17 – 18.

部的卷首都有日文说明,前者"内分军事、政治、外交、经济、社会、殖民、交通、历史、地理、文艺等十五个部分,查禁书籍一千一百三十九种";后者"分政治、经济、哲学、历史、教育、艺术、传记等八个部分,查禁书籍七百零二种"。由此可见,"几乎网罗了这一时期所有重要的书籍"①。

在这两类查禁书目中,抗日图书当然居于首位。换句话说,中日战争环境下,"抗日"是个敏感又刺眼的词汇,自然为日伪所不能容忍。对于查禁书目的机构,无疑是新民会的中央指导部。该部是新民会的最高中央机关,下设调查科、总务部、教化部、厚生部、指导部委员会、全国联合协议会各机关。其中的教化部内设"新民青年实施运动委员会",专门负责对青少年的教化,因此创办有《新民月刊》《新民精神》《新民会讲演集》等宣传刊物②,同时也对"违禁"书刊进行监督、检查,而调查科则负责查封、接收。

当然,新民会的查禁行动须有汪伪政权教育部的配合。1938年5月24日伪教育部就查禁抗日书籍事给"京内外所属各机关各校馆"发布了一份训令:

> 为令遵事,案准新民会中央指导部第二一二号公函内开:"查关于各学校各图书馆封存之抗日书籍,本会调查科有作为调查资料之必要。除分函外,相应函请贵部查照转饬所属各学校及各图书馆,将上项封存书籍赶日移交本会总务部调查科代为保管,并作为调查资料,至纫公谊。"等因到部。查各校馆,此项书籍亟应严加取缔。前准该会第一九二号公函,以派员视察各中学,于弘达中学图书室内发现有九一八事件之反日书籍情事,业于五月四日令字第三零四号通令转饬所属各校馆一体检查毁弃在案。准函。前由正在核办,间复经该会指导部调查科松尾科长来电部面称:"据查各校馆所存抗日书籍尚有未销毁者,请仍照前函饬令各校馆将书籍检出封存,送交新民会中央指导部核收"等语。合亟令仰遵照迅将各图书馆或藏书室内关于旧存抗日书籍彻底检查,迅即封存,俟该会派员来取。如已遵前令毁弃在先,

① 唐弢. 晦庵书话[M]. 北京:生活·读书·新知三联书店,2007:107.
② 鞆谷纯一. 日本军接收图书——中国占领地接收图书行为[M]. 大阪:大阪公立大学共同出版会,2012:35.

以后不得再有发现。一经查出,应由各校馆主任人员负责。合再通饬所属各机关各校馆一体遵照。此令。

研究这份训令内容,可以发现:①新民会要求各学校各图书馆封存抗日书籍,表面上的借口是为了便于中央指导部调查科进行调查。即,这些抗日书籍将被作为调查资料之用。这样的说辞显然是在否认自己控制言论、统一思想的真实用意,而伪教育部的一句"亟应严加取缔"却又将其真实意图暴露了出来。②时任中央指导部调查科长的是日本人松尾清秀。他在任科长时,曾为调查科科员卞乾孙编辑的《河北省清苑县事情调查》一书撰写过"前言"①,也独撰过《中华民国新民会中央指导部·资料别册　第三号　抗日游击战概要》②。直接由日本人充任科长,可见新民会的傀儡性质。③查封书刊通知下达后,一度遭遇到抵制。也就是说,一开始,伪教育部、新民会要求各学校各图书馆自行封存抗日书籍并等待中央指导部调查科前来接收的通知并没有得到有效落实。新民青年实施运动委员会在例行巡视各中学时,发现弘达中学内仍然藏有关于"九一八事变"的书籍。新民会一方面立即着手进行查封,一方面再次向伪教育部提出彻底检查的要求。事实上,伪教育部于5月7日再发训令,以"日中邦交"之名义要求北京市内各大中小学即刻封存抗日书籍并予以废弃,否则,一切后果由各单位负责人承担③。

高压之下,男女师范学院,农学院及其他国立和私立大学不得不接受伪教育部训令,遵从相关书籍检查规定,自行封存了一批"禁书"。新民会于5月28日派人和车到各学校将书籍运走④。自此,由新民会主导的图书查禁真正进入轨道,因此组建了专门的"消灭抗日图书检查团",对于京城内各图书馆书籍封存颇

---

① 张研,孙燕京.民国史料丛刊751:社会·社会调查[G].郑州:大象出版社,2009:4-5.
② 辽宁省档案馆.辽宁省档案馆藏日文资料目录下[G].沈阳:辽宁古籍出版社,1995:405.
③ 鞠谷纯一.日本军接收图书——中国占领地接收图书行为[M].大阪:大阪公立大学共同出版会,2012:35.
④ 鞠谷纯一.日本军接收图书——中国占领地接收图书行为[M].大阪:大阪公立大学共同出版会,2012:36.

多①。以北平图书馆为例,该馆藏书"甚为浩博,内中或不乏所谓'有碍邦交'之文字。……曾于二十六年冬,审慎检查,计提出中文新书二二四四五册,中文旧书二二〇册,中文官书二一七〇册,中文教科书三六八册,万有文库六册,中文连环图书等五三册,西文书三一一册,总计四四七三册,均经装箱封存,嗣于二十七年六月间,全部为北平新民会取去"。不仅如此,为慎重起见,该馆"其后又经人详查一次,类凡疑似者,又提出若干册,就中以期刊为多,悉数封闭一室,名为禁书库,一概禁止阅览"②。

很多时候,查禁和劫掠并非泾渭分明,更多的是以查禁之名行劫掠之实。即便北平图书馆对"禁书"进行了数次自行筛查,但新民会仍然不肯放过,再派人前去检视、查抄。若不是燕京大学校长司徒雷登出面干预,图书损失将更大。当时,司徒雷登的身份除了燕大校长之外,还是"中华教育文化基金董事会"(简称"中基会")的董事,而北平图书馆的创立资金是美国的庚子赔款,"中基会"负有管理之责。北平沦陷后,北平图书馆由馆长袁同礼率一部分人员南迁,剩余职员 94 人继续维持③。1938 年 1 月 18 日,"中基会"执委会第 122 次会议决定:"中基会特派司徒雷登先生为驻平代表,维护馆中利益,并授权协助馆中一切行政。……由司徒雷登先生或执委会指定总务部主任王访渔、善本部主任张允亮,及编纂顾子刚三人,组织行政委员会维持馆务。"④碍于"中基会"的国际声望,"七七事变"后,日本人并未直接接收图书馆。在新民会"拟再派人提取杂志"后,司徒雷登应图书馆行政委员会之请,致函伪教育部部长汤尔和。汤尔和回复告知,"派人告新民会主者,嘱其退还原书,以后不可再取杂志,已答应照办。惟前取去之书,内有应禁者已

① 七七事变后平市图书馆状况调查(续)[J].中华图书馆协会会报,1942,16(3-4):15.
② 七七事变后平市图书馆状况调查[J].中华图书馆协会会报,1941,16(1-2):5.
③ 孟国祥.烽火薪传:抗战时期文化机构大迁移[M].北京:商务印书馆,2015:152.
④ 1938 年 1 月 18 日中基会执委会第 122 次会议决议案及 1 月 21 日特别委员会决议案[G]//北京图书馆业务研究委员会.北京图书馆馆史资料汇编(1909—1949).北京:书目文献出版社,1992:480-481.

付丙,余件即日归还。"①由此可见,新民会从北平图书馆取走的书刊,并非全部都是"应禁者"。

"后果由负责人承担"的恐吓显然起到了一定作用。时任北平师范学院图书馆主任的钱稻孙就被认为"胆小如鼠",具体表现在"既惧图书犯禁,又惧罪及负责人,乃于二十七年五月,请日本特务机关米谷荣一为检查长,野村武雄、川畑绫干为检查员,凡违禁书籍,一律送交新民会。一部另辟特藏,不准阅览,一部加盖'米谷查讫'方章,允许公开阅览。迄十月底,所有图书全部查讫。……送新民会书籍三千余册,装订杂志七千余册,装订报纸三百余本"②。不用说,这成千册的图书杂志报纸也不可能全部都是禁书。

对于"社会主义图书"的查禁,新民会采取的主要方式是掀起一场轰轰烈烈的"剿共灭党运动"。1940 年 3 月汪伪政权成立、新民会因此"不得不放弃根本打倒'党治'"③。之前,共产党、国民党都是新民会的攻击、打倒对象,故有"剿共灭党"之说。很明显,"共"指的是共产党,"党"指的是国民党。在新民会的对外宣传中,国共两党的"罪行"是"鱼肉我们老百姓""破坏东亚的和平""扰乱世界的治安"。在他们的认识里,具体地说,"共产党是受控于苏俄、宣传马克思共产主义、意图赤化世界的一个高喊'全世界无产阶级联合起来'但竭力破坏世界和平的祸国殃民组织;国民党则是推行联俄容共政策故而引狼入室的罪魁"。因此,他们标榜"为了生存,也为了中国的新生,更为了确立东亚和平而奠定世界的安宁",必须"剿共灭党"④。

在新民会中央指导部制定的《剿共灭党运动实施大纲》中,明确该运动的宗旨是"在剿共灭党旗帜之下参加反共战线,使新民精神得以划一。际兹友邦日本军战局之进展,爰乃展开思想战,庶几铲除党治祸根,并谋打倒共产党之根底,以明中国民心之归趋与所在而进行工作焉";确定的实施方法是将 1938 年 6 月 13

① 1938 年 6 月 23 日司徒雷登致北平图书馆行政委员会阻止新民会再取杂志函[G]//北京图书馆业务研究委员会.北京图书馆馆史资料汇编(1909—1949).北京:书目文献出版社,1992:612.

② 七七事变后平市图书馆状况调查(续)[J].中华图书馆协会会报,1942,16(3-4):15-16.

③ 叶蔚然.日伪新民会的社会动员研究——以北京新民会的宣传教化活动为例[D].北京:中国人民大学,2014.

④ 陶国贤."剿共灭党"[J].新民周刊,1939(18):15-16.

日—19 日(星期一至星期日)作为剿共灭党运动周,运动覆盖"各阶级,尤为注重于教育界"①;活动内容包括在中央指导部的统一指挥下以演讲、广播、报纸等多种形式宣传"新民精神"②。具体地说,组织宣传队和学生服务团;开展讲演比赛会;广贴画报标语;举办漫画展览会和游艺运动会。目的只有一个,那就是宣传所谓"党共之罪恶"③。对于各学校而言,他们被要求每天早晨"举行朝会一次,并由各校长负责关于剿共灭党运动之训话及领导唱呼新民会大纲、举行新民操"等④;对于各图书馆来说,自然是封存、没收"反日、抗日图书,反新民主义的文书,国民党标识等"⑤。

负责执行搜缴涉党"禁书"的是名为"实施班"(又称"清查班")的临时组织。它由新民会和日伪机关各部门抽调人员组成。从人数上看,伪北平市警察局出员最多,达 1533 人,其次是日本宪兵队,144 人,日本警察局 85 人,伪北平市教育局 75 人,新民会 42 人,伪北平市社会局 30 人,伪临时政府教育部出员最少,28 人⑥,主力成员是伪警察,而日本宪警人员投入也不少,显出日本方面剿共灭党的决心。这千余人员分别组成约 20 个清查班,各班配备有警察和具有相当识别书籍能力人员若干名⑦。以协和医学院为例,清查班由日本宪兵队的翻译 1 人、伪警察 2 人、新民会成员 3 人组成,他们都佩戴着桃色袖标,特别注重对文学、哲学、史学、经济学方面书刊的甄别⑧。

事实上,协和医学院一来是教会大学,二来医学院的性质决定了图书馆的馆藏以医学书籍为主,人文社科方面的著作不很多,因此,清查班在此并无太多收

---

① 参见:中国第二历史档案馆藏《剿共灭党运动实施大纲》(全宗号 2014. 案卷号 58)。

②⑤ 鞆谷纯一. 日本军接收图书——中国占领地接收图书行为[M]. 大阪:大阪公立大学共同出版会,2012:37.

③ 教育科办理剿共灭党宣传计划[J]. 彰德县政月刊,1939(2):51 - 52.

④ 谢荫明,陈静. 北平抗战实录:沦陷时期的北平社会[M]. 北京:北京出版社,2015:185.

⑥⑧ 鞆谷纯一. 日本军接收图书——中国占领地接收图书行为[M]. 大阪:大阪公立大学共同出版会,2012:38.

⑦ 解学诗. 满铁档案资料汇编:第 14 卷 "满铁"调查部[G]. 北京:社会科学文献出版社,2011:377.

获。在 1941 年底太平洋战争爆发、日美尚未正式开战前,日本对美国教会所办学校的管控尚存些许忌惮,但并非放任,对于图书馆的监管和图书的检视、查抄等从来没有放松过,尤其在"剿共灭党运动"期间。与协和医学院一样,燕京大学、辅仁大学等都没有能够逃脱清查。燕京大学虽然"有被日方检查之讯",但一方面美国出面交涉,一方面"学校当局维护有方",所以,"未克成为事实,故所藏图书迄未受任何损失"①。

相比之下,公共图书馆、公立大学图书馆就没有那么好运了。国立北平市图书馆有 30 箱书刊被新民会查禁并取走②,其中既有"反日"嫌疑,也有"亲共"或"近党"倾向。尽管清华大学图书馆被改建成了日军医院,但移至他处的馆藏并未逃脱清查,"除关于军事图书若干册,禁书(抗日、共产、马克思、社会等主义,国民党及国民政府宣传品,及反新民主义图书)约一万册"等分别由日本军部、新民会、北京近代科学图书馆取走。日本特务机关、新民会还拖走了北京大学图书馆所藏"俄文图书八、九架及杂志多种"③。对于查禁的书刊,新民会不但"分类编号",而且"在每种书封面或封底打上'禁发'图章,批明查禁原因和没收日期。甚至还有贴上一张预先印好的纸条,详细地标明日期、性质、册数、店名和地址"④。这样的行事作风,显然是受到日本人的影响。

"运动周"的最后一天,即 1938 年 6 月 19 日,新民会在天安门广场举办了有 3 万人参加的"剿共灭党运动"大会,一为宣扬一周来的查禁"成果",二为继续宣传"剿共灭党"思想。大会充斥着"打倒杀人放火之共产党""打倒祸国殃民之国民党""打倒东亚贼魁之蒋介石"等口号和标语⑤,显系其欲以此声势浩大的活动使其主张令民众如雷贯耳而深入人心。"运动周"过去后,日伪的图书查禁并未告一段落,而是继以续之,始终将查禁作为思想控制的重要手段。

对于搜缴的"违禁"书刊,日伪的处理方式无非三种:损毁、封存、掠走。比

①　七七事变后平市图书馆状况调查(续)[J].中华图书馆协会会报,1942,16(3－4):6.
②　吴密.国立北平图书馆追讨日伪新民会查禁书籍始末[J].国家图书馆学刊,2017:104.
③　七七事变后平市图书馆状况调查[J].中华图书馆协会会报,1941,16(1－2):6,8.
④　唐弢.晦庵书话[M].北京:生活·读书·新知三联书店,2007:108.
⑤　鞨谷纯一.日本军接收图书——中国占领地接收图书行为[M].大阪:大阪公立大学共同出版会,2012:37.

如,北平图书馆被新民会取走的 30 箱书刊,其中 972 种 1035 册封存于中南海瀛台新民会旧址,其他的由日伪人员"分别掠取一部分移运他处,踪迹不详"①。而在此之前,名以"接收""整理"的对书籍的处置,是劫掠与破坏过程中的一环。

第二节　劫掠图书的方式、机构和利用

一、公开抢夺是劫掠图书的主要方式

之所以得出日本对中国图书馆的劫掠是有计划性的结论,源于日本对中国的图书文献不仅早已怀有觊觎之心,而且形成过法规意义上的政策。早在甲午战争时期,日本宫中顾问兼帝国博物馆总馆长的九鬼隆一(1850—1931)在给日本政府和陆海军将领写的一封信中就"搜集清国宝物"事宜详细阐述了搜集要旨,强调"搜集大陆邻邦之遗存,乃是学术上最大之要务",其重要性在于"宣扬国威,使之无愧于东洋学术之大本营,进而促使本国资产之长足的增进。这实在是发扬国光之事业"。至于搜集的具体方法,他首先认为应当特别注重战时搜集,因为那时"便于获取平时无法得到的名品;便于以极其低廉的价格获得名品;便于搬运较为沉重的物品;伴有战胜之荣耀,可留作千载纪念"。其次,他主张"搜集者须遵照陆军大臣或军团长之指挥,附随于军中适宜之部门,于战地近旁实行搜集和收购","派出人员 5 名,2 人由官员兼任,3 人选拔坚忍不拔、廉洁有为的有识之士,不问臣民,临时充任,以期搜集无误","派出人员配属帝国博物馆总长管辖之下,赴战地之后接受军长或者所附随之师长的监督指挥"。对于所搜集到的宝物的处理,他建议"包装坚固,送至兵站部,然后由该部负责运往本部","搜集品到本邦之后,或者成为皇室御藏品,或者充作帝国博物馆陈列品"——事实果然如此,日本天皇宫内建有被称为"建安府"的御府,即各战役纪念馆,有怀远府("庚子事变")、建安府(日俄战争)、惇明府(日德战争)、显忠府("济南惨案"

---

① 吴密.国立北平图书馆追讨日伪新民会查禁书籍始末[J].国家图书馆学刊,2017(1):108.

"九一八事变""一·二八事变")等①。

这虽然初始只是一封书信,却因为具备日本对华文化掠夺战略计划属性而被命名为《战时清国宝物收集方法》②并视为最早的文化掠夺政策性文件。据此,日本在随后一系列执行"大陆政策"的领土扩张中持续不断地劫掠中国文化物品。以图书为例,1914 年 1 月,日军"从胶州图书馆和德华大学图书馆劫掠 2.5 万册图书",其中大部分被运往东京帝国大学图书馆,后来被编入《掳获文件和图书目录》。事实上,这并非日本劫掠中国文化的开始,资料显示,早在 16 世纪的丰臣秀吉(1537—1598)时代,"对图书和文物的劫掠已经成为日本军事入侵的固有内容"③。随着侵华战争的逐步升级,尤其是"九一八事变"和"七七事变"后,日本的文化掠夺由想方设法获取升级为公开劫夺。为此,日本于 1941 年颁布《敌产管理法》,以法规的形式对文化劫掠加以保护和支持。该法将"敌产"界定为"属于敌国、敌国人及以其他命令所指定的人所有,并由其保管的财产",明确规定,"政府在必要时,得选任敌产管理人,使其管理敌产","政府根据命令的规定,可对政府指定人令其变卖敌产"等④。

综观日本对华文化劫掠史,就图书文献而言,从 20 世纪初到"九一八事变",再到抗战全面爆发,日本人的图书劫掠方式五花八门,程度上也有一个逐渐递增的过程,即由巧取向豪夺的过渡和发展。除了新民会以查禁之名行劫掠之实外,其他劫掠方式还有:

其一,低价购买。澳大利亚人乔治·莫里循(1862—1920)一度担任《泰晤士报》驻华(北京)首席记者,在中国生活的二十多年时间里,他收藏了大量有关中国的西文书籍,形成由 57 个大木箱共计 24000 册珍贵文献组成的"莫里循文库"。1916 年,日本三菱财团奠基人岩崎弥太郎(1835—1885)的长子岩崎久弥以 35000 英镑买下"莫里循文库",使日本的"东洋文库"得以充实。

对于中国人手中的古籍,基于日本在中国的强权地位,往往是低价收购,或

---

① 张碧波.民族文化学新论[M].哈尔滨:黑龙江人民出版社,2011:355 – 356.
② 松本刚.掠夺的文化:战争与图书[M].东京:岩波书店,2015:42.
③ 赵建民,冀思宇.被日本掳走的中国图书[J].现代阅读,2010(11):40.
④ 大藏省发布《敌产管理法》[G]//博文龄.日本横滨正金银行在华活动史料.北京:中国金融出版社,1992:788.

者说,强盗式购买。比如 1907 年,岩崎久弥的叔父岩崎弥之助仅以十万大洋便收购了江南"皕宋楼"(藏宋元刊及名人手钞手校者)、守先阁(藏明后及明刊的重校本和传钞本)所藏珍贵书籍①,这些藏书后来流入日本"静嘉堂文库"②。1912 年,日本大阪《朝日新闻》评论记者内藤虎次郎(内藤湖南)在军方的协助下,低价购得黄寺收藏的明代写本金字《蒙文大藏经》,他将它和之前获得的《满文大藏经》一起带回了日本③。1929 年,日本驻杭州总领事米内山庸夫用 28850 日元庚子赔款收购了浙江"东海藏书楼"47137 册汉籍,并将其运回日本,收藏于东京大学东洋文化研究所④。也就是说,日本人用许诺退还给中国人的钱为自己购买中国文献。

其二,转抄和复制。在面对孤本或无法用金钱获取的重要文献时,日本人"或以重金委托书商代抄,或自己亲自动手抄写"。比如"满铁"沈阳八幡町图书馆主任植野武雄多次到辽宁省立图书馆抄录他们十分需要的县志、乡志;"满铁"鞍山图书馆的《鞍山驿》《鞍山蜂堡》《鞍山石洞》等也都是通过抄写得到的⑤。内藤虎次郎早在 1905 年时便利用记者身份在沈阳进行文献调查,数次进入沈阳故宫崇谟阁翻阅清宫档案,回日本后撰文《奉天宫殿中所见到的图书》。其中,他对《满文老档》的简略介绍是"乾隆四十和四十三年重抄的《满文老档》132 年后的首次披露"⑥。1912 年,他再次来到中国,再次在沈阳遍查古籍,再次进入崇谟阁。这次,他拍摄了 4300 张原本应该是不公开的属于秘档性质的《满文老档》的

① 马密坤,李刚,吴建华.日本对华图书文献劫掠史研究综述[J].中国图书馆学报,2015(3):102.
② 李彭元.中国近代史上最大的书厄——帝国主义列强对我国文献的掠夺和焚毁[J].江西图书馆学刊,2005(2):124.
③ 内藤湖南,长泽规矩也,等.日本学人中国访书记[M].钱婉约,宋炎,译.北京:中华书局,2006:24.
④ 严绍璗.跬步斋文稿:严绍璗自选集[M].北京:首都师范大学出版社,2016:91;巴兆祥.日本劫购徐则恂东海楼藏书始末考[J].文献,2008(1):140.
⑤ 李娜.满铁对中国东北的文化侵略[M].北京:社会科学文献出版社,2015:158.
⑥ 佟永功.《满文老档》和崇谟阁[C]//沈阳故宫博物馆.宫苑文论:沈阳故宫博物院首届学术讨论会文集.沈阳:辽宁人民出版社,1989:334.

胶片。随后,他又秘密拍摄了 5300 张《五体清文鉴》的胶片①。

其三,募捐。日本在华创办的图书馆馆藏收集的重要方式之一便是鼓励机关单位尤其是藏书家个人捐赠。无疑,这是零成本获取文献的最佳途径。"满铁"图书馆因此得到了许多珍贵图书,如《青岛周围一览图》《一百年的广东现势图》《紫琼道人山水》等,以及伪满洲国编纂的《大清历时实录》和其所收藏的研究中国纺织印染手工业和东方艺术史的重要资料《纂祖英华》等②。

其四,以学术研究的名义变相索取。1941 年 9 月,东京帝国大学图书馆的中田邦造以研究需要之名从新民会提走至少 14734 册书刊报纸。同年,日本九州帝国大学法文学部教授三田村一郎也以同样的理由向汪伪政府索要了中国经济类图书、公报 76 种③。还有,日本"三菱经济研究所"常任理事佐仓重夫从汪伪政府得到他所要的"地质、土壤、矿业图书资料 113 册"。1944 年 8 月,这些文献被带回了日本。另外,"华北开发株式会社"事务局资料课长冈野茂雄、"华中兴亚院资料调查所"所长田尻爱义、"华北交通株式痪业局"的中山四郎、"台北帝国大学南方文化研究所长"川子之藏以及"华中振兴株式会社调查部资料室"等个人和单位也纷纷打着研究的旗号变相掠夺④。

其五,"移管"和"分让"。所谓"移管",即抗战时期,日军将查禁、掠夺来的大量图书中的一部分交由汪伪政府的图书专门委员会,一方面,以此作为扶植傀儡政权的方式之一;一方面,也可分担管理之责。但该委员会名义上属于伪政府,实则仍然由日本人控制。比如,委员会的顾问便是日本人禾田七太郎、池田千嘉;委员会有职员 20 人,日本人有 8 人。因此,移管也只是日伪联手上演的"作为虚构的友好关系"的一幕。所谓"分让",即日本要求伪政府将图书中的复本分赠各机关及中日文化协会等文化团体。因此,1942 年 4 月 1—5 日,日本兴亚院华中联络部沼田宏、"满铁"上海事务所庄野英三、东亚同文书院大学鹈鹰幸

---

① 内藤湖南,长泽规矩也,等.日本学人中国访书记[M].钱婉约,宋炎,译.北京:中华书局,2006:24.

② 李娜.满铁对中国东北的文化侵略[M].北京:社会科学文献出版社,2015:158.

③ 孟国祥.侵华日军对中国文化的破坏与掠夺[C].中华民族的抗争与复兴——第一、二届海峡两岸抗日战争史学术研究讨论文集(下),2009:631.

④ 孟国祥.江苏文化的劫难 1937—1945[M].南京:南京出版社,2013:164.

藏、上海自然科学研究所西村舍也、东亚研究所上海支所藤井正夫代表日本五机关获得中国图书 30956 册①。显然这是一种变相劫掠。

其六，公开抢夺。抗战全面爆发后，随着北平、天津、上海、南京等重要城市相继陷落，日军强占领土同时也对图书文献开始了毫无顾忌的疯狂掠夺。其手段多种多样，其中之一是动用军队直接上门抢要，典型案例是劫掠北京大学图书馆馆藏珍品《俄蒙界线图》。该图于 1911 年调查绘制，"为清朝理藩部旧藏档案中散出，极有价值"②，北大于 1936 年由历史系教授孟心史（1869—1937）推荐花费 300 元购得，收藏在善本库③。日本人对其垂涎已久，抗战爆发前，东方文化事业委员会日方负责人之一的桥川时雄曾经向北京大学图书馆提出过借阅要求，但遭到拒绝。北平沦陷后，东方文化事业委员会人员由日本宪兵开道，闯入北大图书馆，强行索走《俄蒙界线图》并强迫对此图有较深研究和考证的孟心史进行讲解和说明。孟心史悲愤交加，此后一病不起，仅五个月后便离开人世④。时至今日，这幅落入日本人之手的《俄蒙界线图》仍然下落不明⑤。

1937 年 12 月 8 日，日军以特务部长的名义要求日军华中方面军配合协助对中国图书文献的接收和整理⑥。1941 年底，香港沦陷后，日本总理大臣兼陆军大臣东条英机（1884—1948）指示："香港是个物资丰富的地方，但很多东西已经巧妙地掩藏起来了。因此，要彻底地搜查出来，立即运回日本。"⑦这一切足以证明日军劫掠中国文化是有计划、有组织的。事实上，在大量图书馆的图书被劫掠过程中，军队所起的作用随处可见。换言之，日军是劫掠中国图书馆的最大祸首。

---

① 孟国祥. 对日本学者研究日军掠夺南京图书若干问题的辨析[J]. 江苏行政学院学报，2008(3)：126 - 128.

②⑤ 李忠杰. 北京市抗日战争时期人口伤亡和财产损失[M]. 北京：中共党史出版社，2014：318.

③ 黄颖. 日本帝国主义对我国图书馆事业的破坏与掠夺——为抗日战争胜利五十周年而作[J]. 津图学刊，1995：4.

④ 刘国生. 从北大走出的史学家[M]. 呼伦贝尔：内蒙古文化出版社，2008：14 - 15.

⑥ 金丸裕一. 战时日方掠夺图书问题评述[C]. 辛亥革命 90 周年国际学术讨论会论文集，2001：4.

⑦ 农伟雄，关健文. 日本侵华战争对中国图书馆事业的破坏[J]. 抗日战争研究，1994(3)：99.

总之,公然抢夺是日军劫掠中国图书馆的主要方式,也是造成大量图书馆的图书散佚和流失最直接的原因。

表18　部分中国图书馆图书被掠夺简况

时间	图书馆名称	参与掠夺者及掠夺过程	被掠夺的图书
1937年8月3日	河北省立第一图书馆	日军50多人闯入	全部北洋时期的图书资料暨档案1万余册
1937年10月12日	上海沪江大学图书馆	日军50多人持枪闯入	藏书装了两辆卡车
1937年	南京中央图书馆	日军劫掠	未及运走的剩余的图书皆被劫掠
1937—1938年	南京国民政府各部门图书馆、中央研究院图书馆、中央大学图书馆、江苏省立图书馆、地质调查部图书馆等	出动日军、日本专家、中国劳工1400余人,卡车300辆	劫掠宋版书约400种、十套完整的《古今图书集成》、江苏省立国学图书馆珍藏的范氏犀香馆藏书8000余卷等,总数比当时日本最大的帝国图书馆全部馆藏(85万)还多3万册
1938年4月1日	江苏省立图书馆	日伪武装人员50多人开车进入,宣称"书为逆产,今东亚和平,文化大同,书刊应集中一处"	宋元明善本2000多种3万多册;馆藏清江南各公署档案6488宗及未整理的60大箱该馆寄存于苏北兴化的明刻丛书地方志3万多册、馆印馆藏稿本5万多件、1927—1937年的各种日报1894大册等
1938年10月	浙江省立图书馆(杭州总馆、孤山分馆)		石印本《图书集成》《四部备要》《四部丛刊》;各种中外文杂志、合订本等数十万册;浙江省全套地方志2万册和珍贵版片2000多张、淳化石刻163块等
1938年10月	广州中山大学图书馆		16万—20万余册图书
1938年11月	广州市立图书馆		战前馆藏40万册,大部分被劫掠,其中包括著名的广雅典籍

续表

时间	图书馆名称	参与掠夺者及掠夺过程	被掠夺的图书
1938 年	武汉大学图书馆	日本宪兵动用 20 辆卡车	存放于汉口特二区货栈的 600 箱 6 万册书刊
1939 年底	天津南开大学图书馆	西迁途经河内时,日军得到消息,中途拦截劫掠	全部 101 箱 2.2 万册,内有许多珍善本古籍
1940 年 5 月	江苏嘉定县外冈镇图书馆	日本华中派遣军胜字第 4218 部队长田清清郎陆军少佐	地方志 535 种;《图书集成》、殿版《二十四史》各一部
1942 年 2 月	香港冯平山图书馆	日军调查班班长宫本博少佐带队抢走,并在箱上注明"寄东京参谋本部御中"	①中央图书馆 110 箱 35000 册;②中华图书馆协会图书馆 210 箱;③岭南大学图书馆 20 箱;④国立北平图书馆 70 箱,文献 3787 册;⑤中华教育文化基金会图书 5 箱;⑥东方学院图书馆 3 箱;⑦郑振铎为国立中央图书馆购买的元明善本书 3000 余册
1942 年	香港大学图书馆		12000 多册
1942 年 2 月	私立岭南大学图书馆		①寄存于香港中国文化研究室的书刊 11000 册,包括《大清实录》及地方志;②寄存于香港岭南分校的 12 箱善本书中的 6 箱,内有影印明本《金瓶梅词话》及 4 种罕传广东县志等

资料来源:

1.北京图书馆业务研究委员会.北京图书馆馆史资料汇编(下)[M].书目文献出版社,1992.

2.严文郁.中国图书馆发展史:自清末至抗战胜利[M].台北:"中国图书馆学会".1983.

3.孟国祥.日军对中国图书的掠夺与利用[N].团结报,2015 - 11 - 19.

4.戴雄.抗战时期中国图书损失概况[J].民国档案,2004(3).

5.赵建民.日寇占港期间劫掠冯平山图书馆之始末[J].学海·南京大屠杀史研究,2010(1).

对于日军掠夺中国图书馆馆藏,有两个问题需要厘清:

一是具体数据问题。迄今为止,有关图书掠夺的具体数目,尚无定论,有的只是部分类型图书馆的零星统计。比如,截至 1944 年,"沦陷区的公共图书馆被日敌劫运出境的图书,北平约 20 万册,上海约 40 万册,天津约 20 万册,杭州和广州等地各约 15 万册"①。其他说法还有,"1930 年到 1945 年 8 月,中国文献典籍被劫往日本者达 274.2 万多册及 209 箱"②;"从甲午海战到抗日战争全面胜利,日本……窃运出境达 7583307 册"③。尽管这些数据未必准确,但终究可以将其限定在"劫运出境"或"劫往日本"的劫掠范围之内,而有些研究将掠夺与损失混为一谈,即误将图书损失数据等同于掠夺数据。掠夺固然是造成中国图书馆损失、图书散佚和流失的重要原因,但损失也包含轰炸、焚毁、查禁等。目前,基本可以确定的是抗战时期中国图书的损失达 1500 万册,其中当然包括被掠夺的那部分。

二是掠夺和劫往日本的两个概念问题。抗战时期,日军占领图书馆,对大量图书文献进行掠夺,但并非将所有劫掠来的图书悉数运往日本。作为国民政府首都的南京,沦陷后,不仅平民与战俘遭遇了惨绝人寰的大屠杀,文化也经历了令人非常痛心的"大屠杀"④,高达 88 万册图书被劫掠。这些图书之后去向如何,被损毁?被分让?被运去日本?说法不一。根据战后于珠江路 942 号劫掠图书保存处找到的日本发还的图书统计,可以确定的事实是,88 万册图书没有全部被运去日本,最多有 50 万册幸存了下来⑤。即,大约 30 多万册或被损毁,或被运去了日本。

无可争辩的事实是,抗战时期,有相当一部分中国珍贵图书文献被劫去了日本。连日本人自己都承认,当时在日本藏有"亚洲最出色的,含有关于日本、中

① 韩启桐. 中国对日战争损失之估计(1932—1943)[M]. 中华书局,1946:57.

② 严绍璗. 汉籍在日本的流布研究[M]. 南京:江苏古籍出版社,2000:202.

③ 李彭元. 中国近代史上最大的书厄——帝国主义列强对我国文献的掠夺和焚毁[J]. 江西图书馆学刊,2005(2):124.

④ 参见:青木实. 日本侵略军进行的南京"文化大屠杀"[N].(日)赤旗报,1986 - 08 - 17.

⑤ 孟国祥,韩文宁,刘燕军. 对抗战时期南京图书损失的研究[J]. 南京社会科学,2007(8):80.

国、印度文化的,至今在别处无法看得到的书籍",以东京帝国大学图书馆为例,其中有不少文献"用金钱无法买到",包括"世界唯一的中国古典的大量收集物、世界最古的大量刊本类书籍"等①,而它们都是掠夺的结果。但从全国范围来说,究竟有多少图书确实被掠去了日本,在具体数据上还是一个谜。有人说,高达"300万册",也有人说,不下于"100万册"②。

从后来在日本图书馆内发现的、战后日本发还中国的图书数量等方面考察,可以得到一个"至少"的数据。比如,战后在日本发现了金陵大学图书馆图书426册③;南开大学图书馆在战后从前日本司令部找回被劫掠的图书451册,从东京找回图书194箱④;日本帝国图书馆在战争初期通过日军参谋本部和文部省从中国掠去图书资料约十万册⑤,其中在该馆地下室里被发现有包括《永乐大典》抄本在内的2.5万册中国古籍善本,上面盖有"国立中央图书馆"的购书章等。另外,在日本爱知县乡下一村长家的地窖内找到中国图书1万余册——日本投降后其文化部门专门派了目录版本专家从劫掠的图书中精挑细选出来一批珍籍藏于乡下⑥,这是其中的一部分。1946年1月,有人在日本太谷仓第6号仓中发现中国古书100箱,有许多明版的,其中的《萧室殷契类纂》盖有"中山大学图书馆"的印章,不仅如此,在永源货仓也找到170箱中山大学的图书,既有碑帖,也有英文书,而在第2号仓里发现的200箱文献中有很多是"海口市镇户籍册"⑦。尽管追索被掠图书困难重重,但最终还是从日本运回了日本返还的158873册图书⑧。显然,这个数据不仅不是在被掠去日本的图书的全部,甚至只是占被掠去日本图书总数很小的一部分。

---

① 安达将教.在第一、二次世界大战中日本军的图书接收[J].图书馆界(东京版),1990,33(2):72.

②⑧ 孟国祥.抗战时期南京图书典籍损失研究的若干问题[J].民国档案,2007(3):115.

③ 孟国祥.日军对中国图书的掠夺与利用[N].团结报,2015-11-19(7).

④ 南开大学校史编写组.南开大学校史[M].天津:南开大学出版社,1989:311.

⑤ 严文郁.中国图书馆发展史:自清末至抗战胜利[M].台北:"中国图书馆学会",1983:141.

⑥ 苏精.抗战时秘密搜购沦陷区古籍始末[J].传记文学(台湾),1979,35(5):112-113.

⑦ 赵建民.日寇占港期间劫掠冯平山图书馆之始末[J].学海·南京大屠杀史研究,2010(3):40.

尽管掠夺和劫往日本是两个不同的概念，但两者并非毫无关系。准确地说，劫往日本是掠夺的一种结果。因此，那些虽未劫往日本、最终留在了中国的图书并不能排除在掠夺的范围之外。

二、"图书文献接收委员会"——劫掠图书组织机构

日军对于中国图书的劫掠，数量庞大而惊人。显然，实施这样的劫掠计划，非个人能力所及。换言之，劫掠队伍中不乏贪得无厌的个人，但既然此种劫掠是日本国策的一部分，而且是有计划性的，那么，成规模的组织机构必然充任了重要的劫掠主体。比如，新民会既负责配合日军查禁有关抗日和社会主义内容的"禁书"，也借此参与劫掠他们所认为的"有价值"书刊。

一是文物收集员。从名称上看，这似乎不是一个专门机构，但实则是日军于"九一八事变"之后为劫掠图书而在师团一级特地组建的松散性组织。由一批"受过专门训练、有一定的文物专业知识"的专业人士组成，负责组织力量对日军占领地的文化古籍进行考察和掠夺①。

二是科学考察团。所谓"考察"，其实就是对图书的文献价值、历史价值、版本价值进行鉴别。考察团自然由各学科尤其是图书馆学家、版本学家、目录学家等专家组成。比如，"九一八事变"后，日本早稻田大学教授、理工学博士德永重康受日本政府之命组织了"满蒙学术调查研究团"，在"北票、朝阳、凌原、承德、兴隆、赤峰等地掠夺了大量的资料"②。1938 年 3 月，日本从国内派出三名图书馆学和版本目录学方面的专家到中国南方各省进行"考察"。仅在南京一地，他们"派员检查了南京可能有重要书籍和文献的地方共 70 处"③，劫掠了海量图书。

三是"满铁"调查部。与其说"满铁"调查部是一个调查机关，不如说它是一个情报机关。换言之，调查部的活动其实"是以收集情报为主体的"④。就与资料

---

① 朱成山. 金陵血泪［M］. 南京：南京出版社，1997：64.

② 杨力生. 满铁大连图书馆［G］//中国人民政治协商会议辽宁省大连市委员会文史资料研究委员会. 大连文史资料：第 1 辑. 大连：大连市政协，1984：16.

③ 谢灼华. 中国图书和图书馆史［M］. 武汉：武汉大学出版社，2011：320.

④ 解学诗. 满铁档案资料汇编：第 14 卷 满铁调查部［G］. 北京：社会科学文献出版社，2011：495.

的关系而言,情报一是直接来自资料,二是在资料的基础上产生情报。这就意味着他们需要大量中国方面的文献资料,图书掠夺成为必然。其中,"满铁"上海事务所、"满铁"地方事务所是重要的分支机构,更是日军为掠夺图书而专门设立的"占领区图书文献接受委员会"成员之一。自始至终,苏共和中共的情报文献一直是事务所的重要掠夺对象。上海事务所第二资料系主任德冈照利用与战后作为 A 级战犯受审的里见甫(1896—1965)为核心的"里见机关"的密切关系,为事务所对于共产党方面图书的劫掠提供了资金保证。德冈照作为主要责任人,参与掠夺了 25 万册有关共产党及其活动的图书①。

四是伪满洲国国立中央图书馆筹备处。该筹备处设立于 1938 年 12 月,"作为政府、协和会、建国大学研究院、大陆科学院的研究机构",主要成员有伪满洲国总务厅长兼委员长星野直树、伪满洲国民政部大臣孙其昌(1885—1954)、大陆科学院院长铃木梅太郎(1874—1943)、伪满洲国大同学院院长井上忠也、建国大学副总长作田壮一、伪满洲国参议府议长臧式毅(1885—1956)、伪满洲国尚书府大臣袁金铠、协和会中央本部长桥本虎之助(1883—1952)等,处长由伪满洲国总务厅次长岸信介(1896—1987,甲级战犯)兼任②。日本国务院为筹备处下达的训令是"收集中国古文书籍",负责执行的是筹备处司书官、"旧时代的记录整理处"处长弥吉光长。抗战结束前,由筹备处掠夺的图书资料一部分被运去了日本,留在原地保管的那部分在抗战结束后返还给了中方③。

五是占领地区"图书文献接收委员会"。该委员会全称是"中支占领地区图书文献接收委员会",由日军特务部召集"满铁"上海事务所、上海自然科学研究所、东亚同文书院三个单位的有关人员于 1937 年 12 月成立,主要负责对上海、南京、杭州等地的图书进行收集。不只如此,针对南京、杭州的学术资料和标本的接收,日军又成立了以上海自然科学研究所为中心的"占领地区学术资料接收委员会"④。

在完成大规模的图书接收工作并转为对所接收的图书进行整理后,1938 年

① 松本刚.掠夺的文化:战争与图书[M].东京:岩波书店,2015:64.
② 冷绣锦."满铁"图书馆研究[M].沈阳:辽宁人民出版社,2011:208.
③ 松本刚.掠夺的文化:战争与图书[M].东京:岩波书店,2015:65 - 66.
④ 松本刚.掠夺的文化:战争与图书[M].东京:岩波书店,2015:61.

8月25日,日本陆军省、海军省、外务省各派代表共同决议决定,于当年9月起设立新的图书整理机构,即"中支文化关系处理委员会",并在其监督指导下设立"中支图书标本整理事务所"。与此同时,"中支占领地区图书文献接收委员会"和"占领地区学术资料接收委员会"宣布解散。1939年3月,"中支文化关系处理委员会"又由兴亚院华中联络部设置的"中支建设资料整理委员会"取代。这个委员会直接受日本陆军、海军指导,委员长是兴亚院的及川源七,副委员长是兴亚院华中联络部文化局局长伊东隆治。"中支建设资料整理委员会"设立"中支建设资料整理事务所",主要从事图书和标本类的整理,具体分设图书整理部、标本整理部、编译部、复兴部,而图书整理部由东京、京都、九州等大学的相关人员22人组成①。

从为占领区的图书接收与整理专门设立名称不一的"委员会""事务所"可以发现,日军对中国图书的掠夺不但具有计划性,组织性也很明显。在所有图书掠夺机构中,"图书文献接收委员会"和"学术资料接收委员会"仅从南京一地就掠夺了88万余册图书文献,它们最具针对性、最正规、规模最大,承担的图书资料接收工作也最繁重。在日本人的说辞中,这两个接收委员会对南京等地图书文献的接收并非掠夺,而是"保护"——战火中,眼见上海、南京的图书馆等文化设施受损严重,"满铁"上海事务所所长伊藤武雄向日军特务部少将原田熊吉(战犯,1888—1947)提议对图书进行保护性收集。也因此,在《占领地区图书文献接收委员会纲要》中明确的委员会工作目的便是"为防止流散而对占领地区的文化机关和政府部门的图书文献资料进行整理保全"②。这是日本人所说的图书接收委员会的创立初衷。事实上,接收委员会的任务更应该是对日军掠夺来的图书文献进行整理、甄别、挑选,而将其中具有某种价值的一部分劫去了日本。

从1937年12月11日到1938年2月,接收委员会一共进行了三次接收:第一次的接收对象是上海的大学、机关图书馆,包括沪江大学图书馆、大夏大学图

①　松本刚.掠夺的文化:战争与图书[M].东京:岩波书店,2015:62.

②　鞆谷纯一.日本军接收图书——中国占领地接收图书行为[M].大阪:大阪公立大学共同出版会,2012:58-59.

书馆、暨南大学图书馆、大同大学图书馆、上海市政府图书馆、水产研究所图书馆、民众教育馆、财政局图书馆等，共接收图书 6 万余册。第二次的接收对象是南京、镇江、苏州、无锡的大学、机关图书馆，包括南京国民政府外交部、文官处、考试院、全国经济委员会、市党部、国立编译馆、中央图书馆、中央研究院社会科学研究所、建设委员会、天文台、交通部、行政院各机构、中央大学图书馆、金陵大学图书馆、金陵女子文理学院图书馆等 70 个单位的图书①。1938 年 1 月 19 日至 22 日，2 月 1 日到 4 日，接收委员会分别对苏州、无锡、常州、镇江等地进行图书接收，省立苏州图书馆、省立江苏教育学院图书馆、无锡国学专科学校图书馆、镇江金山寺藏金楼、绍宋国学藏书楼等 13 个图书馆和 8 个藏经楼与藏书楼都遭扫荡②。第三次是 1938 年 2 月 22 日至 26 日由 9 名接收人员组成的检查小组对杭州 26 处文化单位图书馆的图书检查接收，包括浙江省建设厅、省立西湖博物馆等，重点目标是省立图书馆孤山分馆里收藏着《四库全书》的"文澜阁"③。

显然，南京因为集中了国民政府各大机关、众多大专院校和研究所而成为图书掠夺的重灾区。来自日本学者的研究专著的记载是：1938 年 3 月 14 日至 4 月 10 日，日本南京兵站部（千田倪次郎大佐率领的千田部队）出动士兵 376 人，带着中国劳工 830 人及 300 辆卡车，将接收的图书运至南京珠江路原国民政府地质调查所集中保管④。

随后，专门人员对所接收来的图书文献资料进行整理。第一次整理从 1938 年 7 月 1 日开始，一直持续到 8 月 31 日，参与图书整理的有 7 名上海自然科学研究所人员、10 名"满铁"调查人员、12 名东亚同文书院的老师和学生等，另外还有包括士兵、一般劳务人员等在内的 2202 名人员；被整理的有图书、杂志、报纸等，仅汉籍就有 30 万册⑤。第二次整理时，南京已经入冬，负责整理的机构是新成立的"中支建设资料整理委员会"的图书整理部。被整理的有中文古籍、汉籍、清朝实录等，另外还有包括地图、故宫博物院文献等在内的一批档案，以及中央大学

---

①③④　鞠谷纯一. 日本军接收图书——中国占领地接收图书行为［M］. 大阪：大阪公立大学共同出版会，2012：61.

②　冷绣锦."满铁"图书馆研究［M］. 沈阳：辽宁人民出版社，2011：144.

⑤　鞠谷纯一. 日本军接收图书——中国占领地接收图书行为［M］. 大阪：大阪公立大学共同出版会，2012：64 - 65.

教授们的个人藏书等①。

　　其中,"满铁"大连图书馆的书目部主任大佐三四五、馆员青木实,以及"满铁"奉天图书馆的与谢野麟等对图书整理出力尤多。大佐三四五参与"整理了钦定《古今图书集成》10 余组(每组 1628 册),以及国民政府公报、官报、海关官报、外部图书馆的国际西文书、国民政府财政部宋子文所作成的全国经济委员会的调查事业计划刊行物 80 多种,清朝历代皇帝实录 3000 多册,国民政府文官处图书馆、地质调查所出版物,地志资源学术调查报告等",为此,他撰写《战争和图书馆》和《占领地区图书文献接收与整理》的文章,表示接收(实则"掠夺")的工作"很有意义"②。青木实的回忆提供了一份相对准确的图书整理数据,即"中、日文单行本书约 245000 册;西文单行本书约 34000 册;中文杂志及公报约 120000 册;西文杂志约 4000 册;日文杂志约 45000 册;报纸约 5621 册;古籍约 420000 册;清朝实录约 6778 册,总数约 880399 册"③。这也可以看作是日本在南京掠夺图书文献的证据之一。

　　与领土扩张、经济掠夺,尤其是残害生命相比,在程度上,图书掠夺似乎显得较轻,其实不然。作为侵略的一种方式,包含图书掠夺的文化侵略不仅是对一个主权国家传统文化的破坏和摧残,更是"领土掠夺的扩展,是对他民族的生命和财产掠夺的一个重要的构成部分"④,与杀人放火同样是不可饶恕的罪行。

三、日本对劫掠图书的利用

　　日本侵略者劫掠中国的图书文献不单单为了破坏中华传统文化、截断文明传统而将极具底蕴的丰富精神财富据为己有,更将其视为可以直接服务于侵略的情报资源。因此非常注重对所劫掠图书文献的利用。

　　一是设立相应的研究所对中国问题进行研究。显然,在被劫掠的图书文献中,很多都具有政治的、经济的、军事的应用价值。比如,国民政府财政部

---

① 鞆谷纯一.日本军接收图书——中国占领地接收图书行为[M].大阪:大阪公立大学共同出版会,2012:74.
② 冷绣锦."满铁"图书馆研究[M].沈阳:辽宁人民出版社,2011:146.
③ 孟国祥.抗战时期南京图书典籍损失研究的若干问题[J].民国档案,2007(3):114.
④ 松本刚.掠夺的文化:战争与图书[M].东京:岩波书店,2015:50.

"全国经济委员会"所做的包括资源调查、地质调查等在内的全国经济情况调查报告等①。这对于迫切需要了解中国经济的日本来说,尤其重要和珍贵。日本的东亚研究所、东洋文化研究所、东亚经济研究所、民族研究所、东亚风土病研究所等研究所都是在劫掠了大量中国图书文献后相继设立的,其资料来源自然是被劫掠的图书文献。其研究的目的当然是为日军的侵华行动提供策略指导。

二是制作南洋关系文献目录。这类目录的制作主体是由日本控制的汪伪政权图书专门委员会,利用的是日军劫掠的西文图书中南洋方面的资料文件,制作模式是将"期刊索引中华侨关系之中文杂志论文,摘出整理、编纂目录"②。目的当然也是为日军侵略南洋提供资料支持。

三是编译资料目录、翻译调查报告。"中支建设资料整理委员会"特别设立编译部,其实就是为了对所劫掠图书文献进行利用,即,将有价值的资料进行编译、翻译以供有关人员使用。为此,编译部刊行《资料通报》③,又出版杂志《编译简报》、册子《编译汇报》等④,时时公布一些编译和翻译的资料,并将它们散发给各机关和有关人员。由他们编译的资料目录有《全国经济委员会刊行目录》《中国经济财政金融资料目录》《中国水利资料目录》《中国矿业资料目录》《中国铁道资料目录》《中国公路资料目录》等;翻译的调查报告有《全国经济委员会工作报告》《四川石油调查报告》《中国粮食问题与对外贸易》《湖北省大冶、阳新调查报告》等⑤。从1940年到1942年,编译部出版《编译汇报》88册,1944年4月时刊行了第100册。按内容划分,《编译汇报》可分为矿、工业33册、农业29册、外交关系18册、地域调查8册、交通5册、水利3册、法律3册等⑥,可谓品种丰富、

①⑤　李彭元.南京大屠杀期间日本对南京文献资源之掠夺[J].江苏图书馆学报,1999(4):12.

②　参见:中国第二历史档案馆藏《行政院文物保管委员会图书专门委员会工作报告》[全宗号2033(65)]。

③　鞆谷纯一.日本军接收图书——中国占领地接收图书行为[M].大阪:大阪公立大学共同出版会,2012:75.

④　孟国祥.对日本学者研究日军掠夺南京图书若干问题的辨析[J].江苏行政学院学报,2008(3):125.

⑥　孟国祥.日军对南京图书资料的掠夺和利用[J].档案与建设,2008(5):36.

主题多样。显然,作为侵略政策的依据,这些编译的材料对于日军的重要性毋须赘言。

　　"接收"然后加以利用,更能证明日军对于中国图书是掠夺而非"保护"。正如日本学者金裕丸一所说:"整理委员会不'收夺'的话,日本恐怕难以获得中国的各种情报,尤其是全国经济委员会方面的资料文献,各种矿产资源、农产品等资料。"①因此,抗战时期的图书掠夺本就是日本对华实施侵略的一个不可或缺的组成部分。

---

① 孟国祥.对日本学者研究日军掠夺南京图书若干问题的辨析[J].江苏行政学院学报,2008(3):125.

第七章　文化侵略对中国图书馆学术研究的影响

日本侵华战争给中国图书馆事业所带来的打击是全面性的,不仅仅是馆舍的摧毁、馆门的关闭、馆人的驱散、馆藏的被掠,还在于造成图书馆学术研究的停滞。近代以来,伴随着区别于传统藏书楼的现代图书馆的急速扩张、"新图书馆运动"的轰轰烈烈,"由科学组织、人才培养、学术成果发表组成的图书馆研究体制"①在图书馆学人的努力下建立起来。毫无疑问,这样的研究体制极大促进了图书馆学术的发展。但"七七事变"后,日本全面侵华,中国图书馆事业陷入低谷。相应地,蓬勃发展的图书馆学术研究也陷于停滞状态。

第一节　图书馆学专著数量、质量的双降

一、图书馆学专著数量的断崖式下降

我国近代图书馆学专著的源头在哪里并没有一个明确的答案。1909 年年初,山东巡抚袁树勋(1847—1915)呈上奏折,以"开民智而保国粹"为由请求在山东省创设图书馆,得准。图书馆即于仲春开建,秋天完工,命名为"山东图书馆"。该馆虽然不是中国近代史上最早的图书馆,但其于建成后颁行《山东省图书馆章程》,有学者视其为我国问世的第一部图书馆学著作②。

同样在 1909 年,于上海商务印书馆编译所担任图书室筹建助手的孙毓修(1871—1922)所作《图书馆》在商务印书馆《教育杂志》上连载,1909 年连载 3 期(第 11—13 期),1910 年连载 5 期(第 1 和 8—11 期),自此再未见后续,也未见结集出版。对于《图书馆》的性质,有学者以它现成的部分将它归为论文,也有学者

① 范并思,等. 20 世纪西方与中国的图书馆学——基于德尔斐法测评的理论史纲[M]. 2 版.北京:国家图书馆出版社,2016:205.

② 范凡.民国时期图书馆学著作出版与学术传承[M].北京:国家图书馆出版社,2011:43.

认为它是一部未完成的专著而以专著视之①。

此后十几年,仿佛是起步蹒跚,也仿佛是待机蓄势,直到 1924 年为止,图书馆学著作每年又只有少则一部多不过七部出版。1925 年在中国图书馆学著作出版史上是个非常值得纪念的年份,因为这一年不仅图书馆学著作出版数量出现惊人的发展,更结束了每年出版的图书馆学著作一直在个位数徘徊的局面,实现了由个位数向十位数的突破而具有里程碑式意义。自此,这样的出版数量水平保持了 19 年直到抗战后期的 1943 年。

从 1928 年到 1936 年,每年出版的图书馆学著作的数量呈现持续增长的态势,中间只有 1932 年与 1935 年分别比上一年度有所下降,但未改变出版数量总体向上的趋势。此两个年度的下降,从数据上看有相近之处,也有不同之处。

表19　1924—1947 年图书馆学著作出版统计　　　　（单位:部）

年份	数量	年份	数量	年份	数量
1924	7	1932	40	1940	12
1925	17	1933	64	1941	21
1926	13	1934	87	1942	11
1927	11	1935	65	1943	10
1928	27	1936	95	1944	7
1929	32	1937	39	1945	4
1930	44	1938	21	1946	7
1931	51	1939	14	1947	17

资料来源:范凡.1909—1949 年图书馆学著作出版年代统计//民国时期图书馆学著作出版与学术传承[M].北京:国家图书馆出版社,2011:42.

相近之处是两个年度出版数量的下降,同样出现在年出版数量持续增长之后,此时数据上一定的回落属合乎出版规律的正常范围。尤其是这两个年度的数据回落,都是短暂而非持续性的:下一年度分别都出现了"报复式"增

①　范并思,等.20 世纪西方与中国的图书馆学——基于德尔斐法测评的理论史纲[M].2 版.北京:国家图书馆出版社,2016:193.

长,1933 年的出版数量是 1932 年的 160%,1936 年的出版数量是 1935 年的 146% 。

二者不同之处在于,1935 年的出版数量虽然只有 1934 年的 74%,但仍然超过 1933 年近 1.6%,综合该年度国内未有大动乱事件发生,推测 1935 年下降的原因出自出版本身的可能性极大。而 1932 年的出版数量是上一年度的 78%,低于 1930 年的出版数量,恰 1931 年发生有"九一八事变"、1932 年发生"一·二八事变",日军在"一·二八事变"期间出动飞机,炸毁我国出版界首屈一指的商务印书馆,不可能不对出版业产生重大影响。

抗日战争全面爆发的 1937 年中国图书馆研究著作出版数量发生断崖式下降,1937 年的出版数量只有 1936 年的 41%,而这种下降是急剧且持续性的。1938 年的出版数量又只占 1937 年的 54%,1939 年的出版数量又只占 1938 年的 67%,1940 年的出版数量较之 1939 年又下降了 14% 。在 1941 年的出版数量回到 1938 年的水平之后两年,又回落到 1941 年的 50% 左右,而 1944、1945 年的出版数量更回到 20 年前的水平,至 1946 年都难以有起色。图书馆学著作受抗日战争的负面影响十分显著。

表 20　全面抗战前与全面抗战中图书馆学著译数对照

历史阶段划分	理论专著	技术及工具书	图书史及图书馆史	译著与编译	非本馆调查及报告
全面抗战前十年（1927—1937）	105	87	23	33	21
全面抗战八年（1937—1945）	22	22	9	5	0

资料来源:据范凡著《民国时期图书馆学著作出版与学术传承》中"1909—1949 年图书馆学著作出版年代统计"附录"民国时期图书馆学著作书目"内容进行统计。

表 20 所列数据清楚地表明全面抗战八年中图书馆类著译出版的数量相比于之前十年,各项均有大幅度下降,后者占前者之比例依次为:理论专著 21%;技术及工具书类 25.3%;图书史及图书馆史 39.1%;译著与编译著作 15.2% 。更为关键的是,此表在呈现各类著作出版数量下降的表面数据下,还告诉人们一个潜在的事实,即出版物质量的下降。

二、图书馆学专著质量的低落趋势

通过对图书馆学专著作者的分析，可以发现，他们对于图书馆学的理论建树均产生于抗战全面爆发之前。之后，他们的图书馆学专著在理论性、学术性、技术性等方面大多乏善可陈。比如我国近代图书馆事业和近代图书馆学的奠基人之一、于图书馆学理论、图书分类学及汉字排检法[①]等领域有重大建树的杜定友，其有明确出版年代可查的出版于全面抗战爆发前十年间的著作近 20 种，出版于全面抗战八年间的著作仅四五种。而前者中有诸多重要著作，代表作有初版于 1922 年、1935 年三版时定名的《杜氏图书分类法》，以及《图书馆学概论》（1927年）、《学校图书馆学》（1928）、《校雠新义》（1930）、《汉字形位排检法》（1932）、《图书管理学》（1932）、《明见式编目法》（1936）等，后者只有《国难杂作》（1938）、《图书出纳》（1941）、《图书馆管理程序》（1941）、《图书管理程序》（1941）、《三民主义化图书分类法简本》（1943）等，显然学术分量较轻。

我国著名的图书馆学家、目录学家吕绍虞（1907—1979），从他于 1933 年武昌文华图书馆学专科学校毕业后开始，至全面抗战爆发前，短短四年间即出版重要著作有《图书之选择与订购》（1934）、《简明图书馆管理法》（1935）、《图书分类的原理与方法》（1935）、《中文标题总录初稿》（1935）、《世界图书馆史话》（1936）、《书报杂志阅读的方法》（1937），另有译著与编译著作各两部。而于全面抗战八年间，只有《图书馆通论》《图书馆学论丛》《怎样利用图书馆》《最近之上海图书馆》《大学图书馆的研究》《浙江省图书馆事业概论》《中国图书馆大事记》等问世，虽其中不乏力作，其著作产出萎缩之象仍清晰可见：7 部著作中，5 部出版于 1938 年，2 部出版于 1941 年，亦即全都出版于太平洋战争爆发前的抗战前半期。

另有一些著名的图书馆学家，均于全面抗战前十年内甚至更早即有奠定其学术地位的著作面世，而于全面抗战八年中却无甚理论建树，比如中国现代图书馆运动的倡导人之一，著有《图书馆学》（1927）、《中国图书馆计划书》（1927）、《英国国立图书馆藏书源流考》（1932）、《中国图书馆事业十年来之进步》（1936）

---

① 　徐引篪，霍国庆. 现代图书馆学理论［M］. 北京：国家图书馆出版社，2013：113.

的李小缘(1897—1959);中国第一位图书馆学博士,著有《中文图书编目规划》(1932)、《分类大全》(1935)、《大学图书馆使用法》(1936)的桂质柏(1900—1979);著有《现代图书馆经营论》(1928)、《现代图书馆序说》(1928)、《现代图书馆事务论》(1934)的马宗荣(1896—1944);著有《中国图书分类法》(1929)、《中文图书编目条例草案》(1929)、《图书馆学要旨》(1934)的刘国钧(1899—1980)等。

第二节　图书馆学期刊及论文的萎缩

一、图书馆学期刊的灭顶之灾

我国的图书馆学期刊史始于1915年12月创刊的《浙江公立图书馆年报》,在此之后22年的岁月里,虽也曾有高潮有低谷,有在社会动荡变迁等外力因素干扰下造成的波折,但总体上未脱离按出版规律正常发展的道路。特别是到1936年时,伴随着社会经济的繁荣、文化教育事业的长足发展,附丽于图书馆事业的图书馆学期刊也出现了前所未有的兴盛局面。可就在这时,日本军国主义者经过数十年的政治经济文化侵略的准备,经过六年的局部军事侵略的尝试,蛇吞象之心膨胀,悍然发动了全面侵华战争。

日本侵华战争给中国图书馆学期刊造成的后果非"严重"可以概括,而只能以"灭顶之灾"形容。一年之间,"全国重要的图书馆学期刊由1936年的33种急剧下降到五、六种"[①],因战争而被迫停刊的期刊达数十种。中国图书馆学期刊由草木繁盛的盛夏时节一下落入冰天雪地的酷冬之季。

表 21　1937 年停刊的图书馆学期刊统计

序号	刊名	主办(编)者	创刊	停刊
01	工读半月刊	上海工读半月刊社	1936 年 5 月	1937 年 1 月
02	佛教图书馆报告	北平佛教图书馆	1936 年 7 月	1937 年 1 月
03	东南日报·图书周刊	杭州东南日报社	1937 年 1 月	1937 年 2 月

---

① 程焕文.中国近代图书馆学期刊史略(上)[J].图书馆,1985(5):32.

续表

序号	刊名	主办(编)者	创刊	停刊
04	国立北平图书馆馆刊(北京图书馆月刊、北平北海图书馆月刊、国立北平图书馆月刊)	国立北平图书馆	1928 年 5 月	1937 年 2 月
05	厦门图书馆声	思明县立厦门图书馆	1932 年 1 月	1937 年 3 月
06	广州大学图书馆季刊	广州大学图书馆	1933 年 6 月	1937 年 3 月
07	天津市市立通俗图书馆月刊	天津市市立通俗图书馆	1934 年 5 月	1937 年 4 月
08	浙江省图书馆协会会刊	浙江省图书馆协会	1936 年 5 月	1937 年 4 月
09	广州学报	广州市立中山图书馆	1937 年 1 月	1937 年 4 月
10	学觚	南京国立中央图书馆	1936 年 2 月	1937 年 5 月
11	北平私立木斋图书馆季刊	北平私立木斋图书馆	1937 年 2 月	1937 年 5 月
12	国立暨南大学图书馆报	上海暨南大学图书馆	1937 年 4 月	1937 年 5 月
13	图书馆学季刊	中华图书馆协会	1926 年 3 月	1937 年 6 月
14	学风	安徽省立图书馆	1930 年 10 月	1937 年 6 月
15	文澜学报	浙江省立图书馆	1935 年 1 月	1937 年 6 月
16	大夏图书馆馆报	上海大夏大学图书馆	1935 年 4 月	1937 年 6 月
17	出版周刊	上海商务印书馆	1924 年 1 月	1937 年 7 月
18	中华图书馆协会会报	中华图书馆协会	1925 年 6 月	1937 年 7 月
19	期刊索引	上海中山文化教育馆	1932 年 11 月	1937 年 7 月
20	大公报·图书副刊	国立北平图书馆	1933 年 9 月	1937 年 7 月
21	图书季刊	上海国际联盟世界文化合作中国会·国立北平图书馆	1934 年 3 月	1937 年 7 月
22	日报索引	上海中山文化教育馆	1934 年 5 月	1937 年 7 月
23	量才月刊(量才流通图书馆馆刊)	上海量才流通图书馆	1936 年 8 月	1937 年 7 月
24	图书展望	浙江省立图书馆	1935 年 10 月	1937 年 8 月
25	书林(民国日报·图书周刊)	广州市立中山图书馆	1937 年 3 月	1937 年 8 月
26	江苏省立国学图书馆年刊(中央大学国学图书馆年刊)	江苏省立国学图书馆	1928 年 11 月	1937 年 10 月

续表

序号	刊名	主办(编)者	创刊	停刊
27	文华图书馆学专科学校季刊（文华图书科季刊）	武昌文华图书专科学校季刊社	1929 年 1 月	1937 年 12 月
28	图书增刊	国立中央大学图书馆	1932 年 12 月	1937 年

资料来源：主要根据张敏 2015 年苏州大学博士学位论文《民国时期图书馆学期刊研究》附录 1"民国时期中国图书馆学期刊名录"进行统计。以停刊日期先后为序，相同停刊月份者以创刊日期为序。

中华图书馆协会编辑发行的《中华图书馆协会会报》，与中华图书馆协会编辑发行的《图书馆学季刊》，以及武昌文华图书专科学校季刊社编辑出版的《文华图书馆学专科学校季刊》（曾用名《文华图书科季刊》）并称为民国时期图书馆三大学刊，"在中国图书馆发展历史及学术研究中具有重要地位"[①]，其中《图书馆学季刊》更被称作"我国历史上第一种图书馆学权威期刊"[②]。另外如《国立北平图书馆馆刊》《厦门图书馆声》《天津市市立通俗图书馆月刊》《浙江省图书馆协会会刊》《学觚》《北平私立木斋图书馆季刊》《国立暨南大学图书馆馆报》《学风》《大夏图书馆馆报》《图书展望》《书林》均位于"著名"期刊之列[③]。而《江苏省立国学图书馆年刊》在江苏省立国学图书馆馆长、著名史学家柳诒徵的苦心经营下，成为既有相当学术分量，又极富文献学特色的专业期刊。由国立北平图书馆编辑的《大公报·图书副刊》，因系天津《大公报》发行，量大面广，其与商务印书馆编印的《出版周刊》，同样是在读者中相当有影响的刊物[④]。总之表中期刊多为图书馆界重要刊物，而于 1937 年纷纷停刊（《出版周刊》更已在 1932 年"一·二八事变"中被迫停刊过一次），可见当年战争形势的严峻。尤其是在"七七事变"前后的六、七、八月份，更有多达 13 种期刊（占全表期刊 46%）集中停刊，更显见

① 辜军等.民国时期图书馆学三种期刊分类索引[M].北京:国家图书馆出版社,2013.

② 叶继元,徐雁.与其临渊羡鱼,不如退而结网——回眸南京大学在欧美图书馆学中国本土化过程中的独特贡献[G]//南京大学百年学术精品:图书馆学卷.南京:南京大学出版社,2002:9.

③ 国家图书馆.近代著名图书馆馆刊荟萃(1—5)[G].北京:北京图书馆出版社,2003-2015.

④ 薛建立.我国最早自我宣介的杂志——《出版周刊》[J].传媒,2001(8):40.

侵华战争对中国图书馆事业所造成的巨大伤害。

地处南京市龙蟠里的江苏省立国学图书馆,其编辑发行的《江苏省立国学图书馆年刊》(前身为《中央大学国学图书馆年刊》)于1937年10月停刊,也是受战争直接影响的结果——1937年8月中旬爆发"八一三淞沪会战",中国以80万军队与20万日军在上海展开近三个月的殊死之战,虽然使日本"三个月灭亡中国"的狂妄成为谵呓,却也未能阻遏日军继续前行的铁蹄,以致国民政府不得不于10月30日从南京迁都重庆。《文华图书馆学专科学校季刊》1937年底于第九卷第三、四期合刊出版时,还刊登了一个"特别启事",称"因时局关系,印刷局及纸张皆发生困难",致两期合刊且篇幅减少,请订户与读者原谅,表示"此后如果可能,仍当努力继续出版",而实则此期成为终刊。

图32　原江苏省立国学图书馆

二、图书馆学论文的急剧凋敝

图书馆学相关论文见诸报刊的,在抗战全面爆发前十年间(1928—1937)共有4070篇,而全面抗战八年间(1938—1945)只有510篇,后者仅占前者12.5%。从单年来看,1936年计616篇,1937年即腰斩为301篇,1938年又降至56篇,

1945 年更只有 29 篇①仅为 1936 年的 4.7%。日本侵略战争对中国图书馆事业研究所造成的灾难性后果可见一斑。

表 22　全面抗战前与全面抗战中图书馆学论文数量分类对照

序号	类别	1928 年 1 月 1 日—1937 年 7 月 6 日	1937 年 7 月 7 日—1945 年 8 月 15 日
01	图书馆学总论及图书馆事业	153	39
02	各种图书馆专论	284	29
03	图书馆法规:理论、法令、规程	121	28
04	图书馆行政:总论、组织、经费、人员	87	2
05	图书馆建筑、设备、用品	62	2
06	图书补充:采访、征集、寄存、呈缴	131	18
07	图书学:总论、印刷、出版、装订和修补	209	90
08	图书分类:总论、各种分类法、各类文献	220	12
09	图书编目:总论、目录、各图书馆及图书	153	3
10	目录学:总论、版本学、校勘学	97	18
11	索引法与检字法	178	4
12	图书典藏与图书借阅	276	25
13	图书馆史	1238	144

资料来源:根据北京商务印书馆 1959 年版李钟履编《图书馆学论文索引》第一辑(清末至 1949 年 9 月)内容统计与制表。

　　日本侵华战争的前六年,文化侵略对图书馆事业的影响虽然也已显现,但局部战争影响的范围相对较小。而 1937 年"七七事变"全面抗战爆发后,文化侵略对图书馆事业的影响就呈现出毁灭性的特征。从表 20 来看,全面抗战中发表的论文数量占全面抗战前发表的论文数量的比例,达 40% 以上的 1 项,达 20% 以上的 2 项,达 10%(含)以上的 4 项,达 10% 以下的则有 6 项,且其中 3 项均仅达 2%。可见落差幅度之大。而第 4、5、9、11 项(占总共 13 项的 31%)

---

　　① 谈金铠.略论解放前我国图书馆专业期刊的发展[J].图书馆论坛,1991(8):99-100.

在全面抗战的八年时间里,论文发表数仅 2—4 篇,可见该类研究几乎处于停止状态。

第三节　图书馆协会的由盛而衰

一、全国和地方图书馆协会集中成立于全面抗战前

作为行业学术团体之一,全国及地方各级图书馆协会的存在重要性毋庸置疑。比较抗战前后的图书馆协会的数量、人员、开展的学术活动,可以清晰地发现日本侵华战争残酷地斩断了图书馆协会的蓬勃生机,相应地使正处于上升通道的图书馆学术研究陷于停滞。

民国时期的图书馆协会发端于地方图书馆协会,即 1918 年 12 月 21 日开风气之先的北京图书馆协会。地方图书馆协会的相继诞生最终促成全国性的图书馆协会,即中华图书馆协会于 1925 年 6 月问世。中华图书馆协会的一个工作重心便是进一步促进地方图书馆协会的发展。因此,在中华图书馆协会之后,又有一批地方图书馆协会陆续成立。由此可见,无论数量,还是质量,20 世纪 20 年代中后期是中国图书馆协会的黄金期。

不用说,图书馆协会是伴随着时代的变迁、图书馆的极速发展而顺势出现的。维新运动后中国传统藏书楼逐渐向近代图书馆转变;辛亥革命后,图书馆进入新的历史发展阶段。1918 年,第一份全国图书馆数量调查表出炉,那就是沈祖荣(1883—1977)的《中国各省图书馆调查表》。按照这份调查表的说法,此时,全国的图书馆数量是 33 间①。而到了 1935 年,在许晚成的《全国图书馆调查表》中,图书馆数量已高达 2520 间②。新文化运动中,新思想急剧涌入,又由于一批留学欧美专修图书馆专业的专门人才回国而带回先进的现代图书馆理念,加之新图书馆运动如火如荼,图书馆从业者的图书馆思想和管理模式落

---

① 沈祖荣.沈祖荣文集[M].武汉:武汉大学出版社,2013:20.
② 柯平,张怀涛,等.图书情报学文献检索[M].郑州:河南省图书馆学会,河南省图书馆,1988:49.

后的状况突显,尤其是图书馆界"无组织,缺乏联络,各行其是"①。而"想谋图书馆教育的发达,同业里边要有共同的组织"②,这个"共同的组织",便是图书馆协会。

事实上,图书馆协会在欧美发达国家早已有之,以始于 1876 年的美国图书馆协会最为完善。就亚洲而言,1892 年,日本图书馆协会成立。这显然对海外留学学习图书馆学的学生产生深刻影响。曾经在美国纽约州立图书馆学校学习的戴志骞(1888—?)便是其一,而中国近代第一家图书馆协会——北京图书馆协会便是由他参与发起组织成立。尽管该协会未经教育部批准立案,但从章程制定、会员构成、会长选举、活动范围等方面看,它基本具备了图书馆协会的一般属性。会长由时任清华学校图书馆代理主任的袁同礼担任;经费来源是庚子赔款;主要学术活动是"兴办关于图书分类、图书馆组织目录以及欧美图书馆现状等方面的学术报告会"③等。但一来未被批准立案,二来经费日渐困难,三来袁同礼于1920 年赴美国纽约州立图书馆专科学院深造,北京图书馆协会逐渐停止了活动,实则无疾而终。

如果以"批准立案"为标准,1924 年 3 月,在中华教育改进社的敦请下、由戴志骞再次发起成立的北京图书馆协会成为"第一家"图书馆协会。也就是说,图书馆协会由此进入快速增长轨道。数据统计,抗战前,以 1925 年 6 月全国性的图书馆协会——中华图书馆协会成立为界,之前,即 1924 年 3 月—1925 年 6 月,全国地方图书馆协会一共有 10 家,见表 23。

表 23　1924 年 3 月—1925 年 6 月地方图书馆协会概况

协会名称	成立时间	成立地点	主要发起人	会员组成
北京图书馆协会 (北平图书馆协会)	1924 年 3 月 30 日	清华学校图书馆	戴志骞	图书馆、个人
杭州图书馆协会	1924 年 4 月 26 日	浙江省公立图书馆	章仲铭	

① 严文郁.中国图书馆发展史:自清末至抗战胜利[M].台北:"中国图书馆学会",1983:211.
② 杨昭悊.图书馆学[M].北京:国家图书馆出版社,2013:233.
③ 孙广来.世界百年风云纪实(第一辑)[M].呼和浩特:内蒙古人民出版社,2006:16.

续表

协会名称	成立时间	成立地点	主要发起人	会员组成
开封图书馆协会	1924 年 5 月 29 日	河南省第一图书馆	何日章	图书馆、个人
南阳图书馆协会	1924 年 5 月 26 日		杨廷宪	
上海图书馆协会	1924 年 6 月 27 日	总商会图书馆	杜定友、孙心磐、黄警顽	团体、个人
南京图书馆协会	1924 年 5 月 31 日	东南大学孟芳图书馆	洪有丰	团体、个人
天津图书馆协会	1924 年 6 月 1 日	南开大学图书馆	王文山	图书馆、个人、特种（捐款人）
江苏图书馆协会	1924 年 8 月 3 日	东南大学图书馆	洪有丰	团体、个人
广州图书馆协会	1925 年 4 月 2 日	广州大学图书馆	吴康发	团体、个人
济南图书馆协会（山东图书馆协会）	1925 年 6 月	齐鲁大学图书馆	桂质柏、彭清鹏	团体、个人、名誉会员

1925 年 6 月,中华图书馆协会成立,受其影响,又有一批地方图书馆协会成立,分别是武汉图书馆协会(1928)、太原图书馆协会(1929 年 5 月 20 日)、福建图书馆协会(1929 年 9 月 7 日)、浙江省立第二学区图书馆协会(1930 年 5 月在原杭州图书馆协会基础上改组)、无锡图书馆协会(1930 年)、瑞安图书馆协会(1930 年 9 月 14 日)、安徽图书馆协会(1931 年 6 月 22 日)、浙江省立第一学区图书馆协会(1932 年 5 月 22 日)、江西图书馆协会(1932 年 1 月 14 日)、四川图书馆协会(1934 年 3 月 13 日)、浙江图书馆协会(1936 年 4 月 19 日在原第一、第二学区图书馆协会基础上改组)。

也就是说,截至全面抗战爆发前,全国性和地方性图书馆协会总计 20 余家,而且彼此交流活跃,学术活动频繁,呈现出一派欣欣向荣景象。而在 1937—1945 年八年间,仅有一家图书馆协会面世,那就是兰州市图书馆协会。它于 1945 年 4 月 8 日由国立西北图书馆、西北师范学院、甘肃学院、甘肃科学教育馆、省立兰州图书馆等五家单位联合发起成立①。这种数量上的极大悬殊足以证明侵华战争对图书馆协会以及由图书馆协会组织举办的图书馆学术研究的消极影响。

---

① 兰州市图书馆协会成立[J].西北文化,1945(21):1.

二、中华图书馆协会六次年会在全面抗战前后的比较

作为唯一的一家全国性图书馆学术团体,中华图书馆协会成立的意义非同一般。其在"成立宣言"中说,"馆政之良窳,与专学之兴废,遂大有关乎民族之盛衰",而"馆政"与"专学"便主要体现在图书馆事业的改进、图书馆学术的研究等方面。这也是协会所要遵循的宗旨。为此,协会组织大纲规定:"每年开年会一次,其地点及会期由前一年年会决定之。"①也就是说,年会是协会最主要的学术研究活动之一,但实际上协会并没有做到"每年"召开一次。在 1925—1949 年长达 24 年的存续时间里,协会只开过 6 次年会。以 1937 年为界,之前三次,之后三次。尽管从次数上看,抗战前后并无区别,但从组织、会期、参加人员、会议议题、通过提案等各方面看,无论数量还是质量,都还是能够真切感受到前三次愉悦的兴旺,后三次凄婉的颓势。由此可见战争对中华图书馆协会的破坏程度。

若说前三次、后三次年会的最大区别,在于前者由中华图书馆协会以图书馆行业最高学术团体的身份独立组织、操办,是图书馆行业自己举办的图书馆学术会议。后三次则不然。其时已经进入全面抗战,中华图书馆协会被迫辗转迁徙,最后落脚重庆。为应对战时学术团体四散飘零、各学科学人颠沛流离的窘境,中国教育学术团体联合办事处应运而生。中华图书馆协会于 1938 年 9 月加入其中,成为其下属机构,共谋战时事业发展。因此,抗战中的三次中华图书馆协会年会其实是中国教育学术团体联合年会中的一个分支。换言之,战火燃遍中华大地,中华图书馆协会已无力将图书馆学人尤其是杜定友、刘国钧等图书馆界精英召集起来单独举办一次学术年会了——当时,杜定友身为广州中山大学图书馆馆长随中大"辗转于粤桂滇黔湘",而刘国钧"先随金陵大学在成都,后又受聘赴西安筹建西北图书馆"②。不仅如此,这三次年会的规模、议案、论文等都与战前的三次年会不可同日而语。列表如下:

---

① 中华图书馆协会成立宣言[J].中华图书馆协会会报,1925,1(1):3.
② 范并思,等.20 世纪西方与中国的图书馆学——基于德尔斐法测评的理论史纲[M].2 版.北京:国家图书馆出版社,2016:254.

表 24　中华图书馆协会前三次、后三次年会概况比较

会务	前三次（1929—1936）	后三次（1938—1944）
时间，会期，人数	1929 年 1 月 28 日—2 月 1 日,5 天,200 余人 1933 年 8 月 28 日—31 日,4 天,200 余人 1936 年 7 月 20 日—24 日,5 天,150 余人	1938 年 11 月 27 日—30 日,4 天,63—82 人 1942 年 2 月 8 日—9 日,2 天,34 人 1944 年 5 月 5 日—6 日,2 天,60—65 人
会议地点	1. 南京金陵大学 2. 北平清华大学 3. 青岛山东大学	4. 重庆新市区川东联立师范学校 5. 重庆国立中央图书馆 6. 重庆国立中央图书馆
中心议题	1. 训政时期中之图书馆工作 2. 图书馆经费及图书馆与民众教育 3. 关于改进图书馆行政要点七项	4. 抗战建国中各种教育实施问题 5.（缺） 6. 战后图书馆复员计划和所需人员培养
提案,通过议案,论文	1.110 件,88 件,24 篇 2.30 件,6 篇 3. 约 58 件	4.13 件,8 件,4 篇 5.（缺） 6.10 件,8 件
组织和活动	1.①每日举行学术演讲及宣读论文;②分组会议、各委员会会议;年会会议分为讲演会、会务会、分组讨论会。其中分组讨论会又分图书馆行政、分类编目、编纂、教育、建设、索引检字六组。 2. 分组会议分民众教育、图书馆经费、行政、教育、分类编目、索引检字等组。 3. 举行演讲、宣读论文:设图书馆行政组、图书馆教育组、分类编目组、索引检字组、民众教育组	4. 以协会名义发表《抗战建国时期中之图书馆》。 5.①8 日下午,会员座谈会。讨论出席会员募捐办法以及在渝设立办事处等。 ②9 日晚上,会员联谊会。 6. 袁同礼作会务报告,谈会员、经费、调查工作等

从表 24 中可以看出,原本以"研究图书馆学术、发展图书馆事业,并谋图书馆之协助"①为己任的中华图书馆协会在抗战爆发后不得不将工作重心由单纯的图书馆学术研究转向战争状态下的图书馆具体工作,即战时图书馆的现实问题该如何应对和解决。这种"转变",也是幸存的、尚勉强维持的地方图书馆协会所

---

①　严文郁. 中国图书馆发展史:自清末至抗战胜利[M]. 台北:"中国图书馆学会",1983:213.

不得不面临的新课题。

三、图书馆协会从"论学术"到"求生存"

无论是中华图书馆协会,还是众多地方图书馆协会,在抗战全面爆发后都被迫或离乡背井或销声匿迹。战争破坏了图书馆学术研究的土壤,大多数地方图书馆协会相继停止活动。中华图书馆协会和以北京图书馆协会、上海图书馆协会为代表的几家地方图书馆协会,虽然在战时仍然于大后方维持协会的日常工作,逆境中继续保持发展图书馆事业的初衷,但在兵戈抢攘的时局和狼烟四起的环境下无法专注于图书馆学术研究,无奈转向为图书馆求生存而努力。

战前,图书馆协会的图书馆学术活动除了不定期召开年会以外,还体现在图书馆技术改进、图书馆人才培养、图书馆学术刊物编纂和出版、图书馆新思想宣传等方面。

首先,图书馆技术改进方面。以"分类法"来说,中华图书馆协会鼓励会员编制新分类法,专门在其主办的《中华图书馆协会会报》上开辟专栏,刊登分类法研究成果。1929 年的第一次年会特别有编制分类法的提案①。随后,刘国钧的《中国图书分类法》(1929 年)、皮高品(1900—1998)的《中国十进分类法》(1934年)、杜定友的《杜氏图书分类法》(1935 年)等相继问世。以"编目"来说,中华图书馆协会成立之初便有编制联合目录之打算,因经费不足而未能实行,但《中华图书馆协会会报》登载编目编订条例、有关编目方面的论文甚多,成果颇丰,有刘国钧的《中文图书编目条例草案》(1929 年)、沈祖荣译《简明图书编目法》(1929 年)、裘开明(1898—1977)的《中国图书编目法》(1931 年)等。以"索引"来说,中华图书馆协会一直设有索引委员会,将"编辑索引条例"作为明确的工作计划,因此催生了钱亚新(1903—1990)的《索引和索引法》(1930 年)、洪业(1893—1980)的《引得说》(1932 年)等。

其次,图书馆人才培养方面。中华图书馆协会的图书馆教育委员会是专门负责图书馆人才培养的机构,主持图书馆学校的建设、开办短期图书馆讲习会等。有感于图书馆管理人员、工作人员的任免尚无统一的规定,协会第一次年会

---

① 协会分类委员会启事[J]. 中华图书馆协会会报,1930,6(2):34.

特别提交了这方面的提案,建议"图书馆雇佣职员应须有图书馆学识及丰富经验","职员之位置,须有确实保障并须予与优良待遇"①等。次年,《图书馆规程》规定了图书馆馆长的资格认定。1939年,《修正图书馆规程》对于各级图书馆人员的资格做了详细规定。

再次,图书馆学术刊物的编纂和出版方面。中华全国图书馆协会设有出版委员会,负责编纂和出版图书馆学期刊、丛书、报告等。其中两本著名期刊是《中华图书馆协会会报》和《图书馆学季刊》。前者对于散布于全国各地的大小图书馆,起到了传达、沟通、协调、扶助的作用;后者着重于图书馆学论文的发表,其出版的丛书和报告有王重民(1903—1975)编《老子考》《国学论文索引》《文学论文索引》《古逸书录丛辑》《中华图书馆协会年会报告》《中华图书馆协会概况》等。上海图书馆协会发行的期刊有《图书馆》和《上海图书馆协会会报》,明确的目的是"谋我国学术之进步"②;出版的图书馆学专著有杜定友的《图书分类法》等8种③。

最后,图书馆新思想宣传方面。展览、演讲是上海图书馆协会、北京图书馆协会用来宣传图书馆新思想、传播图书馆新知识、展示图书馆新成果的主要方式。1926年1月,上海图书馆协会在江苏省教育会举行图书馆展览会,陈列了图书馆学书籍、设备、用具、照片、图表、善本。"展览两日,参观者异常踊跃,对于图书馆知识之灌输,收效甚巨焉"④。就"演讲"而言,杜定友、江亢虎、方椒伯、郑海宗等先后被上海图书馆协会邀请就图书馆意义、图书馆对公众开放、读书方法等发表演讲⑤。北京图书馆协会重要的图书馆学术演讲包括冯陈祖怡的《中文目录片排列法问题》、谭新嘉的《目录学与版本学之同异》等⑥。显然,这一切都有助于新图书馆理念的传播且促进图书馆事业的发展。

"七七事变"发生,地方图书馆协会生机勃勃的学术活动戛然而止,唯有迁至重庆的中华图书馆协会艰难支撑;国立中央图书馆于1940年至1945年编制了一

---

① 中华图书馆协会执行委员会.中华图书馆协会第一次年会报告[R].中华图书馆协会事务所,1929:178-190.

② 杜定友.发刊旨趣[J].图书馆,1926(6):12.

③ 黄蕾.民国时期的上海图书馆协会和图书馆学近代化[J].图书馆界,2017(5):34.

④ 上海图书馆协会史略[J].上海法租界纳税华人会会报,1937,2(9):138.

⑤ 上海图书馆协会昨日开年会记[N].申报,1925-01-05(10).

⑥ 袁碧荣.民国北京图书馆协会之探究[J].图书情报工作,2014,58(增刊2):21.

套分类法,但未能出版;《中华图书馆协会会报》更多地刊登图书馆法规、规程、工作大纲、阅览办法等一般社会规范性文件。仅从中华图书馆协会第四、第六次年会中心议题便可以看出,战时,协会的图书馆工作大多与"抗战"有关,即所谋乃是抗战状态下的图书馆生存之出路。

第一,调查图书馆损失。日本侵华战争全面爆发后,中国人民的生命财产陷于深重灾难之中。作为一个民族文化宝藏集聚地的图书馆未能幸免,全国各地的图书馆建筑、设备、馆藏在次轮轰炸中损失惨重。1937 年 10 月起,中华图书馆协会便着手开展图书馆损失调查。1938 年 4 月,协会在全国各地设立了 14 所通讯联络处,"征求图书馆被毁事实及此项照片"①。最终,协会将调查结果结集成册,翻译成英文后出版《中国图书馆被毁经过》,分别寄送世界各国。上海图书馆协会也参与此项调查工作,并编辑出版了《战时读物目录》②。这两份出版物一是将日本侵略军暴行公之于众,二是为战后索赔收集证据。

第二,征集图书,组织"战时读物文库"。为弥补各图书馆馆藏在战争中的损失,也为图书馆的生存乃至事业的复兴,中华图书馆协会广泛征集图书,尤其向美英等国请求援助。美国反应积极,特成立赞助委员会,发函"请国人捐书运华"公开征书③;英国方面,由英图书馆协会会报刊发"征书启事",请求各图书馆学术团体及会员们协助④。为此,中华图书馆协会在香港设立办事处以接受国外捐赠。在太平洋战争爆发前,国外捐书经由香港运抵大后方,优先满足各大学教学所用。上海图书馆协会在 1937 年 10 月份时组织"战时服务团"。为慰问前线抗日将士,该团征集图书举办"战时读物文库""伤员医院难民收容所巡回文库""战时书报阅览处"⑤。

第三,在西南地区新建图书馆。为躲避战火,文化事业单位纷纷退避西南大后方,政治文化中心随移。可是那里本是图书馆事业相对落后的地方,图书馆基

---

① 本会设立通讯处[J]. 中华图书馆协会会报,1938,13(1):20.

② 秦亚欧,孙旸. 地方图书馆协会对民国图书馆事业的促进及影响研究[J]. 图书馆学研究,2011(11):15.

③ 美国援助中国之一般[J]. 中华图书馆协会会报,1938,13(3):17 - 18.

④ 英国图书馆协会发起捐书援华运动[J]. 中华图书馆协会会报,1939,14(2 - 3):11 - 12.

⑤ 市图书馆协会组战时服务团[N]. 申报,1937 - 10 - 25(3).

础薄弱,图书馆理念与管理水平较低。故而尽快加强图书馆建设以应急需,成为图书馆协会责无旁贷的任务。在中华图书馆协会的积极联系和努力运作下,1940 年 4 月,中英庚款委员会和云南省政府联合组建了昆明图书馆。而对于西南原有的图书馆,协会"派人予各省指导,助其发展,寄赠图书,藉以改善其组织,充实其内容,而增强抗战之情绪"。

总之,从图书馆学术研究方面来说,中华图书馆协会和各地方图书馆协会在全面抗战爆发后多处于停滞状态。尽管有些协会战时并没有完全停止活动而仍然发挥着"协会"协调、沟通、指导、扶助的职能,但其"活动"大多只限于与抗战有关的事务性工作。对于所有的图书馆协会而言,像战前那样致力于图书馆学术研究,客观上为时代与环境所不允许。

所谓"覆巢之下安有完卵",日本发动的侵略战争,既是一场针对中国军事、政治、经济、文化的全面战争,作为精神遗产与文明传统渊薮的图书馆及其学术事业活动不能幸免于战祸兵燹并不奇怪,也愈见日本侵华战争的广泛性与残酷性,愈见日本军国主义者亟欲摧毁华夏根基、阻断汉民族文脉的野心。正处事业蓬勃发展期的中国图书馆学术遭此重创,其本身的损失难以估量。而中国图书馆学术事业发展进程的大为延缓,也必然对整个图书馆事业的发展产生极大的负面影响。

后　记

　　民国史上的日本侵华战争,于中华民族一直是难以磨灭的噩梦般的记忆,而作为人类文明集成所、民族精神滋养地的图书馆,更遭遇了军事与文化的双重侵略,这使得民国时期图书馆事业的研究别具使命与意义,而国内学术界对于抗日战争期间图书馆存续状况的研究,尚存较大空间。

　　从中国知网(CNKI)期刊全文数据库以"抗日战争并含图书馆"及"侵华战争并含图书馆"为主题的检索结果来看,论文主要集中在20世纪90年代中期至今,以全国范围为视野的论文,前者仅12篇,后者为13篇;以个案及区域为视野的论文,前者18篇,后者仅4篇。至于论著,则主要是一些图书馆史著作,仅仅涉及本书研究部分内容。而论文与论著之所论内容,主要是日本侵华战争对中国图书馆的破坏、摧残、掠夺,其他方面的论述极少。国外于此方面研究成果较多的是日本,但也多为一些局部的专题及图书馆史研究等,缺少全面、整体的研究成果。

　　对此领域研究形成困扰的,首先是史料的匮乏,尤其是史料缺少细节,且全国各图书馆的史料极不均衡,甚至有的图书馆于抗战中的史料付之阙如,这些都有待于研究者随时地慧眼发现与上穷碧落下黄泉、不惜气力地搜求。其次,出处不明、可信度不足的史料,对于陷于史料困境而亟欲寻求突破的研究者,容易形成陷阱式诱惑。如何妥当处理孤证史料,是有言即信,还是有疑不取,对研究者的专业素质也都构成考验。再次,是因为日本在战争中行径野蛮、人性泯灭,作为被侵略国的研究者,我们义愤填膺自是难免,但若以民族感情替代论据、以个人倾向覆盖考证,终究会影响理性的分析判断,妨碍立论的坚挺,导致说服力大打折扣。最后,一部民国图书馆史,在日本的兵燹、怀柔、殖民等方式的交叠作用下,呈现出诡异复杂的面貌。日本对中国的文化侵略除了有直接的、蛮横的、赤裸裸的、易于分辨与判断的部分以外,在十四年抗日战争之前,以及由局部战争向全面战争的过渡期中,存有混沌不清的地带,也存有动机难辨的人事。比如来自"敌邦"的各种职业与身份的人士,对中国未必全都怀有恶意,但在日本政府侵略或准备侵略造就的特殊环境下,在由觊觎与垂涎邻物造成的紧张气氛里,其所作所为究系出自真情抑或只是伪善,是有意助纣抑或被人利用,边界往往十分模糊,考验着研究者的洞察力。对可谓日本文化侵略的灰色部分进行甄别、界定,加以厘清,是置于民国图书馆史学者掘进途中的一块顽石。

对于本书的出版,特别感谢江苏省高校教育学优势学科建设工程项目(PAPD)的资助,衷心感谢国家图书馆出版社邓咏秋主任所给予的支持、责任编辑王炳乾先生为本书付出的心血。

王一心

2018 年 6 月 12 日